Deutscher Studienpreis (Hrsg.)

Ausweg Wachstum?

AF130430

Deutscher Studienpreis (Hrsg.)

Ausweg Wachstum?

Arbeit, Technik und
Nachhaltigkeit in einer
begrenzten Welt

VS VERLAG FÜR SOZIALWISSENSCHAFTEN

Bibliografische Information Der Deutschen Nationalbibliothek
Die Deutsche Nationalbibliothek verzeichnet diese Publikation in der
Deutschen Nationalbibliografie; detaillierte bibliografische Daten sind im Internet über
<http://dnb.d-nb.de> abrufbar.

Redaktion:
Julia André
Till Hardy
Philipp Krohn
Tobias Lorenz

1. Auflage Mai 2007

Alle Rechte vorbehalten
© VS Verlag für Sozialwissenschaften | GWV Fachverlage GmbH, Wiesbaden 2007

Lektorat: Monika Mülhausen

Der VS Verlag für Sozialwissenschaften ist ein Unternehmen von Springer Science+Business Media.
www.vs-verlag.de

Das Werk einschließlich aller seiner Teile ist urheberrechtlich geschützt. Jede
Verwertung außerhalb der engen Grenzen des Urheberrechtsgesetzes ist
ohne Zustimmung des Verlags unzulässig und strafbar. Das gilt insbesondere
für Vervielfältigungen, Übersetzungen, Mikroverfilmungen und die Einspei-
cherung und Verarbeitung in elektronischen Systemen.

Die Wiedergabe von Gebrauchsnamen, Handelsnamen, Warenbezeichnungen usw. in diesem
Werk berechtigt auch ohne besondere Kennzeichnung nicht zu der Annahme, dass solche
Namen im Sinne der Warenzeichen- und Markenschutz-Gesetzgebung als frei zu betrachten
wären und daher von jedermann benutzt werden dürften.

Umschlaggestaltung: KünkelLopka Medienentwicklung, Heidelberg
Satz: Anke Vogel
Druck und buchbinderische Verarbeitung: Krips b.v., Meppel
Gedruckt auf säurefreiem und chlorfrei gebleichtem Papier
Printed in the Netherlands

ISBN 978-3-531-15300-1

Inhalt

Editorial

Leuchttürme, Exzellenzcluster, Eliteuniversitäten – spätestens mit der Exzellenz-
initiative des Bundesministeriums für Bildung und Forschung ist das Wettbe-
werbsprinzip zu einem zentralen wissenschaftspolitischen Instrument avanciert.
Konkurrenz belebt bekanntlich das Geschäft und soll die gelegentlich allein
aufgrund ihrer Größe zur Trägheit neigenden Hochschulen und Forschungseinrichtungen zu strukturellen Reformen und neuen Höchstleistungen anspornen.

Mit dem Deutschen Studienpreis steht auch bei der Körber-Stiftung ein –
wenn auch finanziell etwas bescheidener ausgestatteter – Wettbewerb im Mittelpunkt diverser Hochschulaktivitäten. Er zielt allerdings weniger darauf ab, die
institutionellen und strukturellen Rahmenbedingungen an den Hochschulen zu
verändern. Damit wäre auch eine der größeren privaten und gemeinnützigen
Stiftungen Deutschlands sicherlich heillos überfordert. Als Wettbewerb für junge
Forschung will der Deutsche Studienpreis vielmehr überdurchschnittliche Leistungen einzelner Nachwuchswissenschaftler auszeichnen und einer breiteren
Öffentlichkeit zugänglich machen.

Junge Forschende aller Fachrichtungen sind aufgefordert, eigene For-
schungsprojekte zu aktuellen und gesellschaftlich relevanten Themen zu verfolgen und der kritischen Begutachtung durch die Studienpreis-Juroren vorzulegen.
In den bisher sechs Ausschreibungen des 1996 gegründeten Wettbewerbs haben
3000 Teilnehmer diese Herausforderung angenommen und insgesamt 2150 Beiträge erstellt – häufig jenseits der üblichen Fächergrenzen, in interdisziplinär
zusammengesetzten Teams und immer mit dem Bewertungskriterium der Ver-
ständlichkeit im Blick.

Unter der Fragestellung „Ausweg Wachstum?" haben sich die Teilnehmer der
Wettbewerbsrunde 2006 mit dem Zusammenhang von Arbeit, Technik und Nachhaltigkeit in einer begrenzten Welt auseinandergesetzt. Elf Beiträge wurden
schließlich im Rahmen einer öffentlichen Tagung in der Berlin-Brandenburgischen
Akademie der Wissenschaften mit Spitzenpreisen ausgezeichnet. Sie alle versam-
melt der vorliegende Band. Auf engagierte und scharfsinnige Weise haben sich die
Studienpreisträger ganz unterschiedlicher Themen angenommen: Sie wagen eine
grundsätzliche Kritik des vorherrschenden Wachstumsbegriffs, analysieren den
Zusammenhang von Wachstum einerseits mit Arbeitslosigkeit, demografischer
Entwicklung, Umweltschutz oder auch Bildung andererseits, argumentieren für

radikale Reformen der sozialen Sicherungssysteme, etwa für ein bedingungsloses Grundeinkommen, und loten Wachstumspotenziale einzelner Branchen aus. Das tun sie mit der gebotenen wissenschaftlichen Tiefenschärfe, ohne jedoch an geeigneter Stelle zu zögern, auch politische Bewertungen und pragmatische Handlungsvorschläge abzugeben.

Der vorliegende Band präsentiert nicht nur die Wettbewerbsbeiträge in überarbeiteter Form. Er belegt auch, dass der Studienpreis mehr ist als ein Wettbewerb: Nämlich Plattform und Kontaktbörse für junge Forscher, die quer durch die Republik zusammengearbeitet und in zahlreichen fächerübergreifenden Debatten das Konzept für dieses Buch gemeinsam entwickelt haben. Bei der hoffentlich anregenden und informativen Lektüre des Ergebnisses wünschen wir Ihnen viel Vergnügen!

Julia André und Matthias Mayer
Körber-Stiftung
Deutscher Studienpreis

Vorwort

Wachstum ist das Zauberwort in der Diskussion über die Reformierung gesellschaftlicher Abläufe. Doch welche Facetten birgt dieser schillernde Begriff? Durch welche Mechanismen lässt sich Wachstum erzeugen? In welchem Verhältnis steht Wachstum zu dem Wunsch, wirtschaftliche Entwicklung im Einklang mit der Natur zu erreichen? Und nicht zuletzt: Auf welchen Märkten ist Wachstum heutzutage noch möglich? Die Preisträgerinnen und Preisträger des Deutschen Studienpreises 2006 haben sich diesen Fragen auf unkonventionelle Weise genähert und Lösungswege jenseits der ausgetretenen Wege der wissenschaftlichen und politischen Diskussion beschrieben. Die Beiträge richten einen kritischen Blick auf die ökonomische Wachstumstheorie und untersuchen Wachstum in seinem Zusammenhang mit Arbeitslosigkeit, Demografie, Umwelt, Wohlfahrt und Bildung – zum Teil essayistisch und skizzenhaft, zum Teil modellhaft-empirisch.

Bereits zum zweiten Mal stellen die Preisträger des Deutschen Studienpreises ihre Arbeiten zu einem Sammelband zusammen. Nach dem Vorbild des Bandes „Mythos Markt? Die ökonomische, rechtliche und soziale Gestaltung der Arbeitswelt" versucht auch sein Nachfolger, die preisgekrönten Ideen zu bündeln, um Anstöße für die wissenschaftliche Auseinandersetzung mit dem Ausschreibungsthema „Ausweg Wachstum?" zu liefern und nicht zuletzt Anregungen für die interessierte Öffentlichkeit zu bieten. Der Sammelband ist in drei Kapitel gegliedert, die die Hauptinteressengebiete der Autoren widerspiegeln: Im Abschnitt „Wachstum und Gesellschaft" wird das Verhältnis von Wachstum, Ökologie und sozialem Bewusstsein beleuchtet, das Kapitel „Wachstum und Beschäftigung" analysiert die Bedeutung der wirtschaftlichen Dynamik für den Arbeitsmarkt. Der letzte Teil des Buches „Wachstum und Märkte" schließlich liefert ökonomische Analysen einiger exemplarischer Wachstumsfelder in der Wirtschaft.

Eine allgemeine Einführung in die Wachstumsthematik bietet der Festvortrag von Prof. Dr. Ortwin Renn, den der Studienpreis-Kurator anlässlich der Preisverleihung des Deutschen Studienpreises 2006 gehalten hat. In dem Text „Entgrenzte Welt – Begrenztes Denken?" skizziert Renn die Makrotrends der globalen Entwicklung und stellt dem seiner Ansicht nach begrenzten Denken der neoliberalen Wirtschaftsordnung das Leitbild einer nachhaltigen Entwicklung gegenüber, das auf dem Prinzip des qualitativen Wachstums beruht.

Das Kapitel **Wachstum und Gesellschaft** wagt eine Grundlagenreflexion über die öffentliche Wachstumsdiskussion in Deutschland. Dabei wird das allgemeine Verständnis von Wachstum als Allheilmittel gesellschaftlicher Problemstellungen kritisch hinterfragt. Der Beitrag „Wachstumsart und Wachstumsbewusstsein" beschreibt, dass sich das gesellschaftliche Verständnis von Wachstum noch nicht umgestellt hat auf die Erfordernisse einer Welt, in der Ressourcen immer knapper werden. Auf Basis philosophischer Überlegungen plädieren die Autoren Marius Christen und Emilio Marti für ein alternatives Wachstumsbewusstsein, das Wachstum nicht als Automatismus versteht, sondern als bewusste Entscheidung für mehr Lebensqualität in einer bestimmten Situation. Auch der Artikel „Ausweg Wachstum? Sprache in einer begrenzten Welt" beschäftigt sich mit dem Wachstumsbewusstsein: Anhand der seit 40 Jahren unveränderten Schlagwörter und Metaphern im bundespolitischen Sprachgebrauch weist Philipp Krohn nach, wie der gesellschaftliche Wachstumskonsens auch sprachlich aufrechterhalten wird. Noch immer werde eine Wirtschaft, die nicht wächst, mit Begriffen wie „krank" oder „Schlusslicht" beschrieben. Die Macht der Sprache spielt auch in dem Beitrag „Hauptsache Freie Zeit" eine wichtige Rolle. Die Autorin Uta Hanft skizziert eine radikale Reform der Sozialsysteme und schlägt vor, Renten- und Arbeitslosenversicherung zusammenzulegen und in Freie-Zeit-Versicherung umzubenennen. Der stigmatisierte Begriff der Arbeitslosigkeit würde so an Bedeutung verlieren, und den Menschen stünde es frei, sich für Phasen der Erwerbstätigkeit oder der Muße zu entscheiden. Vielleicht würde sich damit langfristig auch die gesellschaftliche Bewertung von Arbeitslosigkeit wandeln, die bisher – so ein Ergebnis des letzten Beitrags dieses Kapitels – von den Betroffenen als extreme Belastung wahrgenommen wird. „Wie bedeutend sind relative Präferenzen für die Lebenszufriedenheit?", fragt der Autor Peter Schwarz, und seine Antwort lautet: sehr wichtig – denn das Glücksempfinden wächst nicht proportional mit steigendem Einkommen. Wichtigster Faktor der individuellen Wohlfahrt ist nicht Geld, sondern die eigene Position im Vergleich zu anderen Menschen, wie er anhand einer statistischen Analyse aufzeigt. Vor dem Hintergrund dieser Erkenntnisse erscheint die einseitige Ausrichtung der Politik auf Wachstum zumindest fragwürdig.

Wachstum und Beschäftigung ist das Kapitel überschrieben, in dem Preisträger den Zusammenhang zwischen wirtschaftlicher Dynamik und Arbeitsmarkt analysieren. In dem Beitrag „Der demografische Wandel als Grenze des Wirtschaftswachstums?" untersucht Tobias Keil, wie sich die synchrone Alterung und Schrumpfung der deutschen Gesellschaft auf Produktivität und technologischen Fortschritt auswirken werden. Die Demografie könne das Wirtschaftswachstum insofern negativ beeinflussen, als die Anzahl der Erwerbspersonen zurückgehen wird und auch deren Wissen altern könnte. Um weiterhin durch Innovationen wirtschaftliche Dynamik und damit Wachstum generieren zu können, müsse die Bildungspolitik noch mehr als wirtschaftspolitisches Instrument begriffen werden. Zu diesem Schluss kommt auch der Beitrag „Beschäftigungs- schwellen, Wachstum und Wirtschaftspolitik". Anhand eines internationalen Datenvergleichs hat das vierköpfige Autorenteam herausgefunden, dass in Deutschland sehr viel höhere Wachstumsraten als in anderen Ländern notwendig sind, um Beschäftigung aufzubauen. Dem könne politisch durch eine stärkere Flexibilisierung des Arbeitsmarktes begegnet werden, etwa indem der Kündi- gungsschutz gelockert wird. Zukunftsweisender sei es jedoch – so das Fazit der Autoren –, verstärkt in Bildung und Forschung zu investieren. Auf eine mögliche negative Folge forcierter Bildungsexpansion weist dagegen Oliver Nikutowski hin. In seinem Beitrag „Technologischer Fortschritt, Signalwirkung von Bil- dungsabschlüssen und die Dynamik der Lohnstruktur" untersucht er, wie sich eine steigende Akademikerquote auf das Einkommensgefälle zwischen hoch und ge- ring Qualifizierten auswirkt. Sein Modell zeigt, dass sich ein höherer Bildungsab- schluss für jeden Einzelnen lohnt, der Gruppe, die am wenigsten zur gesamtwirt- schaftlichen Produktivität beiträgt, aber Nachteile bringt – schlimmstenfalls reale Einkommenseinbußen. Ein gänzlich anderes System der Einkommensverteilung schwebt dem Autor des Artikels „Bedingungsloses Grundeinkommen und A- gent-Based Computational Economics – Eine Synthese" vor. Damit Innovatio- nen wirtschaftliche Dynamik auslösen können, müsse der Staat individuelle Kreativität fördern, argumentiert Tobias Lorenz. Diese wiederum werde ermög- licht durch ein Grundeinkommen, das den Staatsbürgern ohne Vorbedingungen ausgezahlt werden müsse. In seinem Beitrag ergänzt er seine These durch das Computermodell einer Volkswirtschaft, das die Auswirkungen eines solchen Grundeinkommens auf Steuerlast und Arbeitsangebot simulieren kann.

In welchen Branchen Wachstum überhaupt noch möglich ist, haben sich die Autoren des dritten Kapitels **Wachstum und Märkte** gefragt und die spezifi- schen Wachstumsbedingungen in der Bekleidungsindustrie, auf dem Strommarkt und in der Filmbranche untersucht. Der Beitrag „Schnittstelle" stellt eine Mode- kollektion vor, die durch ihre Schnittmuster den Materialverbrauch drastisch verringert. Die Vereinfachung des Produktionsablaufs führt dazu, dass weniger Lohnkosten anfallen, wodurch selbst kleine Serien, die in Europa produziert werden können, wirtschaftlich wettbewerbsfähig werden. Zugleich macht der geringere Materialeinsatz die Produktion deutlich ökologischer. Der drohenden Verlagerung von Arbeitsplätzen wird hier eine lokale Strategie für eine Marktni- sche mit potenziell hohem Wachstum entgegengesetzt. Um den Strompreis geht es in dem Beitrag „Auswirkungen des europäischen Emissionsrechtehandels auf den Strommarkt und wachstumsfreundliche Alternativen". Pieter De Vos vergleicht verschiedene Modelle, mit denen die CO_2-Emissionen reduziert werden sollen. Der Handel mit Verschmutzungsrechten habe den Strompreis in die Höhe getrieben und wirke dadurch als ein Hemmnis für die Dynamik anderer Märkte. Aus seiner Analyse leitet der Volkswirt ein klares Plädoyer für Ökosteuern und gegen Verschmutzungszertifikate ab – unter anderem, weil jene die Preise weniger stark erhöhen. In seinem Beitrag „Neuer Deutscher Film, die Zweite: Wachstum durch Mikro-Budget-Produktionen?" untersucht Till Hardy die Veränderungen in der Filmbranche, die durch den Einsatz digitaler Techniken in der Filmherstellung und im Vertrieb entstehen. Er geht dabei sowohl auf ästhetische Veränderungen ein als auch auf ökonomische. Zu Letzteren gehört beispielsweise eine stärkere Marktsegmentierung, weil Digitaltechnik ein zielgruppenspezifisch zugeschnittenes Angebot möglich macht: Aufgrund reduzierter Produktionskosten können auch weniger marktgängige Themen aufgegriffen und durch neue Distributionsmöglichkeiten leichter an das interessierte Publikum herangetragen werden. So können in Zukunft auch kleine Marktnischen profitabel genutzt werden und für Wachstum in der Filmindustrie sorgen.

Einleitung

Entgrenzte Welt – Begrenztes Denken?

Ortwin Renn

> Die Gefährdung der heutigen Menschheit
> entspringt nicht so sehr ihrer Macht,
> physikalische Vorgänge zu beherrschen, als ihrer
> Ohnmacht, das soziale Geschehen vernünftig zu lenken.
>
> Konrad Lorenz

1 Einleitung

Vor knapp 100 Jahren haben Wissenschaftler und Publizisten in einem damals viel beachteten Buch eine Zukunftsvision der Welt in 100 Jahren entworfen.[1] Das 1910 geschriebene Buch mit dem prophetischen Titel „Die Welt in 100 Jahren" umfasst eine Reihe von Artikeln über die Zukunft von Technik, Medizin, Kunst und Lebensstile. Obgleich einige Artikel eine erstaunlich hohe Trefferquote aufweisen (etwa der Beitrag von ROBERT SLOSS über das drahtlose Jahrhundert, in dem er eine weltweite Vernetzung von Kommunikationskanälen bis hin zu Fernsehübertragungen, Telefaxgeräten und Handy-Benutzung voraussahnte), so verbleiben doch die meisten Beiträge in den Gedankengebäuden der damaligen Gegenwart verhaftet. So schreibt zum Beispiel Professor Dr. EVERAD HUSTER geradezu euphorisch über das Jahrhundert des Radiums:

„Es besteht aber gar kein Zweifel darüber, daß wir zu der Annahme berechtigt sind, die Zukunft werde dem Radium ein Zeitalter völliger Krankenlosigkeit danken. Noch seltsamer als alle diese Wunderkuren muß uns die sichere Aussicht erscheinen, daß auch das Alter künftighin seinen Einfluß auf unseren Organismus verlieren, und daß es kein Altern mehr geben wird. Die kommenden Geschlechter werden ewig junge Menschen hervorbringen, Menschen voll physischer Kraft und voll Schönheit; Menschen, die von Kranksein nichts wissen und alle Berichte über Krankheiten und Seuchen als seltsame Märchen aus einer fernen, vergessenen Welt betrachten werden. [...] Es ist außerordentlich wahrscheinlich, daß wir im Radium

---

[1] A. Brehmer (Hrsg.), Die Welt in 100 Jahren. Hildesheim, Zürich, New York 1988, Original: Verlagsanstalt Buntdruck: Berlin 1910.

endlich das langgesuchte Mittel gefunden haben, durch welches es uns gelingen wird, das menschliche Leben um das dreifache, vielleicht auch das zehnfache zu verlängern und wieder das biblische Alter zu erreichen."[2]

Angesichts der Proteste um die Transporte radioaktiven Materials und der damit einhergehenden Kontroverse um die schädlichen Nebenwirkungen kleiner Strahlendosen wirkt der grenzenlose Optimismus von Prof. Huster über die heilende Wirkung der Radioaktivität geradezu grotesk. Umso vorsichtiger müssen wir deshalb mit der Frage umgehen, welche Vorstellungen wir heute über unsere Zukunft haben. Visionen sollten bei aller kreativen Vorstellungskraft auch etwas Realismus und Bodenständigkeit ausstrahlen.

Fast ebenso magisch, wie Prof. Huster die Vorzüge des Radiums in den leuchtendsten Farben ausgemalt hat, so wird uns von den heutigen Propheten der Wirtschaft die Vision einer auf Wachstum ausgerichteten globalisierten, deregulierten und den heilsamen Marktkräften überlassenen Wirtschafts- und Gesellschaftsordnung vor Augen gestellt. Der Wachstumskonsens, so der Preisträger Philipp Krohn, ist im Jahre 2002 genauso unangetastet wie 1965. In gut 40 Jahren haben sich die Vorstellungen und sprachlichen Äußerungen zum Zusammenhang von Wirtschaft, Wachstum und Wohlstand kaum verändert. Das Ritual der Wachstumsbeschwörung findet sein Echo in den Äußerungen der meisten Sachverständigenräte, der Wirtschaftsinstitute, der Sprecher von Banken und großen Unternehmen und der wirtschaftsnahen Publizisten.

Doch darf man diesem Chor der Wachstumsbeschwörer trauen? Wird hier nicht ein vierstimmiger Satz angestimmt, dessen Melodie die Realitäten in schönes Licht taucht, aber die Probleme nicht löst? Werden nicht alte Rezepte für Krankheiten ausgestellt, für die die altbackene Medizin der Wachstumspolitik gar nicht oder nur begrenzt wirkt? Werden nicht Wortschablonen aus der Vergangenheit auf Realitäten gelegt, die dazu nicht mehr passen? Es gibt verwirrende Einsichten: Gerade dort, wo die neoliberale Wirtschaftsordnung mit großem Enthusiasmus umgesetzt wurde, entsteht die größte Ungleichheit. Gerade dort, wo man die Sozialabgaben reduziert und mehr Wettbewerb zwischen den Humanressourcen durchsetzt, ist die Arbeitslosigkeit gestiegen. Gerade dort, wo man am meisten auf die Selbsthilfekräfte des Marktes setzt, sind die Umweltprobleme besonders gravierend. Dazu kommen weitere irritierende Sachverhalte. So zeigt der Preisträger Peter Schwarz in seiner empirischen Untersuchung auf, dass die subjektive Einschätzung der eigenen Position im Vergleich zu anderen Bürgern der wichtigste Faktor für die selbst wahrgenommene Wohlfahrt eines Menschen ist, wichtiger jedenfalls als die absolute Höhe des Einkommens und

---

2   E. Huster, Das Jahrhundert des Radiums, in: Brehmer, Die Welt in 100 Jahren, S. 245-266, hier S. 258 und 263.

sogar als die Gesundheit. Allenfalls der Erwerbsstatus hat einen ähnlich starken Effekt auf das Wohlbefinden. Dabei geht es nicht um Maximierung des Einkommens, sondern um schlichte Sicherheit, einen Arbeitsplatz zu besitzen. Wie passt das ins Weltbild der neoliberalen Wirtschaftsphilosophie?

Die Preisträger der Studienpreis-Ausschreibung „Ausweg Wachstum? Arbeit, Technik und Nachhaltigkeit in einer begrenzten Welt" haben die alten Schablonen beiseitegeschoben und sich nicht durch vorformulierte Scheuklappen entmutigen lassen, neue Fragen zu stellen, Brüche und Umbrüche der modernen Welt genauer zu betrachten und auch neue Impulse zu geben, welche Zukunft mit Begriffen wie Wachstum und Arbeit verbunden sein könnte. Reichen die neoliberalen Rezepte aus der Vergangenheit aus, um die neuen Probleme sach- und wertgerecht anzugehen? Müssen sie angereichert oder sogar ersetzt werden? Gibt es Alternativen, oder sollten diese erst recht in der Klamottenkiste der Geschichte verbleiben?

Will man diesen Fragen systematisch nachgehen, ist zunächst eine Bestandsaufnahme notwendig. Was sind die wesentlichen Trends einer zunehmend entgrenzten Welt? Welche Einflüsse sind in Wirtschaft und Gesellschaft auszumachen, und, was noch wichtiger ist, in welcher Beziehung stehen sie zueinander? Bei der schon angesprochenen Unübersichtlichkeit der modernen (oder besser gesagt, postmodernen) Entwicklung mag es vermessen erscheinen, anhand weniger Zentralbegriffe die Makrotrends zu identifizieren. Die nun folgende Auswahl an Trends erhebt deshalb weder den Anspruch auf Vollständigkeit, noch stellt sie eine Reihenfolge der Wichtigkeit dar. Sie ist vielmehr als ein Versuch zu verstehen, verschiedene Farbtupfer eines komplexen Gemäldes aufzugreifen und einzelne Konturen zu beschreiben, aus deren Kenntnis man zumindest die Umrisse des Gesamtgemäldes erahnen kann.

2 Makrotrends der globalen Entwicklung

2.1 Basistrend: Bevölkerungsentwicklung und Siedlungsdichte

Die Bevölkerung der Welt wächst ständig. Jedes Jahr wächst sie um rund 85 Millionen Erdenbürger: Das sind mehr Menschen als die Gesamtbevölkerung der Bundesrepublik Deutschland. Heute sind es bereits rund sechs Milliarden, die unsere Erde bevölkern. Die Vereinten Nationen rechnen mit über neun Milliarden Menschen im Jahre 2050, von denen aller Voraussicht nach über die Hälfte in Großstädten leben wird.[3] Die Spezies Mensch hat inzwischen eine Siedlungsdichte

---

3   Vgl. World Resources Institute/United Nations Environment Programme/United Nations Development Programme/World Bank, World Resources 1996-97: A Guide to the Global Environment, Oxford 1996, S. 3 und 174.

erzielt, die um den Faktor 1.000 bis 10.000 größer ist als das, was uns die Natur freiwillig geben würde: die Kultur der Jäger und Sammler. Diese Kultur haben wir in der neolithischen Revolution vor ca. 40.000 Jahren zugunsten einer neuen Wirtschaftsweise verlassen. Seit dieser Zeit verändert der Mensch planmäßig Natur und Umwelt, z.B. durch die Landwirtschaft und Viehzucht. Mit der Züchtung von Pflanzen und Tieren haben wir ganz massiv in den Naturhaushalt eingegriffen.

Seit diesem Zeitpunkt, der sogenannten neolithischen Revolution, erleben wir aus dem Blickwinkel der Populationsbiologie eine einzigartige Erfolgsgeschichte der Spezies Mensch. Es gibt so gut wie keinen Biotop, in dem der Mensch sich nicht häuslich eingerichtet hat – und gleich in großer Zahl. Die Ökologen bezeichnen die maximale Dichte einer Population in einem Raum als Tragekapazität. In den Begriff der Tragekapazität fließen zwei Größen ein: zum einen die Quantität der für die eigenen Interessen benutzten Naturreserven, d.h. der Anteil an der Nettoprimärproduktion, zum anderen aber auch die Qualität, d.h. die Intensität der Nutzung pro Einheit Naturverbrauch. Für Tiere und Pflanzen stellt diese Qualität und damit die Tragekapazität insgesamt eine biologisch vorgegebene Größe dar und bleibt unbeeinflussbar. Dem Menschen dagegen gelingt es, durch die Umwandlung von Natur- in Kulturflächen die Tragekapazität zu beeinflussen. Der Einfluss des Menschen führte im Laufe der Menschheitsgeschichte zu einer gewaltigen Steigerung der globalen Tragekapazität für den Menschen.

Haben wir mit dieser enormen Steigerung die Grenzen der Tragfähigkeit bereits erreicht oder sogar schon überschritten? Der Umweltsoziologe und Ökologe William Catton argumentiert in seinem Buch „Overshoot" eindrucksvoll, dass wir in der Tat die Grenze der Tragfähigkeit überschritten haben und unsere heutige Bevölkerungsdichte nur dadurch aufrechterhalten können, dass wir uns Kapital von der Nachwelt leihen, ohne dieses Kapital jemals zurückzahlen zu können.[4] Der Umweltökonom Julian R. Simon ist dagegen der Überzeugung, dass wir noch lange nicht die Grenze des Möglichen erreicht haben und wir die Tragekapazität im postindustriellen Zeitalter noch einmal wesentlich steigern könnten.[5] Unumstritten ist aber, dass eine ausreichende Versorgung von sechs oder mehr Milliarden Menschen nicht nach den Rezepten der Jäger- und Sammlerkultur möglich sein wird. Ein „Zurück zur Natur" kann es für den Menschen nicht mehr geben. So sehr man von der Natur noch lernen kann, so sehr brauchen wir neue Technologien und Verfahren, die weiterhin eine große Tragekapazität sicherstellen, ohne die natürlichen Grundlagen, auf der die Existenzfähigkeit der Menschen beruht, zu zerstören. Die technische und wirtschaftliche Entwicklung

---

4   Vgl. W. R. Catton, Overshoot: The Ecological Basis of Revolutionary Change, Urbana 1980.
5   Vgl. J. R. Simon, There is no environmental, population, or resource crisis, in: G. Tyler-Miller, Living in the Environment, Belmont 1992, S. 29f.

ist damit unabdingbare Voraussetzung für die Existenzfähigkeit der Menschheit in ihrer jetzigen Populationsdichte.

2.2 Kultur und Natur: Gefährdung auf globalem Niveau

Die Menschheit verändert seit 40.000 Jahren die Umwelt und hat damit Tausende von Umweltkatastrophen verursacht. Als Beispiel möchte ich die Rodung des Waldes auf den Ägäischen Inseln in Griechenland 300 vor Christus nennen. Dieser Umweltfrevel ist bis heute noch nicht wiedergutgemacht und auch in historischen Zeiträumen nicht umkehrbar. Viele Initiativen zur Wiederaufforstung sind eingeleitet worden, aber fast immer ohne Erfolg, die Bodenerosion ist zu weit fortgeschritten. Nach über 2.400 Jahren ist es der Natur also immer noch nicht gelungen, diesen Eingriff der Menschheit in die Umwelt auszugleichen. Es ist eine Illusion zu glauben, die Natur würde alles wieder neu richten, was der Mensch ihr antut. Zwar geht die Evolution auch dann weiter, wenn schwere Umweltbeeinträchtigungen erfolgt sind. Doch die Evolution braucht ihre Zeit, und es ist keineswegs gesichert, dass die natürliche Sukzession etwas Ähnliches zustande bringt wie die ursprüngliche Vegetation, zumal sich die Rahmenbedingungen geändert haben.

Ein weiteres Beispiel für den Zusammenhang von Umwelt und gesellschaftlicher Wirklichkeit ist das Schicksal der Stadt Brügge. Diese Stadt erleben wir heute wie ein Museum spätmittelalterlicher Kunst und Architektur. Brügge durchlief im 17. und 18. Jahrhundert eine Umweltkrise: Man hatte zwar neue Kanäle gebaut, um frisches Wasser für die Leder- und Textilindustrie herbeizuführen. Doch innerhalb weniger Jahrzehnte war das Wasser so verschmutzt, dass die gesamte Industrie zusammenbrach. Aus der reichsten Stadt Europas wurde binnen kurzer Zeit ein Armenhaus, so arm, dass die Bewohner keine neuen Häuser mehr bauen konnten. Die Ironie der Geschichte ist dabei, dass die plötzliche Armut von Brügge heute ihre Attraktivität und ihren touristischen Reichtum darstellt.

Die vielen kleinen und mittleren Umweltfrevel der Menschen sind also keinesfalls spurlos an uns vorbeigegangen, sie waren jedoch lokal begrenzt. Griechen und Iren konnten in die neue Welt auswandern, und die Bewohner von Brügge fanden in anderen Städten Zuflucht. Diese Situation hat sich heute grundlegend geändert. Erstmals in der Geschichte der Menschheit sind wir aufgrund unseres technischen Könnens in der Lage, die globalen Umweltbedingungen zu verändern und damit den Globus als Ganzes zum Experimentierfeld menschlicher Eingriffe zu machen. Anders als in den vergangenen Jahrhunderten können wir uns ein Versuch-und-Irrtum-Verfahren nicht mehr leisten. Seit ca. 50

Jahren beeinflussen wir nämlich erstmals die globalen geo- und biochemischen Kreisläufe der Erde.[6]

Die Emissionen von Industrie und Landwirtschaft haben in solchen Ausmaßen zugenommen, dass wir in signifikanter Weise, d.h. im Prozentbereich, die globalen Stoffkreisläufe verändern. Dies gilt beispielsweise für den Kohlenstoffkreislauf. Seit Beginn der Industrialisierung stieg der Gehalt an Kohlendioxid in der Atmosphäre durch den vom Menschen verursachten Kohlenstoffeintrag (durch Verbrennung fossiler Brennstoffe, Waldrodung und veränderte Bodennutzung) um ca. 30 Prozent. Viele Experten rechnen mit einer Verdoppelung der Kohlendioxidkonzentration ab 2030.[7] Auch wenn bis heute nicht restlos geklärt ist, welche klimatischen Auswirkungen mit diesem Anstieg an Konzentration verbunden ist, so besteht jedoch kein Zweifel daran, dass wir damit ein Großexperiment mit der gesamten Erde durchführen, aus dem es für niemanden ein Entrinnen mehr gibt. Vor wenigen Wochen erst hat das keinesfalls als ökologisches Kampfblatt angesehene *Time Magazine* einen flammenden Leitartikel zum Thema „Klimawandel" verfasst. Dort heißt es[8]:

Die jüngsten Befunde der Klimaforschung zeigen mit bestürzender Klarheit, dass die Auswirkungen des Klimawandels nicht nur früher eintreffen als selbst die Pessimisten befürchtet haben, sie treten auch mit größere Intensität auf. Wer jetzt nicht gegensteuert, hat die Zeichen der Zeit nicht verstanden.

In ähnlicher Weise werden auch andere Kreisläufe des Globus durch menschliche Aktivitäten beeinflusst. Zu nennen sind hier Stickoxide, Methan, Phosphor, Wasserdampf und andere mehr. Die genauen Auswirkungen dieser massiven Emissionen sind bis heute ungeklärt. Wenn sie sich aber als schlimmer herausstellen als heute erwartet, können wir nicht mehr den alten amerikanischen Wahlspruch „If you don't like it, go west" in die Tat umsetzen. Westlich vom Globus gibt es nichts mehr, wo wir hinziehen könnten.

Neben der Beeinflussung der globalen Kreisläufe durch gasförmige Emissionen überfordern wir die Aufnahmefähigkeit der Erde auch durch die schiere Menge der von Menschen geschaffenen Abfallprodukte. Man spricht hier von der *Sen-*

---

6   E. D. Schulze, Der Einfluss des Menschen auf die biogeochemischen Kreisläufe der Erde. Sonderdruck des Festvortrages auf der 51. MPG-Jahresversammlung (Max Planck Forschung. Das Wissenschaftsmagazin der Max-Planck-Gesellschaft, JV/2000), S. 77-89.

7   Vgl. U. Riebesell/D. Wolf-Gladrow, Das Kohlenstoffrätsel, in: Biologie unserer Zeit, Jg. 23, Nr. 2, 1993, S. 97-101, hier S. 97; und Enquete-Kommission „Schutz der Erdatmosphäre" des Deutschen Bundestages, Mehr Zukunft für die Erde. Nachhaltige Energiepolitik für dauerhaften Klimaschutz, Bonn 1995, S. 24.

8   J. Kluger, At any measure, the earth is at ... the tipping point, in: Time Magazine, April 3rd 2006, S. 30-38.

kenfunktion der Erde. Damit ist die Fähigkeit natürlicher Systeme zur Aufnahme und zum Abbau von Stoffen und Energie gemeint. So können sich zum Beispiel viele Stoffe – auch Schadstoffe – im Laufe der Zeit in naturnahe Substanzen abbauen. Gewässer, zum Beispiel, besitzen ein Selbstreinigungspotenzial für viele organische Stoffe. Inwieweit dies gelingt, ist eine Frage der Menge und der Qualität der Stoffe, die aus dem industriellen Metabolismus der Welt stammen.

Ökologen versuchen, den Grad der Beeinflussung von Ökosystemen durch den Menschen möglichst genau zu erfassen. Eine besonders aussagekräftige populationsökologische Methode einer derartigen Messung besteht darin, die Inanspruchnahme der sogenannten Nettoprimärproduktion durch den Menschen zu kalkulieren. Die jährliche Nettoprimärproduktion (NPP) wird definiert als der Betrag an Sonnenenergie, der innerhalb eines Jahres durch pflanzliche Photosynthese in biochemische Energie umgewandelt wird und den die Pflanzen nicht für ihre eigenen Lebensprozesse benötigen.[9] Sie stellt diejenige Biomasse dar, die für den Menschen und alle anderen Lebewesen zur Verfügung steht, und repräsentiert damit die grundlegende Nahrungsquelle allen Lebens.[10] Der amerikanische Biologe Vitousek und seine Kollegen veröffentlichten 1986 eine Studie, in der sie berechneten, dass die Menschen durch ihre Aktivitäten bereits ca. 40 Prozent der verfügbaren Nettoprimärproduktion der Erde beanspruchen. Diese Zahl schließt direkte Nutzungen – wie den Konsum von Nahrungsmitteln und den Abbau von Holz – und indirekte Nutzungen – wie die Aufrechterhaltung der Landwirtschaft einschließlich Viehhaltung – ein. Sie berücksichtigt auch die Zerstörung von Anbauflächen durch Überweidung, Erosion und Bebauung.[11]

Die aktuelle 40-prozentige globale Beanspruchung der Nettoprimärproduktion durch den Menschen schätzen Vitousek et al. als erdgeschichtliche Neuheit ein.[12] Die Berechnungen dieser Wissenschaftler zeigen deutlich, dass menschliche Eingriffe in Natur und Umwelt heute globale Ausmaße angenommen haben. Ginge man davon aus, dass die Nutzungsansprüche an die natürliche Umwelt durch den Menschen parallel zur Bevölkerungsentwicklung verlaufen würden, so ergäbe sich innerhalb der nächsten 60 Jahre eine Verdoppelung im Verbrauch der Nettoprimärproduktion durch den Menschen.[13] Schon die heutige Inanspruchnahme von 40 Prozent ist ein deutliches Zeichen dafür, dass der Mensch einen „ungebührlich" großen Anteil an der Nettoprimärproduktion für die eigenen Zwecke vereinnahmt. Dieser Anteil ist sicherlich noch zu vergrößern, aller-

---

9   H. Mohr, Qualitatives Wachstum, Stuttgart 1995, S. 57.
10   Vgl. W. van Dieren, Mit der Natur rechnen. Der neue Club-of-Rome-Bericht: Vom Bruttosozialprodukt zum Ökosozialprodukt, Basel, Boston und Berlin 1995, S. 67.
11   Vgl. P. M. Vitousek/A. H. Ehrlich/P. H. Matson, Human appropriation of the products of photosynthesis, in: Bio Science, Nr. 34, 1986, S. 368-373.
12   Ebenda.
13   Vgl. van Dieren, Mit der Natur rechnen, S. 67.

dings muss man davon ausgehen, dass wir bisher jene 40 Prozent nutzen bzw. teilweise schon zerstört haben, die verhältnismäßig leicht zugänglich sind. Aber selbst wenn man alle Winkel dieser Erde landwirtschaftlich nutzen könnte und wollte, wäre eine Erhöhung auf 60 bis 80 Prozent wohl die äußerste Grenze des physisch Machbaren.

Diese ökologischen Berechnungen zeigen, dass wir bei allem Erfolg, die Tragekapazität des Menschen durch weitere Innovationen und Veränderungen der Produktionsbedingungen zu erweitern, an absolute Grenzen stoßen. Wir haben fast diese Grenze der Aufnahmefähigkeit des Globus für menschliche Aktivitäten erreicht. Bedenkt man darüber hinaus, dass eine Erhöhung der Nettoprimärproduktion nur noch auf Kosten der Biodiversität gehen kann, so ist eine weitere Ausweitung von Flächen für wirtschaftliche Aktivitäten kaum noch zu verantworten. Es gilt also, die Eingriffstiefe des Menschen in Natur und Umwelt einzudämmen oder zumindest konstant zu halten, aber sie darf unter keinen Umständen ausgedehnt werden. Wie dies bei einer wachsenden Bevölkerung und weiter wachsenden individuellen Ansprüchen umzusetzen ist, bleibt eine offene Frage. Mit dem Leitbegriff der Nachhaltigkeit ist weltweit ein ernsthafter Versuch unternommen worden, die Entwicklung von Technik, Wirtschaft und Gesellschaft mit den Bedingungen einer Existenz im Rahmen der natürlichen Gegebenheiten in Einklang zu bringen. Darauf komme ich später noch zurück.

2.3 Der Siegeszug der globalen Marktkräfte

Wir leben in einer Welt der globalisierten Märkte. Im Austausch von Waren und Dienstleistungen hat derjenige die Nase vorne, der die bessere Qualität zum günstigeren Preis anbietet. Dabei spielt das „Wo?" keine Rolle. Kauft man sich ein deutsches Auto mit dem Markenzeichen „Made in Germany", kann man keineswegs mehr davon ausgehen, dass alle Bestandteile des Fahrzeugs aus Deutschland stammen. Im Gegenteil, die Bauteile werden aus vielen verschiedenen Ländern geliefert. Genau genommen müsste deshalb auf dem Auto das Etikett „Made in Everywhere" kleben. Dies gilt für die meisten komplexen Industrieprodukte unseres Landes. Wir leben in einer globalen und vernetzten Welt mit allen ihren Vorzügen und all ihren Problemen und Zwängen. All das, was wir hier im Land tun, hat globale Auswirkungen, all das, was global passiert, hat Auswirkungen auf uns.

Im Aktienmarkt ist dies besonders deutlich zu merken. Wenn irgendetwas in Indonesien, in den USA oder anderswo passiert, spüren wir die Auswirkungen bei den heimischen Märkten. Man braucht nur an die wirtschaftlichen Auswirkungen des BSE, an die wirtschaftlichen Folgeprobleme der Infektionskrankheit

SARS oder der Vogelgrippe zu denken. Kommt es zu Problemen in einem weit entfernten Markt, dann zieht dies unweigerlich Konsequenzen für den Weltmarkt und die Aktienkurse weltweit nach sich. Alleingänge in einem Land – seien sie auch noch so gut gemeint – werden keine Wirksamkeit entfalten können, wenn sie mit den Trends der Globalisierung nicht kompatibel sind. Wohlgemerkt: Es gibt Handlungsspielräume im Rahmen der Globalisierung, die zu nutzen nicht nur wünschenswert, sondern in vielen Fällen auch ökonomisch klug ist. Aber wer versucht, die Handlungszwänge der Globalisierung zu ignorieren, den bestraft das Leben.

Was bedeutet Globalisierung? Die Tatsache, dass Güter weltweit ausgetauscht werden und man weltweit miteinander kommunizieren kann, ist seit vielen Jahrzehnten gegeben. Die Möglichkeiten der Internationalisierung haben sich sicher in den letzten Jahren erheblich ausgeweitet, aber sie sprechen nicht den Kern der Globalisierung an. Mit diesem Begriff verbindet sich der Bedeutungsverlust des Ortes für Produktion, Handel und Kommunikation. Das globale Dorf ist nicht nur im Internet Wirklichkeit geworden. Transportkosten sind praktisch unerheblich geworden. Räumliche Bindungen spielen so gut wie keine Rolle mehr im kommerziellen Austausch; wer irgendwo auf der Welt preiswerter oder qualitätsbewusster produziert, erhält den Vorzug. Der Verlust von Ort und Zeit ist dabei nicht auf das Wirtschaftsleben beschränkt. Die Ereignisse der Welt sind zeitgleich überall und potenziell jedem verfügbar. Alle Kulturansprüche auf Einzigartigkeit und Exklusivität, alle Religionen mit Alleinvertretungsanspruch, alle Machtsysteme, die auf Isolierung gegenüber der Außenwelt bauen, brechen zunehmend auseinander. Pluralität und postmoderne Vielfalt bestimmen das globale Bild und ersetzen traditionelle Verwurzelungen in umfassenden Sinnsystemen. Gegen diese Form der globalen Modernisierung mit ihren relativistischen Begleiterscheinungen regt sich natürlich auch Widerstand: die ökonomischen Verlierer, die Traditionalisten, die Moralisten, die alte Linke, die neue Rechte, die Vertreter von Leitkulturen, die Anhänger der „Zurück zur Natur"-Bewegung – sie alle fühlen sich durch die Globalisierung bedroht. Andere dagegen begrüßen sie euphorisch – die neuen Business-Eliten, die von Kontinent zu Kontinent jettenden Kulturfürsten, die universalistisch ausgerichteten Weltgelehrten und alle anderen Kosmopoliten dieser Welt.

Die Bevölkerung ist in dieser Frage gespalten: Zwar glauben nach einer Umfrage im Jahre 2000 58 Prozent der deutschen Bevölkerung, dass mit der Globalisierung die Produkte preiswerter und sogar 69 Prozent, dass sich die Exportchancen für deutsche Produkte als Folge der Globalisierung verbessern, aber jeder Vierte ist der Meinung, dass die Globalisierung eher Nachteile mit sich bringen würde, und weitere 37 Prozent sehen in der Globalisierung eine ambivalente Entwicklung mit ebenso vielen Vorzügen wie Nachteilen.[14] Diese Ambivalenz trifft sicher den Kern der Entwicklung: Sie lässt sich global kaum steuern und bewegt sich nach eigenen Gesetzmäßigkeiten. Gleichzeitig umfasst sie sowohl ein Füllhorn an Möglichkeiten und Entfaltungschancen wie auch eine Büchse der Pandora an globalen Krankheiten und Missständen. Die letzte Gabe der Pandora war allerdings die Hoffnung.

2.4 Schlüsselvariable: Wissen

Alles systematisch zusammengetragene Wissen, das seit Beginn der Aufzeichnung von Wissen angesammelt worden ist, hat sich in den letzten Jahrzehnten rein quantitativ immer schneller vermehrt. Innovationszyklen verlaufen immer schneller, zahlreiche neue Produkte und Dienstleistungen überschwemmen die Märkte, und parallel dazu kommen und gehen Moden und Konsumstile. Allein in Deutschland werden pro Jahr fast 17.000 neue Patente erteilt.[15] So wünschenswert diese Entwicklung im Hinblick auf Innovationskraft und Wettbewerbsfähigkeit auch sein mag, die Geschwindigkeit dieser Veränderungen wirkt sich natürlich auch auf die Befindlichkeit des Menschen aus. Das Diktat der Zeit verändert unsere Welt schneller, als wir Verfahren haben, diese Auswirkungen im Voraus abzuschätzen.

Die explosionsartige Zunahme des Wissens ist aber nicht einmal der Kernpunkt der vielfach beschworenen Wissensgesellschaft. Entscheidend ist vielmehr, dass sich die Halbwertszeit des praktisch anwendbaren Wissens ständig verringert. Mit Halbwertszeit ist die Zeitspanne gemeint, in der sich das einmal gelernte Wissen als überholt erweist. Heutzutage veraltet nichts so schnell wie das einmal gelernte Wissen. Wissen hat man immer gebraucht. Das Leben ist ohne Wissen nicht zu bewältigen. Jedoch wird die zeitliche Gültigkeit des erworbenen Wissens für praktische Zwecke immer kürzer. Ohne ständige Erneuerung des eigenen Wissens ist die wirtschaftliche Zukunft weder individuell noch in der Gesellschaft als Ganzes zu meistern. Wissen muss ständig aufgebessert und erneuert werden. Daraus folgt, dass wir für eine langfristige Sicherung unserer wirtschaftlichen und sozialen Leistungsfähigkeit zunehmend Investitionen in Bildung und Wissen benötigen. Die kostbarste Ressource in unserem Lande ist weder Wasser noch Gold oder Platin, es ist das Wissen, das in den Gehirnen der Menschen und in Datenbanken wie auch Büchern und Computern gespeichert ist. Nach dem PISA-Schock ist diese Einsicht inzwischen eine Binsenweisheit

---

14   Aus: Interesse. Wirtschaft und Politik in Daten und Zusammenhängen, Heft 11, 2000, S. 1f.
15   Vgl. Statistisches Bundesamt, Jahrbuch für die Bundesrepublik Deutschland, Wiesbaden 1997, S. 370.

geworden. Aber uns ist immer noch nicht bewusst, was diese Einsicht für Konsequenzen haben müsste. Einer der Preisträger, Oliver Nikutowski, hat eindrucksvoll gezeigt, wie man gerade die gering qualifizierten Arbeitskräfte durch gezielte Qualifikationen fördern und dadurch nicht nur Produktivität und Wettbewerbsfähigkeit, sondern auch die Kluft zwischen Niedrig- und Hochverdienern ein Stück weit überbrücken kann.

Wissen und Globalisierung stehen dabei in einem besonderen Spannungsverhältnis: Auf der einen Seite verlangt Globalisierung nach einem standardisierten Wissen, das überall auf der Welt in instrumentelles Handeln überführt werden kann. Auf der anderen Seite kann sich im globalen Wettbewerb nur derjenige halten, der die spezifischen Wissensressourcen der eigenen Region nutzt und Produkte bzw. Dienstleistungen anbietet, die andere nicht anbieten können. Während beispielsweise die Wissenschaft, vor allem die Naturwissenschaft, universelle Wissensbestände generiert, die unabhängig von der Herkunft des Wissens globale Geltung beanspruchen, sind Innovationssysteme mehr denn je auf spezifische Wissensbestände der Netzwerkpartner angewiesen.[16] Erst im Zusammenklang von abstraktem Wissen und regional und funktional differenziertem Wissen ist die Herausforderung der Globalisierung zu bewältigen.

2.5 Die Gerechtigkeitslücke: die tickende Zeitbombe

Der Zugriff auf die Ressourcen in dieser Welt ist von wachsender Ungleichheit geprägt. Die armen Länder dieser Welt verbrauchen nur einen Bruchteil der Ressourcen, die wir als Bewohner eines Industrielandes wie selbstverständlich in Anspruch nehmen. Wäre es aber physisch überhaupt möglich, den Lebensstil der Industrienationen auf alle Regionen dieser Welt zu übertragen? Wäre es beispielsweise physisch machbar, dass die Chinesen ebenso viele Kraftfahrzeuge pro 100 Einwohner aufweisen würden wie die Deutschen? Gäbe es überhaupt genug Erdöl auf der Welt, um den durchschnittlichen Benzinverbrauch eines Amerikaners als Norm für alle sechs Milliarden Menschen zu verankern?

Jedem wird sofort einleuchten, dass eine Verallgemeinerung des Lebensstils der reichsten Erdenbürger für alle Menschen dieser Welt die Ressourcenbasis innerhalb von wenigen Jahrzehnten aufbrauchen würde. Schon einige wenige Gegenüberstellungen von Zahlen über den Verbrauch von natürlichen Gütern in Industrieländern und Entwicklungsländern sprechen hier eine deutliche Sprache (vgl. Tabelle 1).

---

16   O. Renn, Die Rolle von Technikleitbildern für technische Innovationen, in: B. Blättel-Mink/ O. Renn (Hrsg.), Zwischen Akteur und System. Die Organisierung von Innovation, Opladen 1997, S. 271-284.

Tabelle 1: Verbrauch von natürlichen Ressourcen in den USA und Indien
(1991)

Natürliche Ressource	Verbrauch in den USA	Verbrauch in Indien	Pro-Kopf-Verhältnis USA/Indien
Aluminium (in 1000 t)	4.137	420	33,7
Kupfer (in 1000 t)	2.057	157	44,8
Rohstahl (in 1000 t)	93.325	20.300	15,7
Kohle (in 1000 t)	672.036	184.992	12,4
Erdöl (in 1000 t)	666.032	53.294	42,7
Erdgas (in 1000 t)	21.387.719	387.250	183,9
Ganzholz (in 1000 m³)	468.003	281.045	5,7
Faserholz (in 1000 m³)	136.377	1.208	385,7

Quelle: World Resources Institute/United Nations Environment Programme: Welt-Ressourcen 1994-95. Analysen, Daten, Berichte, in: J. Vogl/A. Heigl/K. Schäfer, Handbuch des Umweltschutzes, Bd. 5, 1995, S. 36.

Selbst wenn es möglich wäre, die heutigen Lebensumstände der reichen Industrienationen einzufrieren, also kein Wohlstandszuwachs mehr zugelassen würde, wäre zumindest kurz- und mittelfristig eine Verallgemeinerung dieser Lebensumstände für ärmere Völker aus Gründen der Erschöpfbarkeit von Ressourcen unmöglich.

Das Gleiche gilt auch für die Einkommensverteilung. Die Kluft zwischen den Reichen und den Armen innerhalb eines Landes wie auch zwischen den armen und den reichen Ländern weitet sich aus. Der Wirtschaftswissenschaftler Rademacher hat in einer großen internationalen Untersuchung festgestellt, dass nicht nur die Kluft zwischen den Ärmsten und den Reichsten wächst, es wächst auch die Kluft zwischen dem Durchschnittseinkommen einer Gesellschaft und dem Einkommen der 10 Prozent reichsten Menschen.[17] Diese Kluft ist insofern von besonderer Bedeutung, weil Gesellschaften, in denen die Masse der Menschen keinen wirtschaftlichen Bewegungsspielraum hat, immobil bleiben und sich nicht weiterentwickeln können. Sie bleiben auf dem Feudalstatus stehen. Dass die Feudalherren dies natürlich nicht ändern wollen, versteht sich von selbst. Und so reihen sich auch die lokal mächtigen Feudalherren in den Chor der Globalisierungsgegner ein. In der Regel mobilisieren sie aus wohlverstandenem Eigennutz die armen Volksmassen gegen die Globalisierung und benutzen die angeblich

---

17   F.-J. Rademacher, Die neue Zukunftsformel, in: Bild der Wissenschaft Heft 4, April 2002, 2002, S. 78-86.

finsteren Machenschaften der globalen Marktkräfte als Sündenböcke zur Erklärung der wirtschaftlichen und gesellschaftlichen Stagnation im eigenen Land.

Hält man an der Forderung nach Chancengleichheit unter allen Menschen fest, dann führt kein Weg daran vorbei, dass die reicheren Länder umverteilen müssen. Trotz der internationalen Forderung, mindestens 1, wenn nicht sogar 3 Prozent des Bruttosozialprodukts für Entwicklungshilfe vorzusehen, bewegt sich der Anteil in den meisten Industrieländern, einschließlich der Bundesrepublik Deutschland, auf unter 0,5 Prozent. Erst nach dem 11. September ist die Einsicht in die Notwendigkeit von Umverteilungsmaßnahmen auch unter den Nationen gewachsen, die bis dahin die Entwicklung in den armen Ländern als eine Angelegenheit dieser Länder selbst betrachtet haben. In einer global vernetzten Welt, das haben die Industrieländer leidvoll erfahren müssen, schafft sich die Verbitterung der Armen auf unliebsame Weise Zugang zu den Luxusetagen der Reichen.

2.6 Individualisierung der Lebensansprüche bei gleichzeitiger Universalisierung von global auftretenden Teilkulturen

Wir leben in einer Welt, die zunehmend Wert auf individuelle Lebensplanung und eigene Entfaltung legt. Jeder möchte nach eigener Fasson glücklich werden. Die moderne Industrie- und Dienstleistungsgesellschaft hat die Möglichkeiten der Individualisierung geschaffen, mit ihren unbestreitbaren Vorteilen, aber auch ihren Problemen. Pluralisierung von Werten und Normen sowie Säkularisierung der Weltbilder sind dabei wichtige Eigenschaften gegenwärtiger Gesellschaften. Das Erste führt zu einer Verbreiterung auswählbarer Lebensentwürfe, zu einer nie vorher vorhandenen Vielfalt an Lebensstilen und Orientierungsmustern. Die Kehrseite besteht aber aus Orientierungslosigkeit und situationsgebundener Zersplitterung von Verhaltensweisen. Das Zweite befreit den Einzelnen von seiner kulturellen Unmündigkeit und schafft gleichzeitig seelische Leere und Mangel an Geborgenheit. Individualisierung, Pluralisierung und Säkularisierung zusammen potenzieren die Fülle menschlicher Entfaltungsmöglichkeiten, eröffnen zusätzliche Handlungsoptionen und vermehren die materiellen und ideellen Lebensgrundlagen. Doch all dies hat seinen Preis: Die natürlichen Grundlagen unserer Überlebensfähigkeit sind gefährdet, die Effizienz der Produktion wird durch häufig sinnentleerte und entfremdete Arbeitsbedingungen erkauft und die integrale Persönlichkeit durch Rollenverhalten je nach segmentiertem Funktionsbereich (Arbeit, Heim, Freizeit) ersetzt. Nicht von ungefähr hat die Selbsttötung nach einer Studie der OECD die Verkehrs- und Freizeitunfälle vom ersten Platz der Todesursachen im Alter von 15-40 Jahren verdrängt. Individualismus und authentisches Leben werden zwar großgeschrieben, aber gleichzeitig besteht ein großes Bedürfnis nach kollektiver oder sozialer Geborgenheit. Dies äußert sich darin, dass sich zunehmend Gruppen mit kollektiven Normen und Verhaltensweisen herausbilden, die jenseits von Volkszugehörigkeit oder Nation eine eigene Identität entwickeln – und dies oft weltweit.

Die ehemalige Akademie für Technikfolgenabschätzung in Baden-Württemberg hat gemeinsam mit der Universität von Melbourne (Australien) einen Sammelband zum Thema Wahrnehmungen von Technik, Risiken und Einstellungen in sehr unterschiedlichen Ländern und Kulturen zusammengestellt.[18] Es wurden Einzelgruppen weltweit in Australien, Südamerika, Europa und Kanada befragt. Dabei stellte sich heraus, dass jede der befragten Einzelgruppen, vom Pflegepersonal in Krankenhäusern bis hin zu Obdachlosen, mehr miteinander gemein hatte, gleichgültig, aus welchem Land oder welcher Kultur sie stammte, als Personen aus unterschiedlichen Gruppen innerhalb eines Landes. Um es kurz zu sagen: Die Banker dieser Welt verstehen sich wesentlich besser untereinander, als jeder einzelne Banker mit seinen eigenen Kindern. Das ist eine neue Entwicklung. Alte Bindungskräfte etwa des nationalen Zusammengehörigkeitsgefühls schwinden zugunsten von neuen Lebensentwürfen, die über die Grenzen der eigenen Nation hinaus wirksam werden, weil sich Gleichgesinnte dank Internet und anderen globalen Medien weltweit zusammenfinden. Nationale Integration setzt dabei immer weniger Bindungskraft frei. Politik muss sich auf diese Aufweichung nationaler Bindungskräfte zugunsten einer Aufsplitterung in subkulturelle, aber weltweit agierende Sinngruppen einstellen.

2.7 Die kulturelle Dimension des globalen Wandelns: Die bedrohte Identität

Als Sigmund Freud auf die großen Kränkungen der Menschheit hinwies, hatte er vor allem den Stellenwert des Menschen im natürlichen Kosmos und in der kulturellen Evolution im Visier. Die Erkenntnis, dass die Erde nicht Mittelpunkt des Sonnensystems war, die Einsicht, dass der Mensch in evolutiver Abfolge von den Tieren abstammt, und die Wahrnehmung der Begrenztheit der eigenen Handlungsfreiheit durch die Kräfte des Unbewussten zog er als wesentliche Belege dafür heran, dass das Selbstbild des Menschen, ein einzigartiges und souveränes Geschöpf zu sein, schmerzlich erschüttert wurde.[19] Die weitere Entwicklung von Naturwissenschaft und Technik ist in diesem Sinne noch einen Schritt weiter gegangen: Mit den Erkenntnissen der neuen Gehirnforschung und den damit verbundenen Möglichkeiten der externen Steuerung von menschlichen

---

18   O. Renn/B. Rohrmann (Hrsg.), Cross-Cultural Risk Perception, Dordrecht und Boston 2000.
19   S. Freud, Studienausgabe, Band 1, Frankfurt am Main 1992, S. 283.

Denkprozessen auf der einen und den zunehmend intelligenteren Maschinensystemen auf der anderen Seite steht nun die Identität des Menschen selbst zur Debatte. Die vielen Science-Fiction-Romane und -Filme, die Roboter häufig als die besseren Menschen darstellen, und zwar nicht nur in Bezug auf praktische Kenntnisse, sondern auch in Bezug auf moralisches Handeln, zeugen eindrücklich von den tief liegenden Ängsten und Befürchtungen, die mit dem Angriff auf das Selbstbild des Menschen verbunden sind.

Die Ironie dieser Entwicklung besteht darin, dass mit zunehmender Macht des Menschen über die Natur, mit zunehmender Verfügungsgewalt über die Naturkräfte, mit zunehmender Technisierung der Umwelt und mit zunehmendem Wissen über die verborgenen Kräfte von Natur, Psyche und Kultur der Mensch selbst immer mehr von seinem Anspruch, Krönung der Schöpfung zu sein, Abstand nehmen muss. Um es überspitzt zu sagen: Wir *können* immer mehr, *sind* aber immer weniger. Das Bewusstsein der Menschheit schwebt zwischen der Hybris des allkönnenden Weltarchitekten und dem Fatalismus des getriebenen und entwurzelten Massenwesens und findet dabei keine rechte Balance. Mit dem Trend der Säkularisierung in den meisten Industrieländern fehlt auch die metaphysische Erdung des Menschen zwischen den beiden Extremen. In der religiösen Bindung können Menschen den Spagat überwinden: Denn sie sind gleichzeitig Geschöpf eines persönlichen Gottes wie Mitschöpfer einer ihnen anvertrauten Welt.

In dieser Situation sind alle Technologien, die das Selbstbild des Menschen infrage stellen, auf einem besonderen Prüfstand. Es ist schon schwer zu verkraften, dass der Mensch in seinen genetischen Anlagen weitgehend mit der Bäckerhefe identisch ist.[20] Die Debatten um Stammzellenforschung, um Präimplementationsdiagnostik, um Biochips im Gehirn, um neue, bewusstseinsverändernde Medikamente, um menschenähnliche Roboter drehen sich bei aller Unterschiedlichkeit ihrer wissenschaftlichen Fundierung um die Grundfrage nach der Identität des Menschen. Diese Frage erledigt sich nicht von selbst. Gleichzeitig kann sie auch nicht gelöst werden wie eine mathematische Gleichung oder wie ein Verteilungskonflikt. Der Umgang mit dieser Frage setzte eine behutsame Ko-Evolution von technischer Entwicklung und Bewusstseinsentwicklung voraus. Weder macht es Sinn, alles technisch Mögliche zu machen, nur weil es geht und wirtschaftliche Vorteile bringt, noch können wir ex cathedra ethische Grenzlinien ziehen, die für alle Zukunft festlegen, wo die Identität und die Würde des Menschen bedroht sind.

Diese Variabilität im Sinne einer Ko-Evolution (in die auch die ökologische Komponente einbezogen werden muss) ist keine Einladung zur postmodernen Beliebigkeit von Moral. Die Grundsätze der Menschenwürde und das Verbot der

---

20 A. Orzessek, Braucht uns die Zukunft?, in: Universitas, Jahrgang 56, Heft 1, 2001, S. 55.

Instrumentalisierung des Menschen zu menschlichen Zwecken, wie es Kant formuliert hat, haben universelle Geltungskraft – über Ort und Zeit.[21] Wie diese Grundsätze aber im Wechselverhältnis von technologischer Entwicklung und kulturellem Selbstverständnis umgesetzt und konkretisiert werden sollen, lässt sich nur im ständigen und kontinuierlichen Dialog zwischen den an dieser Entwicklung beteiligten und betroffenen Personengruppen festlegen. Dabei sind als Dialogpartner nicht nur die üblichen Entscheidungsträger aus Wirtschaft, Politik und Kultur gefragt, sondern auch und vor allem diejenigen, die mit diesen Wandlungsprozessen leben und damit umgehen müssen: die Patienten, die Nutzer, die Konsumenten und die von den Wirkungen des Wandels Betroffenen.

3   Neues Leitbild: Nachhaltige Entwicklung

3.1 Was bedeutet Nachhaltigkeit?

Die hier vorgestellten Makrotrends bilden die Begleitmusik, die für die weitere Entwicklung der Gesellschaft und den sozialen Wandel den Ton angibt. Bevölkerungsdichte und die aufgeführten Umweltgefahren sind die eher externen Rahmenbedingungen, die weitgehend dem menschlichen Zugriff entzogen und bei denen im Wesentlichen Anpassungsprozesse gefragt sind. Globale Märkte und Wissensexplosion sind bestimmende Elemente der ökonomischen Entwicklung, die eher als interne, d.h. aus dem Vollzug menschlichen Handelns sich ergebende Phänomene anzusehen sind. Auch diese sind für den einzelnen Akteur zunächst einmal von außen her vorgegeben; sie bieten jedoch für kollektive Akteursgruppen Gestaltungsspielräume und Freiheitsgrade, die konstruktiv genutzt werden können. Die drei letzten Trends, ungerechte Verteilung, die Entstehung neuer funktionaler und global wirksamer Teilkulturen und die Bedrohung der menschlichen Identität charakterisieren wesentliche Entwicklungen im sozialen und kulturellen Bereich, die ebenfalls als intern generiert angesehen werden können. In beiden Fällen sind in begrenztem Maße Einflussmöglichkeiten durch aktive politische oder soziale Steuerung gegeben.

Welche Handlungsspielräume bestehen nun für die hier im Vordergrund stehenden Probleme der menschlichen Interventionen in die natürliche, soziale und kulturelle Umwelt? Mit der Zunahme der Bevölkerungsdichte und den Gefährdungen durch globale Stoffkreisläufe werden wir leben und uns daran anpassen müssen. Natürlich können und sollten wir die umweltbedingten Gefährdungen der Menschheit nicht tatenlos hinnehmen: Die Gefährdung als solche ist aber

---

21   O. Höffe, Immanuel Kant, München 1972.

aufgrund der Bevölkerungsdichte nicht mehr rückgängig zu machen, es sei denn, wir wollten die Menschheit zwangsweise um mehr als die Hälfte reduzieren. Das will, so hoffen wir wenigstens, niemand. Im Rahmen einer sozialverträglichen Entwicklung wird es deshalb darauf ankommen, Risikobegrenzungen vorzunehmen.

Allein dieses eher bescheiden anmutende Ziel wird von den Menschen viel abverlangen. Denn bislang haben die Begrenzungen der Risiken nur eine untergeordnete Rolle in der globalen Interventionspolitik des Menschen gespielt. Wenn aber selbst auferlegte Grenzen jetzt notwendig sind, ist die Frage nach den Kriterien der Bewertung besonders virulent. Aus diesem Grund brauchen wir eine politische Auseinandersetzung um die prioritären Ziele in der Politik. Dabei muss es gelingen, die Effizienz der globalen Wirtschaftsordnung mit Vorstellungen von sozialer Gerechtigkeit und von Umweltverträglichkeit so zu verbinden, dass die Lebensqualität weltweit wächst und die Disparitäten zwischen Arm und Reich überwunden werden.

Diese Balance zu finden und in die Realität umzusetzen, setzt eine konsequente Politik der Nachhaltigkeit voraus. Der Begriff der Nachhaltigkeit stammt ursprünglich aus der Forstwirtschaft und bedeutet, dass nur so viel Holz geerntet werden darf, wie in dem jeweiligen Anbaugebiet nachwächst. Die Idee hat die sogenannte Brundtland-Kommission übernommen. Sie definiert nachhaltige Entwicklung als eine „Entwicklung, die die Bedürfnisse der Gegenwart befriedigt, ohne zu riskieren, dass künftige Generationen ihre eigenen Bedürfnisse nicht befriedigen können".[22] Die Perspektive der Nachhaltigkeit bezieht sich auf die Dauerhaftigkeit kollektiver menschlicher Handlungen. Künftige Generationen sollen die gleichen Entfaltungsmöglichkeiten besitzen wie wir, gleichgültig, ob sie diese nutzen wollen oder nicht. Sie müssen aber als Angebote für sie erhalten bleiben.

Bei der internationalen Umweltkonferenz in Rio 1992 ist das Konzept der Nachhaltigkeit global zu einem Leitbild für zukünftige wirtschaftliche und gesellschaftliche Entwicklung geworden. Weltweit herrscht Übereinstimmung darüber, dass Nachhaltigkeit ein normatives Leitbild zur Verwirklichung einer intergenerationalen Gerechtigkeit darstellt.[23] Wie dieses Postulat aber konkret umgesetzt werden soll, darüber besteht keineswegs Einigkeit. Denn das, was künftigen Generationen als Erbe hinterlassen werden soll und muss, hängt maßgeblich von der individuellen und kollektiven Bewertung des Erbes ab. Vielfach wird als Erbschaft nur die Menge der natürlichen Ressourcen verstanden, die,

---

22   V. Hauff (Hrsg.), Unsere gemeinsame Zukunft. Der Bericht der Weltkommission für Umwelt und Entwicklung (Brundtland-Bericht), Greven 1987, S. 46.

23   A. Knaus/O. Renn, Den Gipfel vor Augen. Unterwegs in eine nachhaltige Zukunft, Marburg 1998, S. 29ff.

von den heutigen Menschen genutzt, folgenden Generationen nicht mehr vollständig zur Verfügung stünden. Darüber wird leicht vergessen, dass zur Erbschaft auch die wirtschaftlichen Errungenschaften einer Volkswirtschaft gehören,
die mithilfe von Kapital, Arbeit und Natureinsatz geschaffen worden sind. Auch
die sozialen Institutionen, wie demokratische Willensbildung, Formen der fried-
lichen und gerechten Konfliktbearbeitung, Schaffung und Ausbau des Wissens
sowie Manifestationen des kulturellen Selbstverständnisses und der sozio-
kulturellen Identität, sind ebenfalls wichtige Elemente des kulturellen Erbes, das
wir den kommenden Generationen hinterlassen wollen. Die einseitige Fokussierung auf natürliche Ressourcen ist deshalb zu eng.

3.2 Qualitatives Wachstum

Eine gesellschaftliche Entwicklung hin zur Nachhaltigkeit kann an vier Enden
ansetzen: der Erhöhung der Umwelteffizienz, der Schließung von Stoffkreisläu-
fen, der Förderung von ressourcen- und umweltschonenden Innovationen und
der Anpassung von Lebensstilen an eine nachhaltige Wirtschaftsweise (Suffi-
zienz). Diese vier Strategien sind eng mit dem Begriff des qualitativen Wachstums verknüpft. Darauf haben eindringlich die Preisträger Marius Christen und
Emilio Marti hingewiesen. Quantitatives Wachstum ist ihrer Ansicht nach richtungsorientiert, qualitatives Wachstum dagegen zielorientiert. Wenn man die
Ziele der Nachhaltigkeit, nämlich die natürlichen und kulturellen Ressourcen
einer Gemeinschaft in Balance zu halten, erreichen will, kommt man an einer
zielgerichteten Gestaltung des Wachstumsprozesses nicht vorbei.

Aber ist der Begriff des Wachstums nicht ohnehin ein Widerspruch zu einem
integrativen Verständnis von Nachhaltigkeit? Ist Wachstum noch anzustreben in
einer Gesellschaft, in der es weder materielle Not noch großen Nachholbedarf an
Gütern und Dienstleistungen geben müsste, wenn man den erwirtschafteten
Reichtum besser verteilen würde? Viele Autoren, wie Richard Daly, vertreten
diese Ansicht.[24] Sie haben betont, dass „Entwicklung" nur Strukturwandel, aber
nicht Wachstum im ökonomischen Sinne umfassen dürfe. Wiewohl nicht auszu-
schließen ist, dass eine auf Nullwachstum ausgerichtete Wirtschaft prinzipiell
möglich ist und sicher auch mit dem intuitiven Verständnis von Nachhaltigkeit
besser korrespondiert als eine auf Wachstum ausgerichtete Wirtschaftsordnung,
so erscheint diese Lösung aus vier Gründen problematisch:

---

24   R. Daly, Sustainable Growth: An Impossibility Theorem, in H. E. Daly/K. N. Townsend (Hrsg.),
     Valuing the Earth, Cambridge 1993, S. 267-274.

1. Solange Menschen mit Wohlfahrt auch Produkte verbinden, kann eine Verringerung des natürlichen Kapitalstocks nur dann zur Konstanz oder sogar Verbesserung des Wohlfahrtsniveaus führen, wenn gleichzeitig der künstliche Kapitalstock anwächst. Prinzipiell ist eine Entlastung der Umwelt durch höhere Effizienz ihrer Nutzung nur durch eine Erhöhung des künstlichen Kapitalstocks möglich, wenn die Wohlfahrt nicht sinken soll. Vieles spricht dafür, dass einer Erhöhung des künstlichen Kapitalstocks keine immanenten Beschränkungen entgegenstehen. Genährt wird diese Hoffnung vor allem durch die Erkenntnis, dass „Wissen" ein produktiver Faktor ist, der sich beliebig vervielfältigen lässt.

2. Nach dem Zusammenbruch des Kommunismus sind marktwirtschaftliche Ordnungen in unterschiedlicher Ausprägung zum weltweiten Standard geworden. Innerhalb dieser Ordnungen vollzieht sich der Strukturwandel nur durch Aussicht auf Wachstum. Im Prinzip könnten sich wachsende und schrumpfende Branchen die Waage halten; dies kann aber niemand von vornherein steuern. Sofern man an der Investitionsfreiheit festhält, ohne die marktwirtschaftliche Systeme nicht lebensfähig wären, muss auch mit Wachstum gerechnet werden.

3. Wenn man davon ausgeht, dass Preise in einer Marktwirtschaft die relativen Knappheiten widerspiegeln, dann gibt es letztlich kein Argument dafür, warum man einen Zustand, in dem sich alle wohler fühlen als vorher, ablehnen sollte. Sofern die Marktunvollkommenheiten, die bei der Bewertung des natürlichen Kapitalstocks (und auch anderweitig) auftreten, durch die Festlegung neuer Spielregeln überwunden werden können, ist nichts dagegen einzuwenden, dass die Menschen ihre Lebensverhältnisse auch in Wohlstandsländern ständig verbessern wollen.

4. Nullwachstum ist bestenfalls für die in weitgehender Affluenz lebenden Industrienationen sinnvoll, aber sicher nicht für die in Armut und Verelendung lebenden Menschen in den Entwicklungsländern. Ein Konzept wie die Nachhaltige Entwicklung sollte zumindest von den Grundprinzipien her für alle gelten, selbst wenn einzelne Elemente regional angepasst werden müssen.

Aus diesen vier Gründen erscheint es angebracht, den Mechanismus des Wachstums, der zweifelsohne Mitverursacher der negativen Umwelteinwirkungen gewesen ist, als integralen Bestandteil eines nachhaltigen Wirtschaftssystems anzuerkennen, ihn aber so mit neuem Leben zu versehen, dass er nicht mehr im Widerspruch zur Erhaltung der natürlichen Lebensgrundlagen sowie der sozialen und kulturellen Errungenschaften steht. Als Begriff für eine nach bestimmten

Kriterien gesteuerte oder beeinflusste wirtschaftliche Entwicklung hat sich der Terminus „Qualitatives Wachstum" eingebürgert.

Qualitatives Wachstum bedeutet in diesem Sinne, dass sich die Ressourcenproduktivität im Prozess der Wertschöpfung ständig erhöht. Die durch Wachstum erzielte Erhöhung der Leistungen einer Volkswirtschaft müssen mit immer geringeren Vorleistungen an nicht erneuerbaren Ressourcen und an Umweltbelastung erzielt werden. Das Ziel besteht darin, eine Parallele zu der historischen Leistung der enormen Erhöhung der Arbeitsproduktivität pro Stunde zu schaffen und eine neue Ära der Erhöhung der Naturproduktivität (pro Einheit Energie oder Rohstoff) einzuläuten. Qualitatives Wachstum ist also dadurch gekennzeichnet, dass die reale Wohlfahrt einer Volkswirtschaft ansteigen kann, obgleich der Verbrauch an Ressourcen und die Belastung der Umwelt abnehmen. Dabei lassen sich drei Stadien von qualitativem Wachstum unterscheiden:

- In einer ersten Phase bedeutet qualitatives Wachstum, dass sich der Ressourceneinsatz pro Einheit Bruttoinlandsprodukt stetig verringert. Jedes Produkt soll weniger Ressourcen verbrauchen als das vorhergegangene. Das gilt natürlich auch für die Nutzung der Umwelt als Senke für nicht mehr benötigte Abfälle. Diese erste Phase des qualitativen Wachstums haben die meisten Industrieländer bereits bei den meisten Wirtschaftsgütern erreicht.

- In einer zweiten Phase bedeutet qualitatives Wachstum, dass sich der Ressourceneinsatz pro Kopf der Bevölkerung stetig verringert. Hier kommt also hinzu, dass die Einspareffekte durch bessere Umweltnutzung höher sein müssen als die zusätzliche Ressourcen-Inanspruchnahme durch Wachstum von Produktion und Konsum. Wachsen würden in der zweiten Phase nur solche Branchen, die überproportional hohe Wertschöpfung bei geringerem Verbrauch an Umwelt versprechen. Diese zweite Phase des qualitativen Wachstums ist nur in einigen wenigen Produktzweigen bislang erfüllt.

- In einer dritten Phase bedeutet qualitatives Wachstum, dass sich der Ressourceneinsatz pro Volkswirtschaft und damit indirekt global verringert. Zweite und dritte Phase sind für Gesellschaften ohne Bevölkerungswachstum identisch. In den Ländern aber, in denen durch eine hohe Geburtenrate oder durch Migration die Bevölkerung weiter anwächst, muss in der dritten Phase auch der absolute Ressourceneinsatz abnehmen. Die dritte Phase des qualitativen Wachstums wird sich am schwersten realisieren lassen.

Qualitatives Wachstum ist keine Illusion. Die durch den Fortschritt der Wissenschaft geschaffene neue Dimension einer Substitution von Material und Energie durch Software und Know-how eröffnet eine neue Dimension qualitativen Wachstums. Diese Innovationen schaffen die Basis dafür, dass sich die Bedingungen für die Verwirklichung der zweiten Phase des qualitativen Wachstums auf allen Sektoren einstellen. Natürlich gewähren auch die Zukunftstechnologien keine „Wertschöpfung zum Nulltarif". Wirtschaftliches Wachstum, das sich zunehmend vom Ressourcenbedarf abkoppelt, ist weder nebenwirkungsfrei, noch kann es beliebig den Rohstoff- und Energieinput reduzieren. Es gibt keine 100-prozentige Kreislaufwirtschaft – zumindest nicht bei der heutigen Bevölkerungsdichte. Aber der Spielraum, der sich auftut, ist weit.

3.3 Bedarfsgerechte Steuerung durch Politik und Wirtschaft

Im Rahmen des Leitbildes der Nachhaltigkeit und des qualitativen Wachstums geht es nicht allein um die Setzung von wachstumsfördernden Rahmenbedingungen, um den Marktkräften die bestmögliche Entfaltung zu gewähren, es geht vielmehr und vor allem um aktive Steuerung. Es ist Aufgabe von Politik und Wirtschaft, auf der Basis der vorhersehbaren Strukturänderungen und der kollektiven Aufgabenerfüllung innerhalb der globalisierten Gesellschaft Bedarfsfelder ausfindig zu machen, für deren Deckung neue Arbeitsfelder erschlossen werden können und sich neue Chancen eröffnen.[25] Zunächst soll kurz auf die strukturellen Faktoren eingegangen werden. Darunter verstehe ich solche Entwicklungen, die auf der Basis demografischer Veränderungen und erkennbarer Trends bestimmte Entwicklungen begünstigen oder zumindest wahrscheinlich machen. Dazu zwei Beispiele:

- Unsere Gesellschaft wird zunehmend älter. Für ältere Menschen werden einige Angebote der Wirtschaft an Bedeutung verlieren, andere an Einfluss gewinnen. Gesundheitsschutz, Freizeitgestaltung, Reisen, Geselligkeit, soziale Aktivitäten und Unterhaltung sind nur einige der Stichworte, die in einer älter werdenden Gesellschaft expandierende Märkte kennzeichnen. Dazu gehören auch neue Produkte, die dazu geeignet sind, diese Bedürfnisse effizient und altersgerecht zu stillen.
- Wenn auch niemand weiß, in welchem Umfang Wanderungsbewegungen in den nächsten Jahrzehnten auftreten werden, so sind sich doch alle Prognostiker darin einig, dass Gesellschaften, die einen hohen Lebensstandard genießen, mit einer konstanten Immigration von Ausländern rechnen müssen. Dies schafft die Notwendigkeit der Integration und der Qualifikation dieser Menschen. Sekundäre Bildungsangebote müssen verbessert und neue orga-

---

25 O. Renn, Umwelt, Globalisierung und Ethik – Orientierungen in einer Welt mit begrenzten Handlungsspielräumen, in: G. Hempel/M. Schulz-Baldes (Hrsg.), Nachhaltigkeit und globaler Wandel. Guter Rat ist teuer, Frankfurt am Main 2003, S. 193-224.

nisatorische Formen der Eingliederung gefunden werden. In diesen Bereichen werden neue Dienstleistungen und innovative Anwendungen der Informations- und Kommunikationstechnik eine wesentliche Rolle spielen.

Mit den strukturellen Veränderungen, von denen ich hier nur zwei herausgegriffen habe, sind gesellschaftliche Problembereiche und Anforderungen zu nennen, die neue kollektive Leistungen der Politik und innovative Leistungen der Wirtschaft im Sinne eines neu verstandenen „Public-Private-Partnership" erfordern.[26] Umweltverschmutzung, Landschaftsverbrauch, Grenzen individueller Mobilität, soziale Desorientierung, Alterspflege, Ernährung, berufliche Qualifizierung, Ausbau sozialer und kommunikativer Kompetenzen in der pluralen Gesellschaft und vieles andere mehr. Von den weltweiten Problemen, wie Hunger, Urbanisierung, Verelendung und Ressourcenübernutzung einmal ganz zu schweigen. Natürlich verlangen viele dieser Probleme kollektive Lösungen ohne Einschaltung des Marktes, aber die meisten sind auf Produkte und Dienstleistungen, die vorrangig über den Markt erbracht werden können, angewiesen. Diese Forderung geht weit über die übliche durch Nachfrage gesteuerte Produktentwicklung hinaus, sie versucht vielmehr, die kollektiven Bedarfe abzuschätzen, die sich aufgrund der heute bereits absehbaren Veränderungen national und international ergeben. Zur Illustration dieses Punktes möchte ich noch einmal zwei Beispiele herausgreifen:

▪ Die Ereignisse des 11. September 2001 (und in deren Nachfolge in Bali, Riad und Casablanca) haben die hohe Verwundbarkeit der technisch orientierten Zivilisation deutlich herausgestellt. Letztlich konnten die Attentäter mit drei Teppichmessern eine Katastrophe auslösen, indem sie systematisch das Risikopotenzial ziviler Technologien als Waffe eingesetzt haben. Gleichgültig, ob dieses Attentat zu weiteren ähnlich gelagerten Übergriffen von Terroristen oder Saboteuren führen wird, die bislang vorgenommene Unterscheidung in zivile und militärische Technologien ist zunehmend brüchig geworden. Staudämme, Chemieanlagen, Flugzeuge, Gentechnik-Labors, Kernkraftwerke und anderes mehr stellen Risikopotenziale dar, die bei entsprechendem Willen und der Bereitschaft, das eigene Leben einzusetzen, zu Massenvernichtungswaffen werden. Nicht nur die großen Versicherungsgesellschaften schlagen inzwischen Alarm. Auch die Ingenieurverbände befinden sich in einer intensiven Diskussion um die Reduzierung von technischen Verwundbarkeiten unabhängig vom kalkulierten Versagensrisiko. In Zukunft wird die technische Entwicklung zunehmend auf Reduktion

---

26 International Risk Governance Council (IRGC): White Paper on Risk Governance. Towards an Integrative Framework, Genf 2005, S. 48.

von Verwundbarkeiten ohne Aufgabe der Verdichtungsfunktionen (etwa im Siedlungsbereich) ausgerichtet sein werden. Das schafft neue Produkte und Dienstleistungen im Spannungsfeld von staatlicher Planung und privaten Angeboten.

▪ In Zukunft wird der Bedarf nach kollektiver Orientierung angesichts der Zunahme von pluralen Lebensstilen und Werten ansteigen. Schon heute erleben wir eine Zersplitterung der modernen Gesellschaft in Lebensstilgruppen mit eigenem Wissenskanon, eigenen Überzeugungen, Normen, Gewohnheiten und Konsumbedürfnissen, wie dies im Zusammenhang mit dem Trend zu universellen Teilkulturen schon angeklungen ist. Die Präferenzen dieser Gruppen sind in der Tat schwer vorhersehbar, aber die Tendenz zur Abschottung und eigenständigen Lebensweise scheint auch in der Zukunft anzuhalten. Damit wächst die Notwendigkeit der Koordination, da in dicht besiedelten Räumen die Handlungen des einen die Handlungsmöglichkeiten des anderen beeinträchtigen. Koordination und Orientierung sind beides Aufgaben, die auf der einen Seite bessere Kommunikationskanäle voraussetzen, auf der anderen Seite neue organisatorische Formen der Mitbestimmung und Selbstbestimmung erforderlich machen. Hier gehen soziale und technische Innovationsanforderungen Hand in Hand.

Um den künftigen Bedarf an kollektiv dringend benötigten Gütern und Dienstleistungen wirksam werden zu lassen, sind vor allem zwei Bedingungen zu erfüllen. Zum Ersten ist es Aufgabe der Unternehmen, die dazu notwendigen komplexen Vernetzungen zwischen Konsumenten, Produzenten und der Öffentlichkeit zu erkunden und horizontale Kooperationen aufzubauen. Hier lässt sich eine enge Verbindungslinie zur Erforschung von Innovationsnetzwerken ziehen, die im Rahmen moderner Innovationstheorien eine wichtige Schaltfunktion zur Marktgestaltung in einer globalisierten Wirtschaft ausüben.

Zum Zweiten bedarf es einer politischen Initiative, die Anstrengungen der Unternehmen durch einen intensiven gesellschaftlichen Diskurs über die Zukunft der technikorientierten Industriegesellschaft zu unterstützen und im Sinne einer Standortbestimmung zu optimieren. Wichtig ist dabei, dass auch die sozialen Veränderungen, die durch plurale Lebensformen, universelle Teilkulturen über nationale Grenzen hinweg und Anspruch auf individuelle Selbstverwirklichung geprägt sind, in die zukünftigen Diskurse zu Leitbildern der künftigen Entwicklung Eingang finden. Solche Leitbilder sind natürlich nicht von oben zu verordnen und erst recht nicht durch Wissenschaft objektiv zu erstellen. Sie sind vielmehr Produkte eines intensiven Diskurses zwischen Anbietern, Konsumenten und Betroffenen. Auf diese Weise könnte die notwendige Orientierung nach gesellschaftlichen Leitbildern einen wichtigen Impuls erhalten.

In der bisherigen Erörterung ist der an fünfter Stelle beschriebene Trend, die zunehmende Gerechtigkeitslücke zwischen Arm und Reich, noch gar nicht zur Sprache gekommen. Das hat auch seinen Grund. Denn diese Lücke ist nicht durch mehr Effizienz, auch nicht durch bessere Koordinierung und integrative Steuerung zu beheben. Hier geht es allein um die Bereitschaft der Reichen, den Armen einen gerechten Anteil an der Wertschöpfung einzuräumen. Dabei steht nicht einmal der direkte Geldtransfer im Sinne der Entwicklungshilfe im Vordergrund. Vielmehr sind die Barrieren, die von den reichen Ländern aufgebaut worden sind, angefangen von den Handelsrestriktionen bis hin zu den Rechten an genetischen Ressourcen, radikal abzubauen. Die Frage nach einer gerechten Verteilung der Reichtümer dieser Welt ist in erster Linie eine Frage des politischen Willens und der sozialen Akzeptanz; alles andere ergibt sich dann quasi von selbst.

4   Zusammenfassung

Der Bedeutungsverlust des Ortes durch globale Arbeitsteilung verbunden mit einer Explosion des angewandten Wissens beschert der Menschheit ungeahnte neue Entwicklungspotenziale, die immer weniger voraussehbar sind, jedoch die Strukturen der Politik, Wirtschaft und Gesellschaft weitgehend bestimmen werden. Diese Dynamik birgt ihre eigenen Risiken: Das Potenzial an Verwundbarkeit wächst und macht zunehmendes Risikomanagement auf globaler Ebene notwendig. Sie schafft ein Klima der Trennung in Verlierer und Gewinner, wobei die Verlierer der Modernisierung dies nicht kampflos hinnehmen werden. Die Dynamik der Veränderung bewegt sich auf immer höheren und steileren Pfaden, eine Gratwanderung, bei der ein Absturz stets allgegenwärtig ist. Sofern es nicht gelingt, die durch Globalisierung verstärkten Tendenzen der Auflösung von kulturellen Identitäten aufzuhalten oder in andere Bahnen zu lenken und die durch die Zunahme der Ungerechtigkeit ausgelösten Verarmungsprozesse aufzuhalten, wird der Absturz immer wahrscheinlicher. Denn die globale Welt ist nicht nur durch ein enges Netzwerk der wirtschaftlichen Chancen geprägt, sondern auch durch ein globales Netzwerk gegenseitiger Verwundbarkeit. Dies hat der 11. September 2001 allen deutlich vor Augen geführt.

Was also ist zu tun? Die Fixierung auf Wachstum und Deregulierung, die uns seit Jahren lähmt, ist für eine nachhaltige Gestaltung unserer Zukunft nicht ausreichend. Mit dem begrenzten Denken der neoliberalen Wirtschaftsordnung werden wir die Probleme der entgrenzten Welt nicht in den Griff bekommen. Ohne sie aber auch nicht: Der Wettbewerb um mehr Effizienz ist unumkehrbar. Und es sind gerade die Grundsätze einer neoliberalen Allokationspolitik, die effizienzsteigernd wirken. Die klassische Wirtschaftspolitik soll also nicht abgelöst werden, sie muss aber ergänzt und auch in ihre Schranken gewiesen werden, wenn es um andere zentrale Werte menschlicher Existenz geht: soziale Gerechtigkeit, demokratische Willensbildung, Einhaltung der Menschenrechte, Wahrung der kulturellen Identität, Aufbau sozialer Solidarität und friedliche Koexistenz. Diese zielgerichtete Steuerung von sozialem Wandel haben wir mit dem Leitbild des qualitativen Wachstums beschrieben. Es zielt auf eine ausgewogene Balance zwischen den Kernsystemen der Gesellschaft: Wirtschaft, Politik, Kultur und Sozialwesen. Es darf nicht zu einer imperialistischen Kolonisierung des einen Kernsystems durch das andere kommen. Vielmehr geht es um ein delikates Gleichgewicht zwischen diesen Kernsystemen. Weder darf die Effizienz auf dem Altar regionaler Nostalgie geopfert werden, noch dürfen Gerechtigkeit und Identität dem Effizienzstreben untergeordnet werden. Qualitatives Wachstum ist an dem übergeordneten Ziel eines Ausgleichs in den Wechselbeziehungen zwischen Gesellschaft und natürlicher Umwelt sowie zwischen den Kernbereichen der Gesellschaft ausgerichtet.

In meinen Augen ist die Bewältigung der Dynamik in der globalen Entwicklung auf einen diskursiven Prozess der Erfassung, Orientierung und des gegenseitigen Interessensausgleichs angewiesen.[27] Um adäquat mit den Problemen der Entwicklungsdynamik umzugehen, sind Gestaltungsdiskurse auf der lokalen, regionalen, nationalen und globalen Ebene erforderlich. Die Tatsache, dass über einen Gegenstand intensiv geredet wird, macht noch keinen Diskurs aus. Wesentlich erscheint mir dabei, dass die zu findenden Lösungen nicht allein auf Expertise und nicht allein auf politischem Handeln beruhen können. Vielmehr ist angesichts der Dynamik der Entwicklung eine konzertierte Kooperation des neuen Steuerungsdreiecks von Politik, Wirtschaft und Zivilgesellschaft (einschließlich der Wissenschaft) gefragt.

Ob es gelingen wird, den Problemen der Globalisierung in diskursiven Verfahren zu begegnen, ohne sie damit gleich lösen zu wollen bzw. zu können, hat nicht nur Einfluss auf die weitere wirtschaftliche Entwicklung als Mittel der Zukunftsvorsorge, sondern wird auch maßgeblich die Möglichkeiten bestimmen, ob und inwieweit moderne Gesellschaften in Zeiten schnellen technischen Wandels in eigener Verantwortung und mit Blick auf die als wesentlich erkannten Werte des Menschseins handlungsfähig bleiben können.

---

27 Eine ausführliche Argumentation für eine diskursive Form der Leitbildgestaltung findet sich zum Beispiel bei: A. Evers/H. Nowotny, Über den Umgang mit Unsicherheit. Die Entdeckung der Gestaltbarkeit von Gesellschaft, Frankfurt am Main 1987, S. 244ff. Vgl. auch J. S. Dryzek, Discursive Democracy, Cambridge 1990.

Wachstum und Gesellschaft

Wachstumsart und Wachstumsbewusstsein

Weshalb sich qualitatives Wachstum ohne Einbezug
des Wachstumsbewusstseins weder vollständig begründen
noch vermehrt verwirklichen lässt

Marius Christen und Emilio Marti

> The strenuous purposeful money-makers may carry all of us along with them into
> the lap of economic abundance. But it will be those peoples, who can keep alive, and
> cultivate into a fuller perfection, the art of life itself and do not sell themselves for
> the means of life, who will be able to enjoy the abundance when it comes.
>
> John Maynard Keynes

Wachstum schafft Wohlstand – und dieser Wohlstand ist einer der großen Segen
der Menschheitsgeschichte. Anhand der Massenproduktion von Baumwollunterwäsche lässt sich dies exemplarisch aufzeigen. Mit der industriellen Revolution
ist diese für die Masse erschwinglich geworden. Baumwollunterwäsche ist nicht
nur bequem, sondern steigerte zusammen mit der Massenproduktion von Seife
auch die Hygiene und damit die Lebenserwartung. Denn Wollkleidung war im
Gegensatz zu Baumwollwäsche schlecht waschbar, juckte, verleitete so zum
Kratzen und zu bakteriell verseuchten Händen. Über das Essen führte dies zu
Magen-Darm-Infektionen und damit zur häufigsten Todesursache der damaligen
Zeit (Landes 1999, xviii). So etwas Simples wie Baumwollunterwäsche hat also
die Lebensqualität substanziell erhöht. Das Beispiel der Massenproduktion von
Baumwollunterwäsche zeigt demnach, wie der durch Wachstum geschaffene
Wohlstand unsere Lebensqualität beeinflusst.

Doch dies ist nur die halbe Geschichte. Denn Wachstum schafft nicht nur
Wohlstand, sondern kultiviert darüber hinaus auch ein bestimmtes Verhalten.
Und dieses beeinflusst unsere Lebensqualität ebenso wie der Wohlstand. Beispielsweise kann die fortwährende Produktion von Gütern – so etwa von Baumwollunterwäsche – in uns die Erwartung wecken, dass Wachstum selbstverständlich und grenzenlos ist. So entsteht ein Wachstumsbewusstsein. Dieses vermag
die Vorstellung zu wecken, dass künftig immer mehr Mittel zur Verfügung stün-

den. In einer derart rosig vorgestellten Zukunft könnten politische und persönliche Vorhaben stets einfacher verwirklicht werden als in der Gegenwart. Dies lässt es opportun erscheinen, solche Vorhaben fortwährend aufzuschieben. Ein Verhalten dieser Art schadet aber – wie wir zeigen werden – unserer Lebensqualität.

Wachstum beeinflusst unsere Lebensqualität also auf zwei Arten: einerseits direkt durch den geschaffenen Wohlstand, andererseits indirekt durch das hervorgerufene Wachstumsbewusstsein. Die in diesem Beitrag vertretene These lautet deshalb, dass sich qualitatives Wachstum ohne Einbezug des Wachstumsbewusstseins weder vollständig begründen noch vermehrt verwirklichen lässt. Um diese These zu stützen, untersuchen wir in den ersten fünf Kapiteln, was das Wachstumsbewusstsein ist. Dies geschieht anhand eines Modells, das zwischen der Ebene des Wachstums und der Ebene des Wachstumsbewusstseins unterscheidet (Kapitel 1). Auf ersterer werden die bekannten Begriffe des quantitativen und qualitativen Wachstums angesiedelt – auf letzterer die Begriffe des richtungs- und zielorientierten Wachstumsbewusstseins eingeführt. Diese Ebenenunterscheidung und diese vier Begriffe sollen in den Kapiteln 2 und 3 anhand ihrer historischen Entstehung konkretisiert werden. In den Kapiteln 4 und 5 folgt eine systematische Erörterung und Definition der Begriffe. Wie das Wachstumsbewusstsein unsere Lebensqualität beeinflusst, wird in Kapitel 6 abstrakt und in Kapitel 7 konkret dargelegt. Dadurch wird die Interdependenz der beiden Ebenen verdeutlicht. Auf dieser Basis erörtern die letzten beiden Kapitel, wie ein Wachstumsbewusstsein aussähe, das unserer heutigen Lebenssituation angemessen ist. In Kapitel 8 wird ein zeitgemäßes Wachstumsbewusstsein hergeleitet, und in Kapitel 9 deuten wir zwei Möglichkeiten zur Förderung dieses Wachstumsbewusstseins an.

1   Wachstum und unser Bewusstsein von ihm

Unser Bewusstsein ‚verdoppelt' einen Sachverhalt und dessen Auswirkungen. Beim Zahnarzt erleben wir dies hautnah. Auf der Ebene der Sachverhalte leiden wir an der Spritze und am Zerren an unseren Zähnen. Darüber hinaus leiden wir auf der Ebene des Bewusstseins. Die Erwartung des Leidens kann das Wartezimmer zur Folterkammer machen, und die Erinnerung daran mag sogar Albträume hervorrufen. Unser Bewusstsein umfasst neben reflektierten Konzepten auch Erfahrungswerte und Erwartungen sowie unterschwellige Momente. Durch solche wird unser Verhalten entscheidend mit geprägt.

Wie bereits in der Einleitung angedeutet wurde, beeinflusst auch Wirtschaftswachstum unsere Lebensqualität auf zwei Arten. Gewöhnlich wird untersucht, wie Wachstum unsere Lebensqualität durch den geschaffenen *Wohlstand* direkt beeinflusst. Je nachdem, welche Güter Wachstum hervorbringen, wird dabei zwischen *quantitativem Wachstum* und *qualitativem Wachstum* unterschieden. Hier sprechen wir von *Wachstumsarten*. Auf der Ebene der Wachstumsart wird normalerweise versucht, ein Gleichgewicht zwischen quantitativem und qualitativem Wachstum auszuloten. Im Allgemeinen kommt man dabei zu dem Schluss, dass wir heute in Westeuropa vermehrt qualitatives Wachstum anstreben sollten. Wir teilen diese Einsicht. Wir konzentrieren uns im Folgenden aber nicht auf die Ebene der Wachstumsart, sondern untersuchen, wie Wachstum unsere *Lebensqualität* durch das hervorgerufene *Wachstumsbewusstsein* und die dadurch geprägten *Verhaltensdispositionen* indirekt beeinflusst.

Abbildung 1:   Die direkten und indirekten Auswirkungen des Wachstums

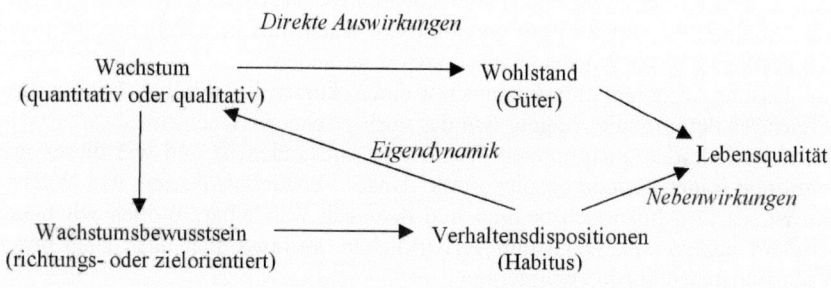

Unter Wachstumsbewusstsein verstehen wir das gesellschaftliche Bewusstsein dessen, was Wachstum ist. Je nach Wachstumsart entsteht dabei ein *richtungsorientiertes* oder ein *zielorientiertes Wachstumsbewusstsein*. Das Wachstumsbewusstsein wiederum beeinflusst unsere Verhaltensdispositionen, die unser Verhalten mitbestimmen. Mit dem Begriff der „Verhaltensdispositionen" lehnen wir uns an das aristotelische „Habitus"-Konzept (hexis) an. Nach Aristoteles (2006) müssen wir über bestimmte Verhaltensdispositionen verfügen, um glücklich werden zu können. Mit Aristoteles gehen wir davon aus, dass unsere Verhaltensdispositionen unsere Lebensqualität beeinflussen. Hier sprechen wir von den *Nebenwirkungen* des Wachstumsbewusstseins. Zusätzlich beeinflusst unser Wachstumsbewusstsein auch die Wachstumsart. Genauso wie etwa quantitatives Wachstum ein ihm entsprechendes Wachstumsbewusstsein hervorbringt, fördert dieses über die Verhaltensdispositionen die ihm zugrunde liegende Wachstumsart. Wachstumsart und Wachstumsbewusstsein stabilisieren sich also gegenseitig. Hier sprechen wir von der *Eigendynamik* des Wachstumsbewusstseins.

Auf der Basis dieses Modells können wir darlegen, warum sich qualitatives Wachstum ohne Einbezug des Wachstumsbewusstseins weder vollständig begründen noch vermehrt verwirklichen lässt. Vollständig begründet kann es nicht werden, da der Einfluss einer Wachstumsart auf unsere Lebensqualität nur beurteilt werden kann, wenn wir neben den direkten auch die indirekten Auswirkungen beachten. Die Argumente für qualitatives Wachstum bleiben folglich so lange unvollständig, wie die Nebenwirkungen vernachlässigt werden. Der Einbezug der Nebenwirkungen gibt uns also einen substanziellen Grund für verstärktes qualitatives Wachstum. Darüber hinaus lässt sich qualitatives Wachstum nur unter Einbezug des Wachstumsbewusstseins vermehrt verwirklichen, denn die Eigendynamik des vorherrschenden richtungsorientierten Wachstumsbewusstseins stabilisiert das vorherrschende quantitative Wachstum. Wollen wir also mehr qualitatives und weniger quantitatives Wachstum verwirklichen, so muss sich dazu auch unser Wachstumsbewusstsein verändern.

Unsere Argumentation beginnt mit einem kurzen historischen Exkurs. Dabei geht es darum, aufzuzeigen, wie das vorherrschende Wachstumsbewusstsein in der Periode des quantitativen Wachstums entstanden ist und wie dieses mit dem Ende seiner Periode obsolet wurde. Unser Verständnis dessen, was Wachstum ist, ist also historisch bedingt und demnach wandelbar. Wollen wir heute vermehrt qualitatives Wachstum verwirklichen, so muss sich dazu auch unser Wachstumsbewusstsein verändern.

2   Kleine Geschichte des Wachstums

Konstantes wirtschaftliches Wachstum gibt es erst seit der industriellen Revolution, die um 1770 begann (Landes 1999, 186f.). Um diese Zeit lebten große Teile der Gesellschaft in existenzieller Armut. Für ihre Lebensqualität war quantitatives Wachstum von höchster Wichtigkeit, wie das Beispiel der Baumwollunterwäsche gezeigt hat. In den darauffolgenden 200 Jahren verzehnfachte sich das Pro-Kopf-Einkommen in Westeuropa (Maddison 2001, 264). Dabei hat quantitatives Wachstum das Leben der Menschen derart radikal verändert, dass sich die Wachstumsart selbst wandeln musste. Die Vorherrschaft des quantitativen Wachstums endete also aufgrund des eigenen Erfolges.

Das Umdenken begann in den 1970er-Jahren – nach 200 Jahren Wirtschaftswachstum und nachdem die westliche Wirtschaft in der Nachkriegszeit in einmaliger Weise aufgeblüht war. Die Wirtschaft wuchs in Westeuropa von 1950 bis 1973 durchschnittlich über 4 Prozent pro Kopf und Jahr (Maddison 2001,

265). Nach diesem „Wirtschaftswunder" erkannten viele Menschen den abnehmenden Grenznutzen quantitativen Wachstums. Sie begannen einzusehen, dass noch mehr Kleider und noch stärkere Autos die Lebensqualität nur unwesentlich steigern. Relevanter für die Lebensqualität schienen ihnen eine intakte Umwelt und gute Bildung zu sein, also qualitatives Wachstum. Die 68er-Bewegung, die in den 70er-Jahren aufkommenden Ökologiebewegungen und viele andere Gruppierungen wurden von diesem Gedanken getragen.

Heute fordern viele WissenschaftlerInnen, Redakteure und ParlamentarierInnen verstärktes qualitatives Wachstum. Diese Exponenten sind jedoch nicht repräsentativ. Relevant sind ihre Forderungen nur, weil sie als Indiz dafür verstanden werden können, dass sich auch andere Menschen in einem idealen Diskurs für mehr qualitatives Wachstum aussprechen würden. Wir behaupten also nicht, dass weite Teile der Gesellschaft qualitatives Wachstum verlangen. Vielmehr nehmen wir an, dass die Menschen durch die Auseinandersetzung mit dem Thema zu dieser Einsicht gelangen würden.

Weiter behaupten wir lediglich, dass bisher zu wenig qualitatives Wachstum verwirklicht wurde. Wie viel quantitatives und wie viel qualitatives Wachstum unserer heutigen Lebenssituation letztlich angemessen ist, soll hier nicht eruiert werden. Dies ist Aufgabe jener Autoren, die das Gleichgewicht zwischen quantitativem und qualitativem Wachstum untersuchen. Hier sei nur kurz auf die Schwierigkeit dieses Unterfangens hingewiesen. In der Mitte des 20. Jahrhunderts glaubten kritische Denker, dass die Nachfrage nach quantitativ messbaren Gütern irgendwann gesättigt sein werde. Tatsächlich hat man irgendwann genügend Autos und Kühlschränke. Heute müssen wir jedoch erkennen, dass quantitatives Wachstum nicht mehr in erster Linie aus zusätzlichen, sondern aus stärkeren und größeren Exemplaren besteht. Dabei ist keine automatische Sättigung zu erwarten, wie bei der Entwicklung vom 2CV zum 100-PS-Golf und zum 700-PS-Hummer zu sehen ist. Dies erschwert das Ausloten eines Gleichgewichts zwischen qualitativem und quantitativem Wachstum erheblich.

200 Jahre Wirtschaftswachstum verfeinerten also den Begriff von Lebensqualität und erlauben es uns heute, über die quantitativ messbaren Güter hinauszublicken. Wir betrachten nicht mehr bloß, ob Wachstum unsere Mägen füllt, sondern auch, ob es unsere ‚Seelen' beflügelt. Dieser verfeinerte Blick rief den Begriff des qualitativen Wachstums hervor. Zugleich fordert er unserer Meinung nach zum Einbezug des Wachstumsbewusstseins auf. Förderlich für unsere Lebensqualität sind heute einerseits qualitativ bewertbare Güter wie Malerei oder Musik und andererseits günstige Verhaltensdispositionen wie politischer Gestaltungswille oder Genügsamkeit (siehe Kapitel 8). Beim heutigen Wohlstand wenden wir uns vornehmlich qualitativ bewertbaren Gütern zu in der Einsicht, dass diese unsere Lebensqualität erhöhen. Aus demselben Grund müssen wir uns dem

Wachstumsbewusstsein zuwenden. Denn auch dieses beeinflusst die Lebensqualität, indem es unsere Verhaltensdispositionen positiv oder negativ prägt (siehe Abbildung 1). Wir müssen also untersuchen, zu was für Menschen uns Wachstum macht, und müssen dies in die Bewertung des Wachstums miteinbeziehen.

3   Kleine Geschichte des Wachstumsbewusstseins

Ändert sich die Art des Wachstums, so wandelt sich auch unser Wachstumsbewusstsein – jedoch zeitlich verzögert. Als Wachstum um 1770 aufkam, hielten es die Gründungsväter der Ökonomie für ein vorübergehendes Phänomen. Adam Smith glaubte, dass Wachstum nur bis zu einem gewissen Grad möglich sei. David Ricardo, Robert Malthus und Stanley Jevons erwarteten sogar Stagnation (Landes 1999, 515). Im Verlauf des 19. Jahrhunderts sickerte das anhaltende Wachstum jedoch zunehmend ins Bewusstsein der Leute ein und ließ Wachstum als Normalität erscheinen. In den 1950er-Jahren formalisierte Robert Solow dieses Wachstumsbewusstsein in seinem neoklassischen Wachstumsmodell. Damit führte er die Wachstumsforschung als Zweig der Ökonomie ein. Heute zeugen Kunstwörter wie „Nullwachstum" oder „Negativwachstum" von der Selbstverständlichkeit von Wachstum.

Ein solches Wachstumsbewusstsein hält Wachstum für ein selbstverständliches und grenzenloses Fortschreiten in Richtung immer größeren Wohlstands. Die Bestimmung der durch das Mittel Wachstum zu realisierenden Zwecke wird dabei stetig hinausgeschoben. Insofern weist dieses Wachstumsbewusstsein bloß in eine Richtung und gibt keine konkreten Ziele vor. Wir nennen es deshalb richtungsorientiert. Entstanden in der Periode des quantitativen Wachstums, war es während dieser Zeit optimal. Mit dem beschriebenen Übergang vom quantitativen zum intendierten qualitativen Wachstum wurde das richtungsorientierte Wachstumsbewusstsein zwar unzeitgemäß, aber nicht abgelöst. Denn das Wachstumsbewusstsein ist, wie erwähnt, träge. Als Relikt lebt es in unseren Köpfen fort.

Der Übergang vom quantitativen zum qualitativen Wachstum besteht also nicht alleine darin, dass man bessere Bildung statt stärkere Autos anstrebt. Vielmehr muss das Verständnis dessen, was Wachstum ist, revidiert werden. Es muss nicht nur das Anzuhäufende thematisiert werden, sondern das Anhäufen selbst muss in den Fokus rücken. Denn nur dadurch lässt sich qualitatives Wachstum vollständig begründen und vermehrt verwirklichen. Die folgende Darstellung fasst die historischen Ausführungen nochmals zusammen.

Abbildung 2:   Schematisierte Geschichte des Wachstums und des
Wachstumsbewusstseins

Geschichte des Wachstums	**Geschichte des Wachstumsbewusstseins**
Kein Wachstum	Kein Wachstumsbewusstsein
1770 —————————	
Quantitatives Wachstum	
	Richtungsorientiertes Wachstumsbewusstsein
1970 —————————	
Qualitatives Wachstum	
	Zielorientiertes Wachstumsbewusstsein

4   Quantitatives und qualitatives Wachstum

Nachdem die zentralen Begriffe anhand ihrer historischen Entstehung eingeführt wurden, werden diese nun systematisch erfasst. Wir beginnen mit den bekannten Begriffen quantitatives und qualitatives Wachstum. Dazu analysieren wir die dem Wachstum zugrunde liegenden quantitativ messbaren und qualitativ bewertbaren Güter.

Quantitativ messbare Güter haben jeweils einen unumstrittenen und anwendbaren Maßstab. Dies trifft beispielsweise bei den meisten Rohstoffen zu. Ihr Maßstab ist unumstritten (wir orientieren uns meistens am Gewicht) und anwendbar (wir verwenden eine Waage). Es gibt also Güter, die sich problemlos quantifizieren lassen. Bei Delikatessen oder Gemälden stoßen wir hingegen an die Grenzen der Messbarkeit: Hier sind alle anwendbaren Maßstäbe umstritten und alle unumstrittenen Maßstäbe nicht anwendbar. Für ein Tiramisu wären etwa Maßstäbe wie „Saftigkeit" oder „Schokostreuseldichte" anwendbar – jedoch ist keiner dieser Maßstäbe wirklich konsensfähig. Eine Leerformel wie „Gesamteindruck" ist zwar unumstritten, aber nicht anwendbar, da sie zu unkonkret ist. Sinnvolle Indikatoren lassen sich deshalb nur finden, wenn wir sowohl unseren Konsens- wie unseren Genauigkeitsanspruch reduzieren. Wir müssen uns an einem bestreitbaren und vagen Maßstab orientieren. Ein solcher Maßstab misst nicht mehr die Quantität von Gütern, sondern bewertet deren Qualität. Quantitatives Wachstum bedeutet demnach einen Zuwachs an Gütern mit unumstrittenem und anwendbarem Maßstab. Qualitatives Wachstum meint hingegen einen Zuwachs an Gütern mit bestreitbarem und vagem Maßstab.

Wann unsere Maßstäbe problematisch und wann sie unproblematisch sind, hängt dabei von der jeweiligen Verwendung der Güter ab. Normalerweise zählen wir Delikatessen zu den qualitativ bewertbaren Gütern. Über Geschmack lässt sich streiten, und deshalb erscheint uns ihr Maßstab bestreitbar und vage. Dies würde sich bei einer Hungersnot sofort ändern. Der Energiewert wäre plötzlich der unumstrittene und anwendbare Maßstab. Ein Maßstab für ein Gut scheint genau dann unproblematisch, wenn dieses Gut für uns ein Mittel zu einem Zweck darstellt. Denn jedes Mittel (in diesem Fall die Delikatessen) ist auf einen Zweck (das Überleben) gerichtet und erhält durch diesen einen klaren Maßstab (den Energiewert). Durch diese kardinale Ordnung wird ein Mittel quantitativ bewertbar. In der Hungersnot können wir also sagen, dass das Tiramisu unumstritten genau doppelt so gut ist wie das Zitronensorbet, wenn es doppelt so viele Kilojoule enthält.

Hingegen ist ein Maßstab für ein Gut bestreitbar und vage, wenn das Gut für uns einen Selbstzweck darstellt. Denn ein Selbstzweck genügt sich selbst und kann deshalb nur vor dem Hintergrund einer bestreitbaren und vagen Idealversion seiner selbst bewertet werden. So können wir die Qualität eines Tiramisu einschätzen, indem wir es mit Mutters legendärem Tiramisu vergleichen. Es ist also konstitutiv für qualitativ bewertbare Güter, dass wir in ihnen einen Selbstzweck sehen. Für quantitativ messbare Güter ist es dagegen konstitutiv, dass sie für uns ein Mittel zu einem Zweck darstellen. Dies bedeutet, dass quantitativ messbare Güter bzw. quantitatives Wachstum der Lebensqualität als Mittel dienen, während qualitativ bewertbare Güter bzw. qualitatives Wachstum die Erhöhung der Lebensqualität unmittelbar zum Zweck haben. Quantitatives Wachstum ist also Mittel zum Zweck, während qualitatives Wachstum aus Selbstzwecken besteht.

Die Einordnung einzelner Güter als quantitativ messbare oder qualitativ bewertbare ist wiederum Aufgabe jener, die das angemessene Verhältnis zwischen quantitativem und qualitativem Wachstum ausloten. Dennoch möchten wir – um die Praxisrelevanz unserer Definitionen zu belegen – kurz darauf eingehen. Zu bedenken ist erstens, dass quantitatives oder qualitatives Wachstum ohne einen gewissen gesellschaftlichen Konsens über quantitativ messbare und qualitativ bewertbare Güter – und damit über Mittel und Selbstzwecke – nicht angestrebt werden kann. Zweitens gehen wir wieder von einem reflektierten gesellschaftlichen Konsens aus, wie er aus einem idealen Diskurs resultieren würde. Deshalb ist nicht jedes Gut, das für jemanden einen Selbstzweck darstellt, auch für die Allgemeinheit ein qualitativ bewertbares Gut. So halten wir große Gemälde auch dann für qualitativ bewertbare Güter, wenn ein Verrückter sie zum Anfeuern verwenden möchte und insofern nur an ihrem Brennwert interessiert ist. Weiter mag der Fahrspaß in einem Hummer-Fahrzeug einen Selbstzweck darstellen. Trotzdem kann ein Hummer-Fahrzeug aufgrund schädlicher Auswirkungen –

wie Umweltbelastung oder Sicherheitsrisiko – gesellschaftlich nicht als qualitativ bewertbares Gut ausgezeichnet werden.

Die vorangegangenen historischen Ausführungen können nun systematisch rekonstruiert werden. In der Periode des quantitativen Wachstums war das Überleben der vorherrschende Zweck der meisten Menschen. Der Überlebenskampf verschlang den größten Teil der menschlichen Schaffenskraft – für zusätzliche Zwecke, die die Lebensqualität erhöht hätten, blieb wenig Kraft übrig. *Konstitutiver Hintergrund* des quantitativen Wachstums war also eine ökonomische Lage, in der sich das Handeln hauptsächlich auf das Bereitstellen von Mitteln – und nicht auf das Verfolgen von Selbstzwecken – richten musste. Entsprechend wurden vorrangig quantitativ messbare Güter und quantitatives Wachstum angestrebt. 200 Jahre Wirtschaftswachstum haben die Vorherrschaft des Überlebenskampfes gebrochen und ermöglichen es uns heute, zusätzlichen Selbstzwecken nachzugehen, was unsere Lebensqualität erhöht. Somit können wir vermehrt qualitativ bewertbare Güter und qualitatives Wachstum anstreben. Konstitutiver Hintergrund des qualitativen Wachstums ist also eine ökonomische Lage, in der sich das Handeln vermehrt auf optionale Selbstzwecke wie das Wandeln durch Pinakotheken oder das Schmökern in Schinken richten kann.

Es gilt festzuhalten, dass ein Gut quantitativ messbar oder qualitativ bewertbar ist, je nachdem, ob wir dafür einen problematischen oder unproblematischen Maßstab verwenden. Dies wiederum hängt davon ab, ob das Gut für uns ein Mittel zum Zweck oder einen Selbstzweck darstellt. Im folgenden Kapitel leiten wir aus diesen beiden Aspekten das vorherrschende Wachstumsbewusstsein her.

5 Richtungsorientiertes Wachstumsbewusstsein

Unser Bewusstsein reflektiert Wachstum in umfassender Weise. Das heißt, dass es nicht nur die Wachstumsart (quantitativ oder qualitativ) einbezieht, sondern auch den konstitutiven Hintergrund dieser Unterscheidung (Mittel oder Selbstzweck). In die Definition des Wachstumsbewusstseins fließen entsprechend sowohl Elemente der Definitionen des quantitativen bzw. qualitativen Wachstums ein wie auch Elemente der Definitionen von Mitteln bzw. Selbstzwecken. Richten sich unsere Handlungen hauptsächlich auf das Bereitstellen von Mitteln, und werden entsprechend vorwiegend quantitativ messbare Güter angestrebt, so führt dies zum richtungsorientierten Wachstumsbewusstsein. Im Folgenden werden aus der Fokussierung auf Mittel und dem daraus folgenden quantitativen Wachstum je zwei Definitionsmerkmale des richtungsorientierten Wachstumsbewusstseins abgeleitet.

Aus der Fokussierung auf Mittel ergibt sich als erstes Definitionsmerkmal des richtungsorientierten Wachstumsbewusstseins, dass Wachstum für selbstverständlich gehalten wird. Konzentrieren wir uns vornehmlich auf das Bereitstellen von Mitteln, so tun wir dies entweder, da es für das Überleben notwendig ist – weil es die ökonomische Lage erfordert –, oder aber wir tun es aus Irrationalität. Zu Beginn der Periode des quantitativen Wachstums war die Fokussierung auf Mittel durchaus notwendig. Um gut leben zu können, mussten mehr Mittel zur Verfügung gestellt werden. Ist diese Periode hingegen nicht aus der Lebenssituation heraus begründet, so scheint sie uns irrational. Denn anstatt immer mehr Mittel bereitzustellen, könnte man sich vermehrt Selbstzwecken zuwenden. Solch irrationales Verhalten wird zu rationalisieren versucht, indem man es für notwendig erklärt. Deshalb kann man sagen, dass die Fokussierung auf Mittel entweder notwendig aus der Lebenssituation heraus begründet ist oder aus einer vermeintlichen Notwendigkeit herrührt. In beiden Fällen wird der verfolgte Zweck nicht hinterfragt, und die dazu bereitgestellten Mittel werden zu einer Selbstverständlichkeit. Wenn Wachstum also wie das quantitative Wachstum vorwiegend Mittel bereitstellt, so wird es zu einer *Selbstverständlichkeit*. Die Annahme, Wachstum sei selbstverständlich, legt weiter die Vorstellung nahe, Wachstum sei *grenzenlos*. Denn was nicht hinterfragt wird, wächst ins Grenzenlose.

Abbildung 3:   Definitionsmerkmale des richtungsorientierten Wachstumsbewusstseins

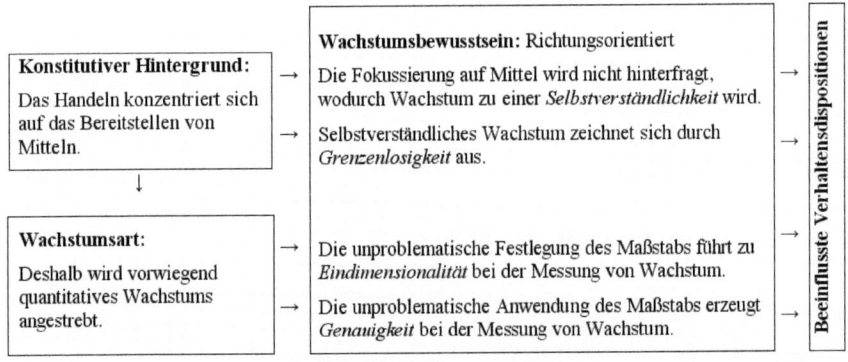

Die Fokussierung auf Mittel führt, wie gezeigt, zu quantitativem Wachstum. Bei quantitativem Wachstum ist die Festlegung und Anwendung eines Wachstumsmaßstabs unproblematisch. Dabei führt die unproblematische Festlegung des Maßstabs dazu, dass wir uns mit einem einzigen Maßstab begnügen können. Die Messung von Wachstum wird dadurch eindimensional. Weiter erzeugt die unproblematische Anwendung des Maßstabs die Erwartung, dass Wachstum genau gemessen werden kann.

Richtungsorientiertes Wachstumsbewusstsein sieht Wachstum demnach als selbstverständlichen und grenzenlosen Zuwachs, der durch einen eindimensionalen Maßstab genau erfassbar ist. Dagegen hält das zielorientierte Wachstumsbewusstsein Wachstum für einen optionalen und begrenzten Zuwachs, der nur ungenau durch einen mehrdimensionalen Maßstab erfassbar ist. Die Herleitung dieser Definition wird in Kapitel 8 nachgereicht. Damit haben wir die zentralen Komponenten und Begriffe unseres Modells eingeführt.

6 Nebenwirkungen und Eigendynamik des Wachstumsbewusstseins

Nach der Klärung, was das Wachstumsbewusstsein ist, soll nun erörtert werden, wie das Wachstumsbewusstsein unsere Lebensqualität beeinflusst. In diesem Kapitel wird dies abstrakt und im nächsten konkret ausgeführt. Erstens beeinflusst unser Wachstumsbewusstsein über die Verhaltensdispositionen das Wachstum selbst – und damit über den Wohlstand die Lebensqualität. Hier haben wir von der Eigendynamik des Wachstumsbewusstseins gesprochen (siehe Abbildung 1). Zweitens wirkt sich unser Wachstumsbewusstsein über die Verhaltensdispositionen unmittelbar auf unsere Lebensqualität aus. In diesem Fall sprechen wir von den Nebenwirkungen des Wachstumsbewusstseins.

Gehen wir zuerst auf die Nebenwirkungen des Wachstumsbewusstseins ein. Unser Wachstumsbewusstsein verändert unsere Verhaltensdispositionen in einer Weise, die der Lebensqualität entweder nützt oder schadet. So führt das vorherrschende Wachstumsbewusstsein etwa zu einer politischen Abwartehaltung, die die Lösung politischer Probleme vor sich herschiebt (siehe Kapitel 7). Solange die meisten Menschen am Existenzminimum lebten und die Fixierung auf quantitatives Wachstum ihrer Lebenssituation entsprach, konnten die negativen Nebenwirkungen getrost vernachlässigt werden. Mit dem Ende der Vorherrschaft des quantitativen Wachstums geraten die Nebenwirkungen jedoch in Verdacht. Heute müssen sie genau untersucht werden, denn erst durch ihren Einbezug lässt sich qualitatives Wachstum vollständig begründen.

John Maynard Keynes hat die negativen Nebenwirkungen bereits 1930 erkannt, wobei er sie ab einem gewissen Wohlstand für inakzeptabel hält. „When the accumulation of wealth is no longer of high social importance, there will be great changes in the code of morals. We shall be able to rid ourselves of many of the pseudo-moral principles which have hag-ridden us for two hundred years, by which we have exalted some of the most distasteful of human qualities into the position of the highest virtues. [...] All kinds of social customs and economic practices, affecting the distribution of wealth and of economic rewards and penalties, which we now maintain at all costs, however distasteful and unjust they may be in themselves, because they are tremendously useful in promoting the accumulation of capital, we shall then be free, at last, to discard." (Keynes 1963, 369f.) Diesen Wohlstand glauben wir heute erreicht zu haben.

Betrachten wir zweitens die Eigendynamik des Wachstumsbewusstseins. Entsprechen sich Wachstum und Wachstumsbewusstsein, so verstärken sie sich gegenseitig. Genauso wie das Wachstum ein ihm entsprechendes Wachstumsbewusstsein hervorbringt, fördert das Wachstumsbewusstsein über die Verhaltensdispositionen die ihm zugrunde liegende Wachstumsart. Diese Interdependenz macht die Trägheit der Veränderung des Wachstums wie des Wachstumsbewusstseins verständlich. Wir gehen davon aus, dass die Steigerung des Wirtschaftswachstums in der Periode des quantitativen Wachstums auch auf die allmählich entstandene Übereinstimmung zwischen quantitativem Wachstum und richtungsorientiertem Wachstumsbewusstsein zurückzuführen ist. Gründe hierfür werden in Kapitel 7 ausgeführt.

Befinden sich Wachstumsart und Wachstumsbewusstsein hingegen nicht in Einklang, so werden sie zum gegenseitigen Störfaktor. Dies könnte – neben dem geringen Kapitalbestand, den nicht marktreifen Technologien und anderen wichtigen Faktoren – die niedrigen Wachstumszahlen zu Beginn der industriellen Revolution mit erklären (Maddison 2001, 265). Auch heute stellt das Wachstumsbewusstsein einen Störfaktor dar, aufgrund dessen sich das intendierte qualitative Wachstum nicht vermehrt verwirklichen lässt.

7   Durch richtungorientiertes Wachstumsbewusstsein beeinflusste Verhaltensdispositionen

Im Folgenden wird konkret erläutert, wie die Verhaltensdispositionen durch unser Wachstumsbewusstsein beeinflusst werden. Wir leiten dies systematisch, aber ohne Vollständigkeitsanspruch aus den Definitionsmerkmalen des richtungsorientierten Wachstumsbewusstseins her. Dies geschieht in der nachstehenden Abbildung. Danach werden vier der acht Punkte exemplarisch erläutert.

Abbildung 4: Durch das richtungsorientierte Wachstumsbewusstsein beeinflusste Verhaltensdispositionen

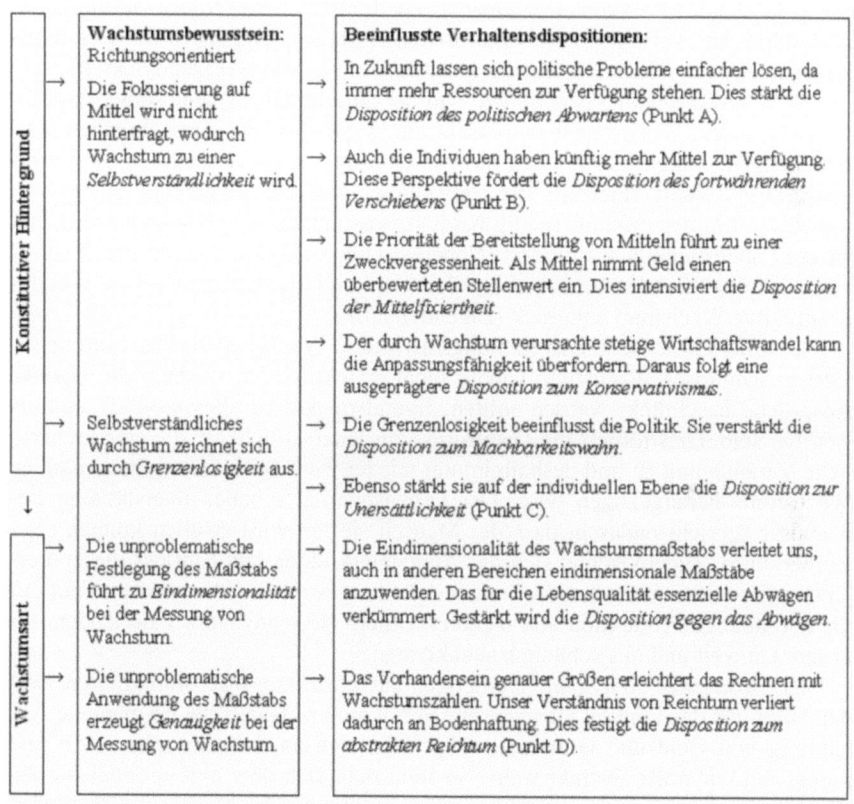

A. *Politisches Abwarten:* Zur Lösung eines politischen Problems muss oft mehr Geld in diesen Bereich fließen. In der Gegenwart müssten diese Ressourcen von einem anderen Bereich abgezogen werden. Dieser Umverteilungskampf macht die Lösung politischer Probleme langwierig und schmerzhaft. Das richtungsorientierte Wachstumsbewusstsein nährt die Erwartung, dass künftig immer mehr Ressourcen zur Verfügung stehen. Damit könnten anstehende gesellschaftliche Probleme ohne Umverteilung angegangen werden, was es politisch opportun erscheinen lässt, diese nicht heute anzugehen, sondern abzuwarten, bis Wachstum die nötigen Ressourcen herbeigewirtschaftet hat. Die Auseinandersetzung mit politischen Problemen wird vertagt – gefordert wird einzig mehr quantitatives Wachstum. Die Disposition des politischen Abwartens schadet der Lebensqualität unmittelbar, da dadurch das politische Selbstverständnis eines aktiven Bürgers, der gesellschaftliche Probleme anpackt, untergraben wird (Nebenwirkung). Zudem stärkt das Aufschieben des politischen Gestaltens zugunsten der Bereitstellung von ökonomischen Mitteln das quantitative Wachstum (Eigendynamik).

B. Fortwährendes Verschieben: Auf der individuellen Ebene stärkt das richtungsorientierte Wachstumsbewusstsein die Disposition des fortwährenden Verschiebens. In Zukunft stehen den Individuen immer mehr Ressourcen zur Verfügung. Dies fördert einerseits die Einstellung, dass das eigentliche Leben erst irgendwann in der Zukunft richtig beginnt, was uns der Gegenwart entreißt und unsere Lebensqualität vermindert (Nebenwirkung). Zugleich spornt die Disposition des fortwährenden Verschiebens den Fleiß und die Arbeitsmoral an, was das quantitative Wachstum ankurbelt (Eigendynamik).

C. Unersättlichkeit: Das richtungsorientierte Wachstumsbewusstsein impliziert grenzenloses Wachstum, sodass nicht ersichtlich ist, weshalb die eigenen Ansprüche beschränkt werden sollten. Irgendwann wird alles möglich und erwerbbar sein. Dies fördert die Disposition zur Unersättlichkeit, die eine menschliche Veranlagung ist und deshalb immer wieder zur Legitimierung quantitativen Wachstums herangezogen wird. Der Lebensqualität schaden unersättliche Bedürfnisse schlicht dadurch, dass der Mensch sie nie wird erfüllen können (Nebenwirkung). Zudem richtet sich das Augenmerk unter dem Einfluss dieser Verhaltensdisposition nicht auf die Nutzung der hergestellten Güter, sondern nur auf die übermäßige Produktion von weiteren Gütern (Eigendynamik), die zudem für unsere Umwelt und uns schädlich sein können.

D. Abstrakter Reichtum: Der Fokus auf abstrakte Wachstumszahlen lässt den Blick für das konkret Gewachsene verkümmern. Durch die permanente Anhäufung von Geld und Gütern gewöhnt man sich an den Zuwachs selbst und nimmt ihn nur noch abstrakt wahr. So freut man sich über eine möglichst hohe Wachstumsrate und nicht mehr über die Gütermenge, die damit gekauft werden kann, wodurch Reichtum zur abstrakten Größe verkommt. Dabei wird der eigentliche Zweck von Gütern – nämlich die Verbesserung der Lebensqualität – aus den Augen verloren (Nebenwirkung). Zugleicht spornt uns dies dazu an, im nächsten Jahr noch mehr Gewinn zu erzielen (Eigendynamik).

Ziehen wir eine kurze Zwischenbilanz: Anhand unseres Modells lässt sich zweierlei zeigen. Erstens geben uns die negativen Nebenwirkungen des vorherrschenden Wachstumsbewusstseins einen zusätzlichen substanziellen Grund für verstärktes qualitatives Wachstum. Die Vorherrschaft des quantitativen Wachstums bringt nicht nur ein Übermaß an quantitativen Gütern hervor, sondern verdirbt darüber hinaus auch unsere Verhaltensdispositionen. Wir haben also nicht nur einen Bedarf an verstärktem qualitativem Wachstum, weil wir mehr qualitative Güter brauchen, sondern auch, weil ein Wachstumsbewusstsein ohne negative Nebenwirkungen unserer Lebensqualität förderlich wäre. Zweitens haben wir dargelegt, dass die Eigendynamik des vorherrschenden Wachstumsbewusstseins uns daran hindert, qualitatives Wachstum vermehrt zu verwirklichen. Ein Wachstumsbewusstsein aus der Periode des quantitativen Wachstums behindert also qualitatives Wachstum.

Aus diesen beiden Gründen plädieren wir für ein Wachstumsbewusstsein, das unserer heutigen Lebenssituation in Westeuropa angemessener ist. Die Vorherrschaft des quantitativen Wachstums kann nur gebrochen werden, wenn wir das vorherrschende richtungsorientierte Wachstumsbewusstsein verändern. Genauso wie wir heute vermehrt qualitatives Wachstum anstreben, müssen wir uns auch auf der Ebene des Wachstumsbewusstseins dem Idealtypus des zielorientierten Wachstumsbewusstseins annähern. In den letzten zwei Kapiteln soll deshalb skizziert werden, welchem Wachstumsbewusstsein wir uns annähern sollten und wie sich dieser Wandel vorantreiben ließe.

8 Zielorientiertes Wachstumsbewusstsein

Im diesem Kapitel beschreiben wir eine idealtypische Alternative zum richtungsorientierten Wachstumsbewusstsein. Ausgangspunkt der Überlegungen bildet das intendierte qualitative Wachstum. Wie bei der Herleitung des richtungsorientierten Wachstumsbewusstseins ist dabei nicht nur die Wachstumsart, sondern auch ihr konstitutiver Hintergrund (die Realisierung von Selbstzwecken) miteinzubeziehen. Aus diesen leiten wir wiederum je zwei Definitionsmerkmale her. Damit erhalten wir ein Wachstumsbewusstsein, das wir zielorientiert nennen, da es sich auf die Realisierung von Selbstzwecken richtet.

In Kapitel 5 haben wir gezeigt, dass Wachstum für selbstverständlich gehalten wird, wenn es Mittel für notwendige Zwecke wie das Überleben bereitstellen muss. Heute können jedoch über die notwendigen Zwecke hinaus vermehrt optionale Zwecke wie Musizieren oder Philosophieren verwirklicht werden. Zwischen optionalen Zwecken aber können wir abwägen und die einen den anderen vorziehen. Produziert Wachstum nun vorwiegend Güter, die uns als Zwecke dienen, wird also vorwiegend qualitatives Wachstum anvisiert, so kann Wachstum nicht mehr für selbstverständlich gehalten werden. Wachstum ist dann als *Option* zu sehen, das heißt, für jeden Zuwachs muss bewusst optiert werden. Als Option ist Wachstum aber nicht grenzenlos, sondern *begrenzt*. Weiter ist die Festlegung und Anwendung des Maßstabs bei qualitativem Wachstum problematisch. Insofern können wir uns nicht mit einem einzigen Maßstab begnügen und müssen eine gewisse Ungenauigkeit akzeptieren.

Abbildung 5:   Definitionsmerkmale des zielorientierten
                 Wachstumsbewusstseins

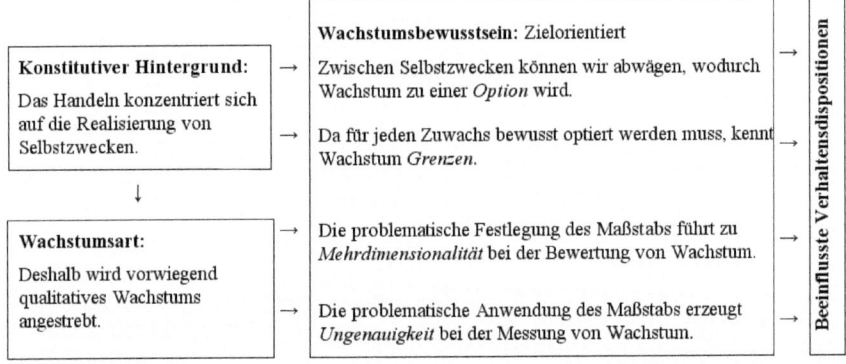

Zielorientiertes Wachstumsbewusstsein hält Wachstum also für einen optionalen und begrenzten Zuwachs, der nur ungenau durch einen mehrdimensionalen Maßstab erfassbar ist. Das zielorientierte Wachstumsbewusstsein hat andere Nebenwirkungen und eine andere Eigendynamik als das richtungsorientierte. Erstens sind die Nebenwirkungen des zielorientierten Wachstumsbewusstseins für unsere Lebensqualität unmittelbar förderlich. Zweitens ist das zielorientierte Wachstumsbewusstsein nicht mehr Störfaktor für qualitatives Wachstum. Vielmehr kann durch die Eigendynamik des zielorientierten Wachstumsbewusstseins das intendierte qualitative Wachstum vermehrt verwirklicht werden. Die folgende Darstellung konkretisiert dies. Sie skizziert – wiederum ohne Vollständigkeitsanspruch –, wie sich die Verhaltensdispositionen unter dem Einfluss dieses idealtypischen Wachstumsbewusstseins verändern würden.

Abbildung 6: Durch das zielorientierte Wachstumsbewusstsein veränderte
Verhaltensdispositionen

	Wachstumsbewusstsein: Zielorientiert	**Beeinflusste Verhaltensdispositionen:**
Konstitutiver Hintergrund	→ Zwischen Selbstzwecken können wir abwägen, wodurch Wachstum zu einer *Option* wird.	→ Die Zukunft bringt nicht automatisch eine bessere Ausgangslage. Politische Probleme werden eher in der Gegenwart angegangen, was die *Disposition des politischen Gestaltens* stärkt.
		→ Auf individueller Ebene stärkt diese Perspektive die *Disposition des gegenwartsbezogenen Handelns.*
		→ Wie die Option Wachstum unsere Welt verändert, hängt von unseren Zwecken ab. Zwecke stehen also immer im Vordergrund, was die *Disposition gegen die Zweckvergessenheit* fördert.
		→ Der moderate Wirtschaftswandel überfordert die Anpassungsfähigkeit nicht und erlaubt Neuerungen auch in anderen Bereichen, was die *Disposition der Innovationsbereitschaft* begünstigt.
	→ Da für jeden Zuwachs bewusst optiert werden muss, kennt Wachstum *Grenzen.*	→ Sind dem Wachstum Grenzen gesetzt, so schult dies das Auge für das Mögliche und festigt damit die *Disposition gegen den Machbarkeitswahn.*
↓		→ Die beim Wachstum erfahrenen Grenzen erodieren den Wunsch, immer mehr haben zu wollen. Dies verstärkt die *Disposition zur Genügsamkeit.*
Wachstumsart	→ Die problematische Festlegung des Maßstabs führt zu *Mehrdimensionalität* bei der Bewertung von Wachstum.	→ Bei einem mehrdimensionalen Maßstab ist Abwägen unabdingbar. Dies fördert die *Disposition des Abwägens.*
	→ Die problematische Anwendung des Maßstabs erzeugt *Ungenauigkeit* bei der Messung von Wachstum.	→ Die Ungenauigkeit entzaubert das Jonglieren mit Wachstumszahlen. Unser Verständnis von Reichtum gewinnt an Bodenhaftung. Dies fördert die *Disposition zum natürlichen Reichtum.*

9   Anpassung des Wachstumsbewusstseins durch Vorbilder und Anreize

In unserem Essay untersuchten wir das gesellschaftliche Bewusstsein dessen, was Wachstum ist. Relevant ist das Wachstumsbewusstsein aus zwei Gründen. Erstens hat das Wachstumsbewusstsein positive oder negative Nebenwirkungen. Bei der Bestimmung eines zeitgemäßen Gleichgewichts zwischen quantitativem und qualitativem Wachstum dürfen diese nicht vernachlässigt werden. Denn nur so können wir beurteilen, welchen Einfluss eine bestimmte Wachstumsart auf unsere Lebensqualität insgesamt hat. Zweitens fördert die Eigendynamik des Wachstumsbewusstseins die ihm zugrunde liegende Wachstumsart. Deshalb kann ein Gleichgewicht zwischen den Wachstumsarten nur mit einem zeitgemäßen Wachstumsbewusstsein verwirklicht werden. Somit bestätigt sich die These dieses Essays: Ohne Einbezug des Wachstumsbewusstseins lässt sich qualitatives Wachstum weder vollständig begründen noch vermehrt verwirklichen.

Schließlich seien zwei Wege angedeutet, wie sich ein zeitgemäßes Wachstumsbewusstsein realisieren ließe. Durch persönliche Vorbilder und institutionelle Anreize sollen die Individuen selbst das richtungsorientierte Wachstumsbewusstsein überwinden und dadurch ihre Lebensqualität fördern.

Auf der individuellen Ebene muss sich in einer liberalen Gesellschaft jede und jeder um seine eigene Lebensgestaltung kümmern. Es ist der Lebensqualität wesentlich, dass man seine eigene Vorstellung eines guten Lebens verfolgen kann. Allerdings ist das gute Leben nicht eine gänzlich beliebige Angelegenheit. Zur Erlangung eines guten Lebens haben Philosophen wie Aristoteles oder Kant die Wichtigkeit öffentlicher Personen mit Vorbildfunktion erkannt. Jemand, der ein beispielhaftes Leben führt, wird als Maßstab für das eigene Leben betrachtet und geachtet. Das eigene Verhalten wird seinem angepasst. Keynes stellt sich den Weg zu erhöhter Lebensqualität als Nebeneinander zweier Lager vor. Ein Lager hat die geringere Bedeutung quantitativ messbarer Güter bereits eingesehen und wächst stetig, da es als Vorbild für das andere Lager wirkt. Niemand wird zum guten Leben gezwungen, sondern alle sollen von selbst dorthin gelangen. „Of course there will still be many people with intense, unsatisfied purposiveness who will blindly pursue wealth – unless they can find some plausible substitute. But the rest of us will no longer be under any obligation to applaud and encourage them. For we shall inquire more curiously than is safe today into the character of this ‚purposiveness' […]." (Keynes 1963, 370) Mitmenschen also, die ein zeitgemäßes Wachstumsbewusstsein verkörpern und damit ihre Lebensqualität steigern, werden eine Anziehung auf andere ausüben.

Auf der institutionellen Ebene sollte die Gesellschaft mit entsprechenden Anreizen den Wandel hin zu einem zeitgemäßen Wachstumsbewusstsein erleichtern oder überhaupt erst ermöglichen. Erstens müssten dazu existenzielle ökonomische Überlebensängste abgebaut werden. Manche „working poor" werden vom ökonomischen Überlebenskampf völlig vereinnahmt und haben entsprechend weder die Mittel noch die Muße, um ein gutes Leben aufzubauen. Dies stärkt Dispositionen, die das richtungsorientierte Wachstumsbewusstsein stabilisieren. Ein gesichertes Grundeinkommen könnte dem abhelfen. Zweitens ist unsinniges Konkurrenzverhalten, das auf Neid und Statusgefühlen basiert, unter anderem durch staatliche Interventionen abzumildern. Nach Ernst Fehr (1999) geschieht dies in der Arbeitswelt bereits: „Es ist kein Zufall, dass in fast allen modernen Industriestaaten gesetzliche oder andere kollektive Arbeitszeitregelungen existieren, dass die Arbeitsbedingungen in einem gewissen Masse reguliert sind und dass die private Altersvorsorge subventioniert oder durch gewisse Zwangsmechanismen ersetzt wird." Solche Regelungen wirken übermäßiger Statuskonkurrenz entgegen. Drittens kann das richtungsorientierte Wachstumsbewusstsein dadurch überwunden werden, dass mehr Menschen ihre Arbeit als kreative und erfüllende Tätigkeit betrachten und nicht mehr bloß den Lohn aus ihr ziehen. Bildung ist nach John Kenneth Galbraith (1998, 251) der Schlüssel zur Stärkung dieser „new class". Um ein zeitgemäßes Wachstumsbewusstsein zu fördern, sollte Bildung deshalb möglichst allgemein zugänglich sein.

Wir kranken an einem Wachstumsbewusstsein, das Verhaltensdispositionen kultiviert, die unserer Lebensqualität schaden. Persönliche Vorbilder und institutionelle Anreize könnten dieses Wachstumsbewusstsein allmählich zurückdrängen und ein zeitgemäßes verbreiten. Dabei werden die Menschen, die den Wandel vollzogen haben, selbst zu Vorbildern und befürworten institutionelle Anreize wie die obigen. Je mehr Menschen sich weg vom richtungsorientierten und hin zum zielorientierten Wachstumsbewusstsein bewegen, desto förderlicher scheint uns dies für die Lebensqualität aller. Denn erst dadurch, so argumentiert dieser Essay, können wir qualitatives Wachstum vollständig begründen und vermehrt verwirklichen. Die Menschen mit einem zeitgemäßen Wachstumsbewusstsein helfen demnach beim Aufbau einer Welt mit mehr Lebensqualität. Gleichzeitig dienen sie wesentlich sich selbst, da sie dadurch ihre eigene Lebensqualität erhöhen. Hier schlägt die überall vermutete unsichtbare Hand also tatsächlich zu.

Literatur

Aristoteles (2006): *Nikomachische Ethik*, Hamburg: Rowohlt Taschenbuch Verlag.
Fehr, E. (1999): *Neid, Status und Markt. Ökonomische Betrachtungen zu machtvollen Emotionen*. In: Neue Zürcher Zeitung, 27./28. November 1999, S. 101. Online: www.iew.unizh.ch/home/fehr/papers/neid.pdf (besucht im November 2006).
Galbraith, J. K. (1998): *The Affluent Society*, New York: Mariner Books.
Keynes, J. M. (1963): *Economic Possibilities for Our Grandchildren*. In: Ders.: Essays in Persuasion, New York: W. W. Norton & Co., S. 358-373.
Landes, D. S. (1999): The Wealth and Poverty of Nations. Why Some Are So Rich and Some So Poor, New York/London: W. W. Norton & Co.
Maddison, A. (2001): The World Economy. A Millennial Perspective, Paris: OECD.

Ausweg Wachstum? Sprache in einer begrenzten Welt

Philipp Krohn

Von den Grenzen des Wachstums ist heute öffentlich kaum mehr die Rede. Politiker erklären überall auf der Welt, alleine mit anhaltendem oder neu einsetzendem Wachstum seien aktuelle politische Probleme in den Griff zu bekommen. Die Umstellung der sozialen Sicherungssysteme, die durch die Globalisierung entstehenden Herausforderungen und die Sanierung der öffentlichen Haushalte könnten politisch nicht ohne Wachstum gelingen, wird oft argumentiert. Medien konstatieren seit Jahren eine eklatante Wachstumsschwäche, und an Stammtischen wird die „Schlusslicht"-Diskussion geführt.

An heutigen Diskussionen um wirtschaftliche Probleme lässt sich kaum erkennen, dass es 30 Jahre intensiver wissenschaftlicher Auseinandersetzung um die sozialen und natürlichen Grenzen des Wachstums gegeben hat. Aus dieser Diskussion ist zwar das Konzept der Nachhaltigkeit hervorgegangen, das heute weltweit anerkannt ist und als Leitbild ausgegeben wird – allerdings offenbar nur so lange, wie ein möglicher Zielkonflikt zwischen Nachhaltigkeit und Wachstum nicht thematisiert wird. Ein Blick auf das empirische Datenmaterial ist aufschlussreich: Der Umweltverbrauch ist trotz einiger Einzelerfolge bei der Schadstoffverminderung bei Weitem nicht vom Wirtschaftswachstum entkoppelt (Steurer 2002, 346). Wenn Umweltpolitik den Zusammenhang zwischen Umweltbelastung und wirtschaftlicher Aktivität nicht berücksichtigt, droht sie ein Reparaturbetrieb zu werden (Sprenger 1994, 535). Auf dem Weg zu einer nachhaltigen Entwicklung wird eine spürbare Reduktion von ökonomisch verwerteten Material- und Energiemengen notwendig sein. Diese kann möglicherweise mit weiterem Wirtschaftswachstum einhergehen, aber auch sehr wohl eine Behinderung von Wachstum sein (Luks 2001, 21).

Die entscheidenden Argumente in der Kontroverse um wirtschaftliches Wachstum und Umweltbelastung sind ausgetauscht. Den ökonomischen und naturwissenschaftlichen Argumenten des Diskurses sollen mit dieser Arbeit keine neuen hinzugefügt werden. Vielmehr soll sie einen Perspektivwechsel auf das Thema ermöglichen. Das Sprechen über und Argumentieren mit Wachstum dominiert die politischen Auseinandersetzungen der letzten Jahre, obwohl es vernünftige Argumente gibt, die gegen weiteres Wachstum sprechen können. Deshalb soll hier die Sprache im Mittelpunkt stehen. Die linguistischen Methoden wie Metapherntheorie oder Schlagwortanalyse sollen beleuchten, welche Argumentationsstrategien in der Öffentlichkeit verwendet werden.

Der Ansatz der Diskursanalyse, der dieser Arbeit zugrunde liegt, versteht sich selbst als Bewusstseins- oder Mentalitätsgeschichte. An sprachlichen Äußerungen in der politischen Öffentlichkeit ist zu prüfen, welche Vorstellungen und impliziten Bewertungen in den Diskurs eingehen und so handlungsbestimmend für eine ganze Gesellschaft werden. In der Arbeit wird untersucht, mit welchen Metaphern im politischen Wachstumsdiskurs argumentiert wird und welche Wirkung sie haben. Anhand konkreter Äußerungen von Politikern soll das in den verschiedenen Diskursphasen Sagbare gefunden und anhand des diachronischen Wandels die Diskursdynamik aufgezeigt werden.

In einer dogmenhistorischen Arbeit über das Verhältnis der Arbeiten von Malthus, Condorcet und Godwin hat Avery die folgende Aussage getroffen:

> „If the gross national product of a country increases steadily by four per cent per year, most economists express approval and say that the economy is healthy. [...] If the growth rate should fall, economic illness would be diagnosed. [...] A ‚healthy' economic growth rate of four per cent per year corresponds to an increase by a factor of 50 in a century, by a factor of 2500 in two centuries, and by a factor of 125000 in three centuries. No one can maintain that this type of growth is sustainable except by refusing to look more than a short distance into the future."

Das Zitat ist in zweierlei Hinsicht bemerkenswert: Zum einen beschreibt es zutreffend den Wachstumskonsens, der unter Vertretern der (neoklassischen) Wirtschaftswissenschaft herrscht. Zum anderen trifft Avery eine sprachsensible Aussage darüber, mit welchen Metaphern dieser Konsens aufrechterhalten wird. Die Zustimmung zu Wachstumsvorstellungen wird mithilfe eines metaphorischen Wortfeldes rund um Krankheit und Gesundheit erzwungen – eine subtile Begriffswahl, der sich schwer entziehen kann, wer in die Diskussion um das Für und Wider des Wachstums einsteigt.

Um die sprachanalytischen Überlegungen auf eine fundierte ökologisch-ökonomische Basis zu stellen, seien hier kurz die wichtigsten Kritikpunkte gegen das Wirtschaftswachstum zusammengefasst: Zwischen neoklassischen und ökologischen Ökonomen ist die Frage der Substituierbarkeit von Produktionsfaktoren zum zentralen Streitpunkt über das Wachstum geworden. So weit, wie der Produktionsfaktor Natur durch menschengemachtes Kapital substituiert werden kann, ist auch eine Entkopplung von Umweltverbrauch und Wirtschaftsaktivität denkbar. Den Möglichkeiten des technischen Fortschritts gegenüber pessimistisch eingestellte Wissenschaftler zweifeln eine vollständige Entkopplung des Sozialprodukts vom Umweltverbrauch an und hegen Zweifel an der Vision einer dematerialisierten Wirtschaft. Bei Wachstumspessimisten und -optimisten weichen zudem die zugrunde gelegten Zeiträume voneinander ab. Wachstumsopti-mistische Vertreter wählen einen Untersuchungszeitraum von 50 bis 60 Jahren, während ökologische Ökonomen oft mit sehr viel längeren Phasen operieren. Schließlich weisen Letztere darauf hin, dass durch ökonomische Aktivität ent-stehende Schäden oft irreversibel sind. Menschengemachtes Kapital kann nicht in allen Fällen die Funktion von Ressourcen übernehmen; z.B. eine ausgestorbe-ne biologische Art, die ihren festen Platz im Ökosystem mit all seinen Wechsel-wirkungen hatte, wird nicht zukünftig wieder zurückkehren.

Die Synthese der wachstumskritischen Traditionslinie der Ökonomik, zu der nach Robert Thomas Malthus auch John Stuart Mill, John Maynard Keynes, John Kenneth Galbraith und vor allem Kenneth Boulding und Nicolas Georgescu-Roegen zu zählen sind, findet sich in den Schriften des amerikanischen Ökono-men Herman Daly. Im neoklassischen Paradigma wird diese Linie kaum zur Kenntnis genommen.

Boulding und Georgescu-Roegen spielen bei Dalys Synthese eine zentrale Rolle: In seinem Aufsatz „The Economics of the Coming Space-Ship Earth" argumentiert Kenneth Boulding, dass der zweite Hauptsatz der Thermodynamik für den Menschen unumgänglich ist (Boulding 1966, 387). Dieser besagt, dass bei jedem Umwandlungsprozess eine positive Menge an Entropie entsteht, d.h., es ergibt sich eine irreversible Reduzierung der verfügbaren Energie. Nicolas Georgescu-Roegen verfeinert Bouldings Argument in „The Entropy Law and the Economic Problem". Wegen des Materie- und Energieerhaltungssatzes müsse die Menge an Materie und Energie vor und nach der Produktion immer gleich sein. Der Unterschied könne also nicht quantitativ, sondern nur qualitativ sein: Georgescu-Roegen stellt die These auf, dass aus thermodynamischen Gesichts-punkten wertvolle – nämlich niedrig entropische – Ressourcen im Produktions-prozess verwendet werden und wertloser Abfall dabei herauskomme. Verbrauche der Mensch dauerhaft mehr niedrige Entropie, als auf der Erde vorhanden ist und durch die Sonneneinstrahlung hinzukommt – insbesondere, indem er fossile Brennstoffe einsetzt –, reduziere sich durch ökonomische Aktivität die Lebens-dauer der Spezies Mensch. Langfristig könne somit das Wirtschaften schädlich für diese biologische Spezies sein (Georgescu-Roegen 1971, 46f.) – umso schäd-licher, wenn die wirtschaftliche Aktivität exponentiell zunimmt, d.h., wenn es Wachstum gibt.

Die Kritikströme von Malthus bis Georgescu-Roegen hat Herman Daly in seiner wissenschaftlichen Innovation, dem Konzept der „Steady State Econo-my", zusammengeführt, das einen Wachstumsstopp von Durchsatz und Bevölke-rung impliziert. Durch soziale Wachstumsgrenzen sei die *Wünschbarkeit* weite-ren Wachstums begrenzt: Der abnehmende Grenznutzen des Konsums sorge dafür. Natürliche Grenzen schränkten die *Möglichkeit* weiteren Wachstums ein.

Diese Grenzen seien durch eine Kombination der drei Faktoren Endlichkeit der Erde, Entropie und wechselseitige Abhängigkeiten im Ökosystem gegeben. Die Endlichkeit wäre kein Problem, wenn alle verbrauchten Materialien vollständig recycelt werden könnten, was aber durch das Entropiegesetz unmöglich ist. Auch dies allein wäre kein Problem, wenn Rohstoffe und Energie unerschöpflich wären und die natürlichen Senken der Erde keine Belastungsgrenze hätten.

Bereits vor dem Erreichen der Wachstumsgrenzen sei somit Wachstum wegen entstehender Umweltprobleme nicht mehr wünschenswert. Deshalb sei es als allseits gepriesener Problemlöser ungeeignet. Dabei geht Daly von einer physischen Wachstumsgröße aus, wenngleich das Bruttosozialprodukt eigentlich ein Wertmaß ist. Er nimmt somit eine sehr enge Kopplung von BSP-Wachstum und Durchsatzsteigerung an, was zumindest bislang empirisch nach wie vor der Fall ist. Umweltprobleme entstünden immer dann, wenn der Mensch viel niedrige Entropie für seine Zwecke nutzt, weil er damit die auch auf Entropie beruhenden Funktionsmechanismen der Biosphäre stört.

Nachdem diese wichtigsten Argumente der wissenschaftlichen Wachstumskritik zusammengetragen sind, soll nun die Sprache ins Spiel kommen. Sie ist immer zugleich Ausdruck und Produzent politischer Ideologien. Politiker benötigen für die Zustimmung zu ihren politischen Schlussfolgerungen geeignete Sprachstrategien. Metaphern helfen, komplexe Sachverhalte an Bekanntes anzuknüpfen und somit kognitiv zu sortieren. Diese Relevanz von Metaphern für den Alltag und zugleich die politische Kommunikation haben erstmals Lakoff und Johnson 1980 herausgestellt:

> „[M]ost people think they can get along perfectly well without metaphor. We have found, on the contrary, that metaphor is pervasive in everyday life, not just in language but in thought and action. Our ordinary conceptual system, in terms of which we both think and act, is fundamentally metaphorical in nature."

Die beiden Autoren verstehen Metaphern nicht als sprachliche Phänomene, sondern schreiben ihnen die Fähigkeit zu, eine Sortierung kognitiver Eindrücke vorzunehmen. Ihre Hauptthese ist, dass Menschen ihre Wahrnehmung der Welt durch metaphorische Konzepte strukturieren und somit die Komplexität der auf sie einwirkenden Einflüsse mithilfe ihnen vertrauterer Kategorien reduzieren. Nach dieser Vorstellung wären Metaphern kein Mittel sprachlichen Ausdrucks, sondern ein unverzichtbares Instrument zur Erfassung und zum Verstehen der Welt. Die beiden Autoren legen ihrer Metapherntheorie eine eigene Definition der Metapher zugrunde:

> „The essence of metaphor is understanding and experiencing one kind of thing in terms of another."

Ihrer Theorie zufolge basiert die Sprache auf demselben System zur Konzeptualisierung, auf dem auch das Denken und das Handeln aufbauen. Mit einer Untersuchung der Sprache können somit Hinweise auf die Beschaffenheit dieses Systems gewonnen werden, das metaphorisch geprägt sei.

In ihrer Abhandlung untersuchen Lakoff und Johnson auch politische Metaphern, darunter das kriegerische Vokabular des US-Präsidenten Carter in der Energiekrise der späten 70er-Jahre. Würde man als Politiker beispielsweise den Sieg in einer „Energie-Schlacht" erklären, so würde eine Auseinandersetzung mit der Frage, ob die Schlacht gewonnen oder verloren worden sei, bereits bedeuten, dass die durch die Metapher ausgedrückte Sicht der Welt anerkannt wird. Die Frage des Sieges kann also nur relativ zu der Metapher beantwortet werden. Wahrheit oder Falschheit sind keine Kriterien zum Urteil über Metaphern, sondern ihre Angemessenheit. Diese misst sich daran, ob die aus der metaphorischen Konzeptualisierung folgenden Schlüsse und Handlungsschritte der Situation angemessen sind. Und dabei gilt es zu berücksichtigen, welchen Aspekten der Realität die Metapher nicht Rechnung tragen kann, weil sie sprachlich versteckt werden.

Mit diesen Ausführungen ist die politische Bedeutung von Metaphorik angedeutet. Für Lakoff und Johnson ist sie noch bedeutsamer als alltagsrelevante Metaphorik:

> „Political and economic ideologies are framed in metaphorical terms. Like all other metaphors, political and economical metaphors can hide aspects of reality. But in the area of politics and economics, metaphors matter more, because they constrain our lives. A metaphor in a political or economic system, by virtue of what it hides, can lead to human degradation."

Wegen der Eigenschaft von Politik und Ökonomie, die Lebenswelt zu verändern, kommen der politischen und ökonomischen Metaphorik besondere Rollen zu. Die suggestive Kraft von Metaphern und ihre Eigenschaft, Aspekte auszublenden, haben hier eine gesellschaftliche Relevanz. Durch ihre Fähigkeit, an Altbekanntes anzuknüpfen, können Metaphern helfen, gesellschaftlich nachteilige politische Schritte zu legitimieren.

Insofern ist die wissenschaftliche Auseinandersetzung mit Metaphern auch außerhalb der sprachwissenschaftlichen Disziplinen sinnvoll. Sie kann Aufschluss liefern über die Qualität politischer Kommunikation, wie Debatin argumentiert:

> „Metaphorologie und die praktische Metaphernreflexion [haben] eine gesellschaftskritische Dimension: Gerade weil die metaphorische Konzeptualisierung von Erfahrungen eine immense lebensweltliche Plausibilität und Selbstverständlichkeit [...]

besitzt, ist der verfremdende und entschleiernde metaphernkritische Blick auf diese Evidenzen ein theoretisches und praktisches Gebot."

Deshalb steht die Metapherntheorie neben anderen Ansätzen der politischen Linguistik wie der Schlagwort- und kritischen Diskursanalyse im Mittelpunkt der folgenden Analyse. Zugrunde gelegt wird eine detaillierte Untersuchung der Protokolle des Deutschen Bundestages in sechs Phasen zwischen 1965 und 2002 für eine Magisterarbeit im Jahr 2004.

Wenn man den Wachstumsdiskurs der Jahre 1966 bis 2002 beobachtet, stellt sich die Frage, worin der Wandel besteht, auf den durch sprachliche Äußerungen der Politiker geschlossen werden kann. Der Wachstumskonsens war im Jahr 2002 genauso unangetastet wie 1966. Zum Teil sind auch die verwendeten Metaphern dieselben. Einen partiellen Einstellungswandel hat es mit Sicherheit in der Phase zwischen 1966 und 1972 gegeben. Durch das Aufkommen der Vorstellung, dass dem Wachstum ökologische Grenzen gesetzt sein könnten, hat sich in den Jahren ab 1972 ein politischer Sprachkampf ergeben, bei dem Parteien um widersprechende Wirklichkeitsdeutungen mit neuen Begriffen stritten. Mittlerweile ist der Wachstumsbegriff auch mithilfe der sprachlichen Strategien, die von den Parteien gewählt wurden, wieder rehabilitiert.

Gleichzeitig hat sich aber durch den gesellschaftlichen Wissensfluss auch eine deutliche Aufwertung von Umweltaspekten in der Politik ergeben, was durch das Hochwertwort „Nachhaltigkeit" auch sprachlich dokumentiert ist. Kritik am wirtschaftlichen Wachstum findet sich aber in der letzten untersuchten Diskursphase im Deutschen Bundestag fast gar nicht mehr, nachdem in den 80er-Jahren durch eine kleine Minderheit „Wachstum" sogar begrifflich stigmatisiert wurde.

Die Anwendung des Begriffes „Wachstum" in der Ökonomik beruht auf einer Konzeptualisierung der Wirtschaft mithilfe eines kognitiven Modells des Organismus. Die Wirtschaft wird in Begriffen des Organismus verstanden. Das Metaphernkonzept DIE WIRTSCHAFT IST EIN ORGANISMUS ist so produktiv, dass in der Politik immer wieder mithilfe kreativer Erweiterungen darauf zurückgegriffen wird. Im Wachstumsdiskurs ist auffällig, dass wirtschaftliche Zustände oft in Begriffen von Krankheit und Gesundheit dargestellt werden. Bis heute wird der Zustand einer Wirtschaft mithilfe des aus dem ORGANISMUS-Konzept abgeleiteten Konzeptes EINE STAGNIERENDE WIRTSCHAFT IST KRANK verstanden. Die enge Verknüpfung des ORGANISMUS-Konzeptes an die BEWEGUNGS-Metapher seit dem Aufkommen des Fortschrittsgedankens im 18. Jahrhundert, als gesellschaftlicher Fortschritt im Zusammenhang mit materiellem Fortschritt gedacht wurde, hat sich erhalten. Sie zeigt sich in Äußerungen der Bundestagsmitglieder, die die Wirtschaftsentwicklung mithilfe von BEWEGUNGS-Metaphern darstellen, bei denen kognitive Modelle von Lokomotiven („Weltwirtschaftslokomotive"), Pferdewagen („werden die Pferde ermuntert, den Wagen zu ziehen") oder Schlachtschiffen („Eine Volkswirtschaft bewegt sich wie ein Schlachtschiff") zur Beschreibung der Entwicklung dienen. In Zeiten der ökonomischen Knappheit nach dem Zweiten Weltkrieg wurde Wachstum als wichtigstes Ziel ausgegeben. Auch 1967 weicht der Sprachgebrauch der politischen Fraktionen in der ersten bundesdeutschen Rezession nach dem Krieg nicht voneinander ab. In Zeiten schwachen Zuwachses der wirtschaftlichen Aktivität wird auf das Konzept EINE STAGNIERENDE WIRTSCHAFT IST KRANK zurückgegriffen, um politische Maßnahmen zur Wachstumsförderung zu legitimieren.

Die Verwendung der ORGANISMUS-Metapher, bei der Lebendigkeit nur einer weiter wachsenden Wirtschaft zugeschrieben wird, verdeckt den Aspekt, dass zur Aufrechterhaltung des Produktionsniveaus des Vorjahres auch wirtschaftliche Aktivität oder Lebendigkeit notwendig ist. Sprachliche Repräsentationen des Metaphernkonzeptes sind Ausdrücke wie „(Wieder-)Belebung", „Schonung des Kapitalmarktes", „Erholung", „Krankenbett des deutschen Wirtschaftskörpers", „Gesundbeten", „Selbstheilung", „der Wirtschaft den Puls fühlen und die Lunge abhorchen" und „Stagnation ist ein Tal des Todes", die sich in den Bundestagsprotokollen der Jahre 1966 bis 1968 nachweisen lassen. Einige dieser Ausdrücke sind im wirtschaftlichen Sprachgebrauch üblich, andere sind kreative Metaphern, die allerdings nie im Widerspruch zu dem grundlegenden Metaphernkonzept stehen.

Ende der 1960er-Jahre dann erklärt Bundeskanzler Brandt Wachstum zunächst zur Voraussetzung der sozialliberalen Reformpolitik. Kurz darauf aber knüpft der viel gelesene Bericht „Die Grenzen des Wachstums" von 1972 an alte ökonomische Vorstellungen von einem durch die Natur begrenzten Wachstum an (etwa an Ideen von Smith, Ricardo oder Mill), das durch akute Umwelt- und Ressourcenprobleme neue Evidenz erhält. Mit dem Erfolg des Berichts verbreitet sich der Begriff „Grenzen" als Gegenschlagwort zum Wachstumsbegriff. Die regierende SPD reagiert auf die zunehmend kritischere Verwendung des Begriffs mit der Verbreitung ihres Fahnenwortes „Lebensqualität". Die häufige Verwendung und der zentrale Rang des Fahnenwortes, das schon begrifflich gegen das Wort „Quantität" gerichtet ist, deutet auf eine Veränderung der Wirklichkeitswahrnehmung hin. „Lebensqualität" ist als Wahlkampfslogan erfolgreich: Die sozialliberale Koalition wird 1972 im Amt bestätigt.

Anfang 1973 werden die Argumente des *Club of Rome*-Berichts von den Grenzen des Wachstums im Bundestag in wichtigen Debatten aufgegriffen. Der Wachstumsbegriff wird in dieser Phase durch einschränkende Attribute wie „qualitätsbewusst" oder „qualifiziert" gegen ökologische Kritik immunisiert. Die CDU/CSU versucht, jegliche Wachstumskritik durch sprachliche Stigmatisierungen im Keim zu ersticken. Nachdem sich die Wachstumsraten in der zweiten Rezession nach dem Krieg verringert haben, wird quantitatives Wachstum als Ziel schnell wieder Konsens. Sowohl eine zuvor vorsichtige Stigmatisierung des „quantitativen Wachstums" als auch die einschränkenden Attribute sind nicht mehr im Sprachgebrauch zu finden. „Nullwachstum" wird zu einem Stigmawort, mit dem zukünftig Wachstumskritik abgewehrt wird.

Angesichts der bald veränderten wirtschaftlichen Daten nehmen dann die ökologischen Argumente an Gewicht ab. Die Regierung gerät mit ihrem Fahnenwort „Lebensqualität" sprachlich in die Defensive, weil die Opposition sich bemüht, die wachsende Inflation als Widerspruch zu dem politischen Konzept darzustellen, das hinter dem Begriff der Lebensqualität steht. Die Bedeutung des Begriffes „Grenzen" wird zu erweitern versucht, um dem Gegenschlagwort die Schlagkraft zu nehmen und um die Überschreitung von Grenzen als neues Ziel ausgeben zu können. Unter dem neuen SPD-Bundeskanzler Schmidt verliert die Umweltpolitik stark an Bedeutung.

Das Bewusstsein von der ökologischen Bedrohung bleibt aber erhalten. Für alle Parteien hat sich nach dem Aufkommen des Gegenschlagwortes der Wachstumsgrenzen die Notwendigkeit ergeben, den Wachstumsbegriff in der Darstellung ihrer Programmatik gegen soziale und vor allem ökologische Kritik zu immunisieren. Die CDU setzt sich ein „qualitätsorientiertes Wachstum" zum Ziel, FDP und CSU „qualitatives und quantitatives Wachstum" und „angemessenes reales Wachstum". Bei diesen Parteien gibt es keine inhaltliche Neubestimmung des Wachstumsbegriffs. Die SPD zieht die Konsequenz aus der Wachstumskritik in einer verbalen Aufwertung der erneuerbaren Energien in den Programmen dieser Zeit. Allerdings verzichtet auch sie nicht auf das Hochwertwort und verwendet den Begriff „humanes Wachstum".

Eine sprachliche Repräsentation der BEWEGUNGS-Metapher ist der Ausdruck „Weltwirtschaftslokomotive", den Bundeskanzler Schmidt kritisch verwendet. Die Entwicklung der Weltwirtschaft wird mithilfe eines ZUG-Konzeptes verstanden. Die weltwirtschaftlichen Verflechtungen werden modelliert, indem in dem Konzept eine Lokomotive dem Zug voranfährt, die ihn zieht. Mit dieser Metapher wird eine lineare Entwicklung mit vorgegebener Richtung angenommen und als Ziel ausgegeben. Der Aspekt der Leistungsstärke einer Volkswirtschaft wird durch die Metapher in den Vordergrund gehoben.

In der neuerlichen Rezession 1982 ist die politische Rhetorik wieder durch einen auffallend häufigen Gebrauch der Krankheitsmetaphorik gekennzeichnet, die darauf hindeutet, dass die kognitive Erfassung des Konzeptes Wirtschaft nach wie vor mithilfe des ORGANISMUS-Konzeptes erfolgt. Ausdrücke wie „Fieber", „Erschlaffung", „Diagnose", „Therapie", „weltweite Gesundung", „Totsparen", „Gesundsparen", „Erholung" und „kräftige Konstitution" sind ein

Zeichen dafür, dass nach der Krise des Wachstumsbegriffs in den 70er-Jahren nun wieder ökonomische „Gesundheit" als gleichbedeutend mit wirtschaftlichem Wachstum gesehen wird. Durch den erstmaligen Einzug der Grünen in den Bundestag wird dieser Wirklichkeitsdeutung allerdings widersprochen. Die GRÜNEN-Abgeordneten verwenden ebenfalls Krankheitsvokabular wie „Krankheit", „Wurzeln des Übels", „an Symptomen herumkurieren", allerdings beziehen sie es auf die ihrer Auffassung nach den falschen Zielen verpflichtete Gesellschaft. Sie verwenden als erste Partei „Wachstum" als Stigmawort.

Wachstumskritik wird in dieser Diskursphase auch noch immer in den Reihen der etablierten Parteien laut. Allerdings ist sie kein Thema der wichtigen wirtschafts- und finanzpolitischen Debatten mehr. Genauso wie die Wachstumskritik wird nun auch die Auseinandersetzung um die Grenzen des Wachstums in die Umweltdebatten verlegt, die häufiger stattfinden. Dort gibt es auch abweichende Vorstellungen von der Wortbedeutung des Grenzbegriffs. Während SPD und einzelne FDP-Abgeordnete den Begriff weiterhin im Sinne der ökologischen Grenzen verwenden, versucht die CDU/CSU die Deutung des Begriffs nur auf das Bevölkerungswachstum durchzusetzen. Für den FDP-Wirtschaftsminister dagegen hat der Grenzbegriff eine sehr weite Bedeutung. Er versteht darunter alle zu überwindenden Wachstumshemmnisse und legitimiert damit seine Politik der Wachstumsförderung.

Nach einer Abwertung der Umweltpolitik in der Zeit der deutschen Einheit und einem über lange Zeit unkritischen Gebrauch des Wachstumsbegriffs durch alle Parteien kommt 1998 erstmals eine Koalition von SPD und GRÜNEN an die Macht und erklärt ein „nachhaltiges Wachstum" zu ihrem politischen Ziel. Obwohl der Wachstumsbegriff in der sich seit Ende der 1980er-Jahre entwickelnden Nachhaltigkeitsdiskussion auch wieder in der Kritik steht, wird Wachstum in Zeiten schwacher Wachstumsraten zu einem so großen Ziel, dass der Begriff das Wahljahr 2002 beherrscht. In dieser Diskursphase ist Wachstum für die politischen Akteure ein so wichtiges Thema, dass sehr oft politische Maßnahmen unterschiedlicher Art mit dem Hinweis auf die angeblich wachstumsfördernde Wirkung der Maßnahme gerechtfertigt werden.

Durch die Verwendung von Sportmetaphorik und die damit zusammenhängende Schlusslichtmetapher („Deutschland ist das Schlusslicht in Europa") verwickelt die Opposition die Regierung in eine Auseinandersetzung um das Wachstum, bei der die Konzeptualisierung von Wirtschaftsprozessen gemäß einem Modell von Sportwettkämpfen verstanden wird. Die Schlusslichtmetapher schränkt die Zielsetzung auf eine Generierung neuen quantitativen Wachstums ein, das das Bewertungsmaß der Tabelle ist. Die Regierung bestätigt die durch die Schlusslichtmetapher ermöglichte Weltsicht – eine einseitige Ausrichtung auf quantitatives Wachstum –, weist die politische Verantwortung für die internationale Position aber der alten Bundesregierung zu. Der Höhepunkt der Schlusslichtdebatte ist die Überreichung einer roten Laterne an Bundeskanzler Schröder durch den CDU/CSU-Abgeordneten Hinsken, die den metaphorisch ausgedrückten Sachverhalt vom Tabellenende auch über ein Bild in der öffentlichen Wahrnehmung verankern soll. Auch gegen dramatisierende Krankheitsbegriffe wie das Stigmawort „kranker Mann Europas" wehrt sich die Regierung nicht durch Versuche, eine andere Wirklichkeitswahrnehmung durchzusetzen.

Wachstum ist durch die breite Akzeptanz des Begriffes bei allen Parteien wieder zu einem Hochwertwort geworden. Sprachliche Immunisierungen gegen mögliche Kritik durch erklärende Attribute sind nicht mehr nötig, weil es keine öffentliche Wachstumskritik gibt. Mit dem Begriff „nachhaltiges Wachstum" ist eine Formel gefunden, mit der das Wachstumsziel mit qualitativen Korrekturen ideologisch und politisch wieder rehabilitiert werden konnte (Steurer 2002, 467). Der Begriff „qualitativ wertvolleres Wachstum" aber, den Wirtschaftsminister Müller verwendet, hat keine Bedeutungs-Gemeinsamkeiten mehr mit dem alten Begriff „qualitatives Wachstum", sondern benennt ein subventionsfrei gestaltetes Wachstum. Ökologische Gesichtspunkte spielen für die Attribute keine Rolle.

Die Verwendung der Metaphern im Wachstumsdiskurs ist hochbedeutsam. Ohne die kritische Auseinandersetzung in einer Diskursanalyse würde man sie wegen ihrer Plausibilität kaum hinterfragen. Doch genau dieser Blick ermöglicht das kritische Fazit dieser Arbeit, das sich unter anderem auf die Argumentation von Pielenz stützt, der schreibt:

> „Kulturell hoch wirksam, agieren konzeptuelle Metaphern zumeist im Stillen, unerkannt und voller Nachdruck. Erst wenn sie nach gezieltem Blick in ihrer scheinbaren Beiläufigkeit gehoben sind, läßt sich ihre Wirksamkeit feststellen, kann ihr kohärenzstiftendes Potential entdeckt werden, und läßt sich nachzeichnen, wie wir auf Geheiß konzeptueller Metaphern argumentieren."

Der Wachstumsbegriff ist heute rehabilitiert. Eine ökologische Ausrichtung der Politik wird mit dem Begriff „Nachhaltigkeit" sprachstrategisch unterstützt. Heute deutet wenig auf eine wachstumskritische Sicht hin; der Begriff „nachhaltiges Wachstum" ist vielmehr ein Zugeständnis an die ideologischen Auseinandersetzungen der Parteien in den 80er-Jahren und der Versuch, sprachlich eine Zielharmonie von Wachstum und Umweltschutz auszudrücken. Verfolgte man die politischen Auseinandersetzungen im Jahr 2002, konnte man durch die Universalität des Wachstumsthemas den Eindruck gewinnen, Wachstum sei so etwas wie eine Grundvoraussetzung der Funktionsfähigkeit eines modernen Staates. Politische Maßnahmen wurden oft nicht dadurch gerechtfertigt, dass sie eine Verbesserung der Lebensbedingungen bringen, sondern dass sie das Wirtschaftswachstum fördern; andere Ziele werden so zumindest verbal dem Wachstum untergeordnet.

Die Wirtschaft wird bis heute kognitiv auf die Weise konzeptualisiert, dass das mentale Modell eines Organismus dazu verhilft, das Konzept Wirtschaft zu verstehen. Die Metapher dient zunächst einmal nicht dazu, bewusst zu manipulieren. Sie ist vielmehr ein Mittel, komplexe ökonomische Sachverhalte durch Anknüpfung an Erfahrungen zu veranschaulichen und Kohärenz zwischen Erfahrungen der Wirklichkeit herzustellen. Bereits die frühe ökonomische Theorie beschrieb Relationen zwischen Produktion, Bewegung und Verteilung von Gütern in Begriffen menschlicher Körperteile. Wirtschaftliche Aktivitäten konnten so als natürlich ablaufende Prozesse verstanden werden, bei denen separat funktionierende Teile wie in einem „sozialen Körper" im Interesse der gesamten Gesellschaft zusammenarbeiten (Gibbs 1995, 170f.).

Die ORGANISMUS-Metapher ist unter anderem für eine kognitive Modellierung des Staatswesens produktiv: DER STAAT IST EIN ORGANISMUS. Für die Konzeptualisierung der Wirtschaft bringt das ORGANISMUS-Konzept wichtige Einsichten. Der Aspekt, dass unabhängig voneinander Prozesse ablaufen, die schließlich der als Entität aufgefassten Wirtschaft in ihrer Gesamtheit dienen – so wie die Prozesse in der Entität menschlicher Körper –, kann dadurch kognitiv erfahrbar gemacht werden.

Auch die Erweiterung des Metaphernkonzeptes DIE WIRTSCHAFT IST EIN ORGANISMUS auf die Wachstumsprozesse des menschlichen Organismus ergibt Sinn. Durch die metaphorische Erweiterung konnte der Sachverhalt hervorgehoben werden, dass Reichtum durch Produktion vermehrbar ist, der in der merkantilistischen Wirtschaftslehre des frühen 18. Jahrhunderts noch nicht erkannt wurde. Von der ökonomischen Klassik, die den Merkantilismus ablöste, wurden die Wachstumsprozesse tatsächlich mitHilfe des Unterkonzepts PRODUKTIONSSTEIGERUNGEN SIND WACHSTUM verstanden. Auch der Aspekt eines Zustandes des Ausgewachsenseins wurde durch den sogenannten Stationären Zustand, den Grenzen des Wachstums schließlich herbeiführen würden, bei ökonomischen Klassikern wie Smith, Ricardo und Mill mitgedacht. Durch die wissenschaftliche Behauptung der Substituierbarkeit aller Produktionsfaktoren in den 1950er-Jahren wurde die Berücksichtigung von Wachstumsgrenzen aufgegeben.

Trotz aller Plausibilität von Metaphernkonzepten müssen Metaphern aber auch danach beurteilt werden, wie weit behauptete Strukturanalogien zutreffend sind. Die ORGANISMUS-Metapher wird häufig auch zu einer Erweiterung verwendet, die dem Organismus Krankheiten zuschreibt. Bereits Hobbes sprach von Krankheiten des politischen Körpers, während der Französischen Revolution wurde die „Terreur"-Politik als Heilmethode der sozialen Krankheiten gerechtfertigt, in Deutschland wurden im Holocaust brutale Übergriffe als Heilmethoden bezeichnet (Musolff 2003, 328). Die Krankheitsmetaphorik ist auch heute noch in der Politik produktiv. Wenn die Wirtschaft in Begriffen des Organismus verstanden wird, besteht zur Erweiterung dieses Metaphernkonzeptes auch die Möglichkeit, der Wirtschaft Eigenschaften wie Gesundheit, Krankheit, Erholung, kräftige Konstitution zuzuschreiben. Diese Eigenschaftszuschreibung geschieht allerdings nach einer ideologischen Vorentscheidung dessen, was als krank und was als lebendig zu gelten hat.

Krankheiten sind beispielsweise nicht nur Quell-, sondern oft auch Zielbereich von Metaphernkonzepten. Dadurch ist eine Sicht darauf möglich, wie Krankheiten gesehen werden. Sontag beschreibt, mit welchen Metaphern Krankheiten wie Krebs, Tuberkulose und AIDS veranschaulicht werden. Die große Frequenz von Kriegsmetaphorik lässt darauf schließen, dass der Aspekt der Bekämpfung von Krankheiten hervorgehoben wird (Sontag 2003). Das kulturell vermittelte Konzept von Krankheiten sieht diese als etwas zu Bekämpfendes. In der Krankheitsmetaphorik steckt implizit also ein Bekämpfungs-, zumindest aber ein Heilungsappell, der undifferenziertes Handeln von Politikern legitimiert. Heilung oder eine kräftige Konstitution wird dem „Wirtschaftskörper" dann attestiert, wenn er wieder wächst. Weil Sprache ein Raster für Wahrnehmungen dessen erzeugt, was für politische Wirklichkeit gehalten wird, werden wirtschaftliche Sachverhalte mithilfe der Metaphern als krank angesehen, wodurch politisches Handeln sich auf die Bekämpfung der Krankheit fokussiert.

Im Wachstumsdiskurs ist die Gesundheits- und Krankheitsmetaphorik durch übliche Ausdrücke wie „Erholung" oder „Wiederbelebung" kognitiv so eng mit dem wirtschaftlichen Wachstum verknüpft, dass in wirtschaftlichen Rezessionen die Sprecher das metaphorische Begriffsfeld in den Mittelpunkt rücken und damit ihren Fokus auf eine undifferenzierte Wachstumsförderung lenken. Angesichts der Auseinandersetzung um das Wachstum in der wissenschaftlichen Beschäftigung mit der Nachhaltigkeit ist die Metaphorik deswegen problematisch.

Durch Sprache wird, wenn nicht eine Welt, so doch zumindest eine Weltwahrnehmung konstituiert. Die metaphernreiche Sprache der Politik lässt eine Welt entstehen, in der hohes Wachstum gesund ist und geringes Wachstum krank. Durch die Sprache wird die Wachstumsideologie aufrechterhalten, da zwischen Sprache und Denken eine Wechselwirkung besteht. Die Veröffentlichung des Berichts zu den „Grenzen des Wachstums" ist auf eine so fundamental auf Wachstum fixierte Wirklichkeitssicht getroffen, dass zunächst Ratlosigkeit über den Umgang mit dem Thema herrschte, was dazu führte, dass der Wachstumsbegriff zunächst kaum noch, dann oft durch Attribute gestützt verwendet wurde. Während das Wissen um die Problematik eines exponentiellen Wachstums langsam wieder aus der öffentlichen Wahrnehmung verschwand, einigte man sich auf der politischen Ebene wieder auf einen Wachstumskonsens. Die Gesundheitsmetaphorik passt zu einer Welt ohne Wachstumsgrenzen. Wenn es aber tatsächlich so etwas wie Wachstumsgrenzen gibt, was Daly zumindest für den Materie- und Energiezuwachs mit dem Entropiegesetz schlüssig erklärt, dann muss in der Sprache auch wieder dieser Grenzaspekt eingeblendet werden. Dann würden das ORGANISMUS- und WACHSTUMS-Konzept sicherlich wieder in ihrem ursprünglichen Sinne produktiv werden können, da biologisches Wachstum eine Grenze beinhaltet. Die Angemessenheit der Wachstumsmetapher hängt also nicht zuletzt auch von der Existenz von Grenzen ab. Gäbe es aber keine Grenzen, passte schließlich auch die WACHSTUMS-Metapher nicht mehr auf die wirtschaftliche Entwicklung, da der Wachstumsbegriff ja Grenzen impliziert.

Jäger argumentiert, dass Diskurse als Wissen transportierende Einheiten Macht ausüben (Jäger 1999, 149). Sie sind die treibende Kraft der gesellschaftlichen Entwicklung (Jäger 1996, 392). Die Dominanz des Wachstumsbegriffes im Wachstumsdiskurs, seine uneingeschränkt positive deontische Bedeutung, die Legitimierung wachstumsfördernder Maßnahmen mit undifferenzierten Sportmetaphern und die Ausblendung jeglicher Wachstumskritik aus dem Diskurs tragen dazu bei, dass andere Ziele überdeckt werden und dass Wachstum unzutreffend als Heilsbringer missverstanden wird. Dabei ist zu beachten, dass Wachstum das große Problem der Massenarbeitslosigkeit entgegen dem politischen Versprechen auch schon in den 1980er-Jahren nicht löste.

Gibbs weist auf Studien hin, die nachgewiesen haben, dass die Wahl des metaphorischen Quellbereiches in Argumentationen Einfluss auf die Schlussfolgerungen bei der Einschätzung von Sachverhalten hat. Ob die Probanden das Phänomen Elektrizität über ein Konzept von Hydraulik oder das Konzept einer Menschenmenge lernten, hatte Auswirkungen darauf, wie sie Fragebögen zu diesem Thema beantworteten. Die metaphorische Konzeptualisierung beeinträchtigte also die Fähigkeit von Probanden, Schlüsse zu ziehen (Gibbs 1995, 162). Auch bezüglich der Einstellungen erkennt Gibbs Metaphern einen Einfluss zu: Die Metapher selbst ändere zwar nicht die Einstellung von Menschen, aber in Verbindung mit dem sonstigen Sprachgebrauch könnte sie bestimmte argumentative Schlussfolgerungen in den Vordergrund heben (Gibbs 1995, 145).

Bei der Beurteilung der Wachstumsproblematik handelt es sich um eine normative Fragestellung, die zwar mit Wissen in Verbindung steht, in erster Linie aber eine Werteabwägung ist. Der Gebrauch von Begriffen aus dem metaphorischen Quellbereich Gesundheit und Krankheit wie „Wiederbelebung", „Erholung" oder „kräftige Konstitution der Wirtschaft", aber auch die Verwendung der Schlusslichtmetapher implizieren eine Werthaltung, die anderes politisches Handeln als wachstumsförderndes argumentativ ins Hintertreffen geraten lässt. Die Suche nach neuen Metaphernkonzepten erscheint als eine geeignete Strategie bei der Propagierung der Ideen der Nachhaltigkeit.

Debatin weist in einem Kapitel seiner Arbeit „Die Rationalität der Metapher", das sich mit Lakoffs und Johnsons Metapherntheorie befasst, auf einen Ansatz hin, bei dem die weibliche Selbstwahrnehmung mit metaphorischen Konzepten in Verbindung gebracht wird, die in der Gesellschaft vorherrschten. Ein solches Konzept sei die Kontrolle des Geistes über den Körper. Körperprozesse, die nicht als produktiv eingestuft würden (so etwa die weibliche Menstruation), würden über negativ bewertete Konzepte erfahren, was zu deren implizit negativer Bewertung führe. Einen Wandel dieser impliziten Wertungen könne man durch die Entwicklung alternativer metaphorischer Konzepte erreichen (Debatin 1995, 249). Anhand dieses Ansatzes zeigt sich die praktische (politische) Anwendbarkeit der Theorie von Lakoff und Johnson. Zunächst wird erkannt, dass unbewusst verinnerlichte metaphorische Konzepte für Denken und Erfahrung als nicht zu überschreitende Kategorien wirken können. Sind die metaphorischen Konzepte erkannt, kann man zu einer Neubewertung gelangen. Aufgrund der Dominanz der üblichen Metaphorik und der damit verbundenen Werthaltung ist dies allerdings kein einfaches Unterfangen.

Die Wirklichkeitssicht, nach der ökonomische Zustände als krank anzusehen sind, wenn die Wirtschaft nicht wächst, ist Ausdruck einer Ideologie, die Wachstum als wichtigstes Ziel der Politik einschätzt. Über die Interpretation, was krank ist, gibt es keinen Streit, obwohl man genauso gut behaupten könnte, dass das dauerhafte Wirtschaften oberhalb der entropischen Balance ungesund ist. Dies wäre die Position der theoretisch fundierten Wachstumskritik, die sich an der wachstumskritischen Traditionslinie seit Malthus orientiert.

Seit bald 40 Jahren gibt es eine breite öffentliche Diskussion über die ökologischen Bedingungen des menschlichen Lebens. Luhmann schrieb 1986, dass sich die Gesellschaft bezüglich der Umweltprobleme selbst alarmiert. Dabei stellte er sich die Frage, welche Möglichkeiten die Gesellschaft als soziologisch betrachtet geschlossenes System hat, über Umweltgefährdungen zu kommunizieren. Nur wenn die Kommunikation über umweltgefährdende Ereignisse fortgeführt würde, hätten die Ereignisse auch Auswirkungen in der Wirklichkeit, da die Umwelt selbst nicht mit der Gesellschaft kommunizieren kann. Nur durch die Thematisierung von Umweltthemen könnte Ökologie zu einem Bewusstseinsinhalt werden (Luhmann 1986, S. 62ff.).

Die wirtschaftliche Aktivität ist ein wichtiger Verursacher von Umweltproblemen. Wenn bei der politischen Förderung des Wirtschaftswachstums nicht differenziert wird, ist eine Entkopplung dieser Aktivität und des Umweltverbrauches nur schwer möglich. Da Kommunikation eine zentrale Rolle bei der Wahrnehmung von Umweltproblemen spielt, ist die sprachliche Auseinandersetzung auch mit der Wachstumsfrage ein wichtiges Thema. Eine sprachliche Untersuchung des politischen Wachstumsdiskurses ist ein erster Schritt zur Erfassung der alltagsweltlichen Konzeptualisierung der Wirtschaft, die Aufschluss über den Stellenwert des wirtschaftlichen Wachstums gibt. Wirtschaftswachstum, solange es einen Wertzuwachs beschreibt, ist kein Problem für die Umwelt, wohl aber dann, wenn der Wertzuwachs mit einem Mengenzuwachs gekoppelt ist. Die Sicht auf das Wachstum im politischen Diskurs ist undifferenziert und trägt somit der Komplexität des Problems nicht genug Rechnung.

Literatur

Avery, J. (1997): Progress, Poverty and Population – Re-reading Condorcet, Godwin and Malthus. London/Portland

Beckerman, W. (1974): In Defence of Economic Growth. London

Binswanger, H. C. (1991): Geld und Natur – Das wirtschaftliche Wachstum im Spannungsfeld zwischen Ökonomie und Ökologie. Stuttgart/Wien

Boulding, K. E. ([1966] 1971): The Economics of the Coming Space-Ship Earth. Wiederabgedruckt in: Glahe, F. R. (Hrsg.): Kenneth E. Boulding: Collected Papers, Volume II: Economics. Colorado, S. 381-394

BUND/Misereor (Hrsg.) (1996): Zukunftsfähiges Deutschland – Ein Beitrag zu einer global nachhaltigen Entwicklung. Basel/Boston/Berlin

Burkhardt, A. (1998): Deutsche Sprachgeschichte und politische Geschichte. In: Besch, W. et al. (Hrsg.): Sprachgeschichte – ein Handbuch zur Geschichte der deutschen Sprache und ihrer Erforschung, 2., vollständig neu bearbeitete und erweiterte Auflage, 1. Teilbd. New York (HSK 2.1), S. 98-122

Daly, H. E. (1996): Beyond Growth – The Economics of Sustainable Development. Boston, Dt.: Daly, H. E. (1999): Wirtschaft jenseits von Wachstum – Die Volkswirtschaftslehre nachhaltiger Entwicklung. Salzburg/München

Debatin, B. (1995): Die Rationalität der Metapher – Eine sprachphilosophische und kommunikationstheoretische Untersuchung. Berlin/New York

Faber, M./Manstetten, R.: Ecological Economics: concepts and methods. Proops, J. (1996): Cheltenham/Northampton

Galbraith, J. K. (1998): The Affluent Society. 40th Anniversary Edition, updated and with a new Introduction by the Author. New York/Boston

Georgescu-Roegen, N. (1971): The Entropy Law and the Economic Problem. In: Daly, H. E. (Hrsg.) (1973): Toward a Steady-State Economy. San Francisco, S. 37-49

Gibbs, R. (1994): The poetics of mind – Figurative thought, language and understanding. Cambridge/New York/Melbourne

Gowdy, J. (1994): Coevolutionary Economics: The Economy, Society and the Environment. Boston/Dordrecht/London

Jäger, S. (1999): Kritische Diskursanalyse – Eine Einführung. 2., überarbeitete und erweiterte Auflage. Duisburg

Jung, M. (1994): Öffentlichkeit und Sprachwandel: Zur Geschichte des Diskurses über Atomenergie. Opladen

Keynes, J. M. ([1930] 1972): Economic Possibilities for our Grandchildren. In: The Collected Writings of John Maynard Keynes, Volume IX. London/Basingstoke, S. 321-332

Lakoff, G./Johnson, M. (1980): Metaphors we live by. Paperback edition. Chicago

Luhmann, N. (1986): Ökologische Kommunikation – kann die Gesellschaft sich auf ökologische Gefährdungen einstellen? Opladen

Luks, F. (2001): Die Zukunft des Wachstums – Theoriegeschichte, Nachhaltigkeit und die Perspektiven einer neuen Wirtschaft. Marburg

Malthus, R. T. ([1798] 1993): An Essay on the Principle of Population – as it Affects the Future Improvement of Society, with Remarks on the Specualtions of Mr Godwin, M. Condorcet, and other Writers. Oxford/New York

Meadows, D. (1972): Die Grenzen des Wachstums – Bericht des Club of Rome zur Lage der Menschheit. Stuttgart

Mill, J. S. ([1848] 1965): Principles of Political Economy with Some of Their Applications to Social Philosophy. In: Collected Works of John Stuart Mill, Volume II und III. Toronto/Buffalo

Musolff, A. (2003): Ideological functions of metaphor: The conceptual metaphors of wealth and illness in public discourse. In: Dirven, R./Frank, R./Pütz, M. (Hrsg.) Cognitive Models in Language and Thought – Ideology, Metaphors and Meanings. Berlin/New York, S. 327-354

Pielenz, M. (1993): Argumentation und Metapher. Tübingen

Solow, R. M. (1973): Is the end of world at hand? In: Weintraub, A./Schwartz, E./Aronson, J. R. (Hrsg.): The Economic Growth Controversy. London/Basingstoke, S. 39-61

Sontag, S. ([1977] 2003): Krankheit als Metapher. Dt. von K. Kersten und C. Neubaur, München/Wien

Sprenger, R.-U. (1994): Umweltschutz und Wirtschaftswachstum – Zum Für und Wider der zentralen Thesen in einer Kontroverse ohne Ende. In: Gewerkschaftliche Monatshefte 45, S. 534-542

Steurer, R. (2002): Der Wachstumsdiskurs in Wissenschaft und Politik – Von der Wachstumseuphorie über ‚Grenzen des Wachstums' zur Nachhaltigkeit. Berlin

Wengeler, M. (1995): Der alte Streit ‚hier Marktwirtschaft, dort Planwirtschaft' ist vorbei – Ein Rückblick auf die sprachlichen Aspekte wirtschaftspolitischer Diskussionen. In: Stötzel, G./Wengeler, M. (Hrsg.): Kontroverse Begriffe – Geschichte des öffentlichen Sprachgebrauchs in der Bundesrepublik Deutschland. Berlin/New York, S. 35-91

Hauptsache Freie Zeit!

Uta Hanft

„Die Probleme sind da, und sie sind beträchtlich."

In diesem Sinne war ich, als ich erfuhr, zu den Preisträgern des Deutschen Studienpreises zu gehören, – erfreut, meine Idee der Freien Zeitversicherung einer Öffentlichkeit vorstellen zu dürfen. Ich machte mich sofort an die Arbeit, einen Vortrag zu schreiben, und wollte diesen mit der Frage beginnen: Was würde passieren, wenn alle Menschen die Möglichkeit hätten, ihren Arbeitsplatz zu kündigen?

Und da ich jetzt nicht nur meine Vorstellung von diesem Zustand beschreiben wollte, habe ich all meinen Freunden diese Frage gestellt. Doch das Ergebnis meiner Umfrage war ernüchternd. Meine Freunde winkten ab, meinten nur lapidar: Wieso? Die Möglichkeit hat doch jeder.

Ich war verwirrt und fragte mich, die Idee der Freien Zeitversicherung im Hinterkopf, warum, wenn doch jeder die Möglichkeit hat, seinen Arbeitsplatz zu kündigen, so wenige davon Gebrauch machen? Doch als ich zwei Arbeitnehmer mit gleichen Ausgangsbedingungen miteinander verglich, erkannte ich, dass derjenige, der seinen Arbeitsplatz kündigt, erst einmal keinen Anspruch auf Arbeitslosengeld hat; zudem verringert sich sein Rentenanspruch, darüber hinaus muss er die Kosten für seine Krankenversicherung tragen. All das widerfährt demjenigen, dem gekündigt wird, nicht. Ich stellte fest: Wer ganz unfreiwillig seinen Arbeitsplatz verliert, ist unter den derzeitigen Spielregeln der Gewinner, auch wenn er sich nicht als Gewinner fühlt.

Und da das Ursachen haben muss, begann ich nachzudenken. Ich gelangte zu der Auffassung, dass es sich hierbei um eine Art verdeckte Sanktion handelt, verdeckt deshalb, da diese Beschränkung der Handlungsfreiheit der Mehrheit nicht bewusst zu sein scheint: Denn wenn man, wie ich bei meinen Freunden, eine Umfrage machen würde, ließe sich mit hoher Wahrscheinlichkeit feststellen, dass der überwiegende Teil der Befragten glaubt, alle Arbeitnehmer hätten die Möglichkeit, ihren Arbeitsplatz zu kündigen. Die Mehrheit würde, so meine Hypothese, den kleinen, aber entscheidenden Unterschied übersehen, dass wir unseren Arbeitsplatz wechseln, aber nicht kündigen können. Sie übersieht ihn, weil es für die Art der Kündigung, ohne einen Arbeitsplatz in Aussicht zu haben, im Grunde gar keine Umgangssprache gibt. Die Mehrheit weiß nicht, dass die geltenden Regeln der etablierten Institutionen dieses (bisher) unerwünschte Verhalten der Arbeitnehmer verhindern.

Jetzt hat das alles einen Hintergrund, und im Vordergrund der Debatte steht ein flexibler Arbeitsmarkt. Diesem kommt bekanntermaßen in Bezug auf das Wachstum eine Schlüsselfunktion zu. Und da sich ein flexibler Arbeitsmarkt immer zulasten des einzelnen, ganz konkreten Menschen vollzieht, wurde zu Zeiten die Institution der Arbeitslosenversicherung eingeführt – eingeführt, um die Flexibilität des Arbeitsmarktes einerseits zu steigern und andererseits sozialverträglich zu gewährleisten.

Die Institution der Arbeitslosenversicherung wurde und wird paritätisch finanziert. Sie bewirkt, dass der Arbeitgeber, der nun die soziale Sicherheit des Arbeitnehmers gesichert weiß, in noch stärkerem Umfang von der Möglichkeit, diesem kündigen zu können, Gebrauch machen kann, Gebrauch machen wird, ja, angesichts des Wettbewerbs sogar Gebrauch machen muss. Damit dies aber nicht allzu oft und nicht allzu offensichtlich geschieht, mussten die gesetzlichen Kündigungsschutzbestimmungen, die ebenfalls als Institutionen zu verstehen sind, immer weiter ausgebaut werden, was wiederum die Intention der Arbeitsmarktflexibilität konterkarierte und nun wieder rückgängig gemacht werden soll. An diesem Punkt der Überlegung angelangt, stellte sich mir jedoch eine ganz andere, zweite Frage:

Schafft Wachstum Arbeitsplätze, oder schaffen Arbeitsplätze Wachstum? Sind Wachstum und die Nachfrage nach Arbeitskräften am Arbeitsmarkt zwingend aneinander gebunden? Dass wirtschaftliches Wachstum, sofern es eine bestimmte Schwelle überschreitet, Arbeitsplätze schafft, ist in der Politik eine hinlänglich verbreitete und akzeptierte Meinung. In Deutschland liegt diese Schwelle bei 2 Prozent und erzeugt damit das Problem, nämlich: dass wir für die Schaffung von Arbeitsplätzen ein Wirtschaftswachstum in einer Größenordnung brauchen, die auf unserem derzeitigen Lohn-und Wohlstandsniveau nicht erreichbar erscheint. Und daraus schließe ich, dass Wachstum kein Ausweg ist, kein Ausweg sein kann, sondern lediglich ein anerkanntes wirtschaftspolitisches Ziel darstellt, welches in der Folge von etwas näher zu bestimmenden erreicht werden kann.

Also habe ich mich gefragt: Wer schafft eigentlich Arbeitsplätze? „Staat und Unternehmen" lautet eine allseits beliebte Antwort, und diese Antwort ist zugleich eine beliebte und allseits erhobene Forderung. Staat und Unternehmen schaffen Arbeitsplätze in der Regel nur unter bestimmten, für sie günstigen Voraussetzungen. Dabei nimmt der Staat eine andere Rolle ein als die Unternehmen. Er leistet das, was Unternehmen nicht leisten können oder, aus welchen Gründen auch immer, nicht leisten wollen. Er investiert in die Bereiche Infrastruktur,

Bildung, Forschung und Entwicklung, und irgendwie entsteht daraus – so legt es die Vergangenheit uns nahe – wirtschaftliches Wachstum. Wenn jedoch die Bedingungen so geartet sind, dass weder Staat noch Unternehmen die Schaffung von Arbeitsplätzen leisten können, dann müssen die Voraussetzungen geändert werden, dann sind dafür die bestehende Institutionen zu überdenken, neue Instrumente zu finden und neue Strukturen zu errichten.

Lassen sie mich auf die eingangs erwähnte Frage zurückkommen: Wenn alle Menschen, die einen Arbeitsplatz besitzen, nicht nur das Recht, sondern auch die Möglichkeit hätten, ihren Arbeitsplatz zu kündigen, und wenn die Menschen die Möglichkeit auch in Anspruch nehmen würden, dann würde am Arbeitsmarkt, ohne dass ein einziger neuer Arbeitsplatz entsteht, die Nachfrage nach Arbeitskräften steigen.

So paradox sich das anhören mag: Es würde am Arbeitsmarkt die Nachfrage nach Arbeitskräften steigen, ohne dass Staat und Unternehmer die Arbeitsplätze schaffen würden. Es würde die Nachfrage nach Arbeitskräften steigen, wenn die Benachteiligungen, die den Arbeitnehmern entstehen, die sie derzeit daran hindern, ihren Arbeitsplatz zu kündigen, abgebaut werden würden. Und dass diese Benachteiligungen abgebaut werden können, weil jeder Arbeitsplatz angesichts der Arbeitslosenzahlen sofort wieder besetzt werden kann, ist offensichtlich.

Es ist auch offensichtlich, dass Arbeitnehmer, die ihren Arbeitsplatz kündigen können, die Verfügungsrechte über ihre Zeit und die Bedingungen, unter denen sie diese in einem Beschäftigungsverhältnis verbringen, neu verhandeln würden, dass sie ihren Einfluss am Arbeitsmarkt erhöhen würden und dass dadurch ein neues Kräfteverhältnis zwischen Arbeitgeber und Arbeitnehmer entstehen würde: Denn wenn ein Arbeitnehmer kündigen könnte, dann kann er ebenso gut eine Lohnerhöhung verlangen oder auf einer Verbesserung der Arbeitsplatzqualität bestehen. Und wenn ein Arbeitnehmer das nicht nur kann, sondern auch tut, dann hat der Arbeitgeber daraufhin drei Möglichkeiten: die Arbeitsplatzqualität zu verbessern, den Einkommensforderungen stattzugeben oder aber den Arbeitnehmer zu entlassen. Und wenn er das aufgrund des Kündigungsschutzes nicht kann, dann entlässt sich der Arbeitnehmer eben selbst und setzt dadurch einen Arbeitsplatz frei. Er schafft also einen Arbeitsplatz, und das ganz unabhängig vom Wachstum.

Und so möchte ich auch die Frage, ob Wachstum Arbeitplätze oder Arbeitsplätze Wachstum schaffen, beantworten: Wenn der Arbeitgeber die Forderung des Arbeitnehmers erfüllt, die Arbeitsplatzqualität verbessert oder das Einkommen erhöht, dann steigt dadurch nicht nur die Arbeitsmotivation, sondern auch das Bruttoinlandsprodukt. Wenn andernfalls die Arbeitnehmer durch Kündigung Arbeitsplätze freisetzen, dann steigt dadurch am Arbeitsmarkt die Nachfrage nach Arbeitskräften. Wenn die Nachfrage nach Arbeitskräften steigt, dann entsteht das Gefühl, es gibt wieder Arbeitsplätze. Dann wird eine positive Erwartung geweckt; und eine positive Erwartung kann Wachstum initiieren.

Lassen Sie mich das Gesagte zusammenfassen: Wenn die verdeckten Sanktionen, die die Arbeitnehmer derzeit daran hindern, ihre Forderungen an den Arbeitgeber zu stellen, aufgehoben werden würden, dann wäre die Institution Arbeitslosenversicherung ein Instrument, zugunsten von Einkommenssteigerungen, zugunsten von Arbeitsplatzqualität und Arbeitsmotivation, zugunsten der Balance aus Arbeit und Leben insgesamt. Sie wäre auch ein Instrument, mit dem sich Arbeit effektiv umverteilen und die Flexibilität des Arbeitsmarktes erhöhen ließe.

Ich gelange also zu dem Schluss, dass Arbeitsplätze, die freiwillig freigesetzt werden können und freiwillig freigesetzt werden würden, Wachstum schaffen.

Dennoch, als ich meinen Freunden diese Aspekte erläuterte, ihnen erklärte, dass sich Deutschland mit seiner Produktivität eine unvergleichbar hohe Arbeitslosigkeit leisten kann – was besonders im Osten der Republik nicht von der Hand zu weisen ist – und wir nicht einen einzigen Arbeitsplatz brauchen, nur das Gefühl, es gäbe Arbeitsplätze. Meine Freunde blieben skeptisch und der Meinung, dass trotzdem keiner kündigen würde. Und sie sagten, es würde schon aus dem Grund nicht geschehen, weil erstens niemand ein Arbeitsloser sein möchte und man zweitens ja nicht weiß, ob man einen besseren oder überhaupt wieder einen Arbeitsplatz erlangen kann.

Das waren Probleme, mit denen ich mich in Hinblick auf die Idee der Freien Zeitversicherung durchaus konfrontiert hatte. Für letzteres Problem, dafür, es den Menschen so einfach wie möglich zu machen, nach einer Auszeit einen neuen Arbeitsplatz zu finden, überlegte ich mir eine privatisierte und steuerfinanzierte Arbeitsplatzvermittlung. Ich überlegte mir, dass es wohl sinnvoll wäre, wenn es Unternehmen gäbe, die ein wirtschaftliches Interesse daran haben, Menschen in Arbeit zu bringen, und das zu bestmöglichen Konditionen. Ich stellte mir vor, dass diese Unternehmen im Wettbewerb zueinander stehen sollten, da es ganz sicher eine positive Wirkung auf die Menschen hat, wenn ihnen in Anzeigen und auf Werbeplakaten signalisiert werden würde, dass da jemand ist, der sich für ihre Belange einsetzt.

Jetzt ist die Idee einer privatisierten, steuerfinanzierten Arbeitsplatzvermittlung nun mitnichten neu, aber notwendig. Sie ist ein entscheidender Baustein dafür, dass das Gefühl erzeugt wird, dass es wieder möglich ist, einen Arbeitsplatz zu erlangen. Und wenn es genügend Arbeitsplätze gäbe, die zu vermitteln wären, dann hätte der Sektor der Arbeitsplatzvermittlung ein erhebliches Wachstumspotenzial. Da es diese Arbeitsplätze jedoch bisher noch nicht gibt und Staat und Unternehmen sie nicht schaffen können oder wollen, sollten diese Arbeitsplätze – so eben mein Gedanke – dadurch entstehen, dass sie von den Arbeitnehmern freigesetzt werden.

Jetzt hatten wir ja das Problem, dass keiner arbeitslos sein möchte und dass darum die Arbeitsplätze, die vermittelt werden könnten, nicht freigesetzt werden würden. Also musste ich mir auch für dieses Problem eine Lösung überlegen. Lassen Sie mich so beginnen: Ohne Sprache gibt es keine Ideen, kann es keine Ideen geben. Ideen sind immer an eine Sprache ge- und mit Begriffen verbunden. Diese Begriffe folgen wiederum einer Funktion. Sie folgen der Funktion, die sie haben und die man ihnen gibt. Unter dieser Betrachtung gehe ich davon aus, dass der Begriff der Arbeitslosigkeit eine bestimmte Funktion hat. Er hat die Funktion der Ausgrenzung. Er stigmatisiert. Er kennzeichnet die Verlierer. Er hat den zweifelhaften Nutzen, dass er diejenigen umso mehr zu Gewinnern macht, je mehr die Verlierer Verlierer sind. Aus diesem Grund bin ich zu dem Schluss gelangt:

Wir dürfen die Arbeitslosigkeit nicht akzeptieren. Wir müssen die Arbeitslosigkeit abschaffen. Wir können die Arbeitslosigkeit nur durch die Abschaffung der Arbeitslosigkeit abschaffen. Und weil ich das wortwörtlich meine, habe ich die Arbeitslosigkeit in „Freie Zeit zum Lernen und Leben" verwandelt. Ich habe festgestellt: Der Mangel an Arbeit ist weniger eine Not als eine Notwendigkeit. Der Mangel an Arbeit ist eine Herausforderung und eine Grundbedingung für meine Idee.

Doch wie ist diese Idee entstanden: In Deutschland besteht die Sozialversicherungspflicht für etwas, das keiner sein möchte: Rentner, arbeitslos. Es besteht die Versicherungspflicht für etwas, das man freiwillig und selbstbestimmt nicht erreichen kann, und es besteht die Versicherungspflicht für etwas, was mittlerweile noch nicht einmal hinreichend Sicherheit verspricht.

Dennoch: Unser Sozial- und auch unser Steuersystem insgesamt infrage zu stellen, liegt mir fern. Vielmehr meine ich, dass diese Institutionen vor allem den veränderten Bedürfnissen der Menschen und den wirtschaftlichen Erfordernissen der Zeit angepasst werden müssen, dass es dabei ganz gut wäre, wenn der Nutzen weniger kollektiver Natur, jedoch für möglichst viele Menschen möglichst groß ist, wenn diese Instrumente zudem ein wenig flexibler daherkämen, sie den Menschen mehr individuellen Gestaltungsspielraum eröffneten und vermögend wären, den Wirtschaftsfaktor Zeit zu integrieren.

Lassen Sie mich auf den Wirtschaftsfaktor Zeit zu sprechen kommen: Zeit beinhaltet die Möglichkeit, etwas zu verbessern. Darum betrachte ich Zeit nicht nur als eine Ressource für Qualität und Nachhaltigkeit, sondern vor allem als das individuelle Eigentum von Menschen. Das Verfügungsrecht über die eigene Zeit kann durch Transaktionen, welche am Arbeitsmarkt stattfinden, an die Arbeitgeber übertragen werden. Das geschieht, ohne dass man es merkt, unter Mitwirkung der jeweils geltenden Eigentumsordnung.

Doch wenn wir auf der einen Seite 4.000.000 Menschen ohne Arbeit – und damit ohne soziale Verdienst- und wirtschaftliche Einkommensmöglichkeit – mit einem Zuviel an Zeit – wohlgemerkt an Zeit, die sie nicht freiheitlich, sondern nur in streng reglementierter Form nutzen dürfen – gibt und auf der anderen Seite die Zahl der Menschen wächst, die unter einem permanenten Zeitdruck stehen und die nicht selten das Gefühl beschleicht, ihnen sei die Souveränität über ihre Zeit verloren gegangen, dann hat das den Anschein, als wäre das durch die Eigentumsordnung verbriefte Verfügungsrecht über die eigene Zeit in eine Schieflage geraten, als würden die für das Wirtschaftswachstum notwendigen Tauschvorgänge nicht in hinreichendem Maße zustande kommen, als wäre die Ressource Zeit am Arbeitsmarkt ungerecht und unangemessen verteilt und die Ressource Zeit nicht nur unter sozialen Gesichtspunkten, sondern auch unter dem volkswirtschaftlichen Strich schlecht genutzt.

Doch wie kann man die Ressource Zeit besser nutzen; vor allem, was ist angemessen, was ist gerecht? Kann es vollkommene Gerechtigkeit geben? Oder besteht Gerechtigkeit nicht vielmehr und im Grunde nur darin, dass ich die Wahl habe? Und wann habe ich die Wahl? Ich habe die Wahl, wenn das, was ich wähle, zu gleich guten Ergebnissen führt. Und es führt zu gleich guten Ergebnissen, wenn sich meine Erwartungen, wenn sich die Erwartungen, die ich an eine Entscheidung knüpfe, erfüllen.

Und da wir nicht nur in Bezug auf unsere Erwartung, sondern auch in Bezug auf Zeit aufeinander angewiesen sind, habe ich mir überlegt: Es wäre sinnvoll, eine Art Zeitgerechtigkeit ein- und diese mit der Logik des Geldes herbeizuführen. Das war mein Anspruch. Es war mein Anspruch, ein System zu entwickeln, in dem Freie Zeit als Wert qualifiziert wird, in dem der Wert der Zeit quantifiziert wird, in dem Zeit Geld ist, aber dennoch Kooperation Einlass in die Entscheidungsmenge findet.

Der erste Gedanke, den ich dafür hatte, war die Bündelung von Arbeitslosen- und Rentenversicherung zu einer Freien Zeitversicherung. Bei diesem System der Sozialversicherung sollten die Versicherten nicht mehr nur einen Leistungsanspruch bei festgelegter Bedürftigkeit haben, sondern bei Bedarf. Sie sollten ihren Verfügungsanspruch einlösen können: zu jedem selbstbestimmten Zeitpunkt, zu jedem selbstbestimmten Zweck. Die Versicherten sollten ganz individuell entscheiden können, wozu sie ihre Beiträge nutzen, und dabei noch nicht einmal Gründe benennen müssen.

Ich rechnete also meinen Freunden vor, dass Arbeitslosen- und Rentenversicherung im Grunde die gleiche Aufgabe erfüllen, nur zu unterschiedlicher Zeit. Wie hoch das Einsparungspotenzial sein würde, wenn man die beiden Institutionen vereinheitlichte und wenn man ganz ohne bürokratischen Aufwand seinen Anspruch auf Freie(s) Zeit und Geld geltend machen kann. Dann, so kalkulierte ich, würde sich nicht nur ein immenser Verwaltungsapparat erübrigen. Es entfiele auch der gesamte Kontrollaufwand, der derzeit für die Absicherung der erwerbslosen Zeit notwendig ist. Und um die ganze Sache meinen Freunden schmackhaft zu machen, hob ich noch hervor, dass hier ein erhebliches Zeitkontingent schlummert, welches erschlossen werden würde und der Lebensqualität der Versicherten zugutekommen könnte. Und als Beispiel benannte ich die Situation, wenn einem Freie-Zeit-versicherten Arbeitnehmer nun doch einmal gekündigt wird, bräuchte er sich nicht mehr beim Arbeitsamt zu melden: keine Formulare auszufüllen und keine Nummer zu ziehen, und erwog in diesem Zusammenhang auch den Vorteil der privatisierten, steuerfinanzierten Arbeitsplatzvermittlung, die den unbeschäftigten Freie-Zeit-Nehmer nach Ablauf seiner Freien Zeit bei seiner Arbeitssuche unterstützen würde.

Doch erschien mir im Laufe meiner Überlegung die Zusammenlegung von Arbeitslosen- und Rentenversicherung doch zehn Schritte zu weit gedacht, und auch meine Freunde mahnten mit Lobbyisten und Bedenkenträgern. Und so fragte ich mich, ob man die Freie-Zeit-Versicherung nicht als Produkt konzipieren sollte und etablieren könnte. Ob man sie nicht besser zu einem Angebot formt, welches vonseiten der Rentenversicherungsträger den Menschen als Alternative zu dem bestehenden Sozialsystem offeriert wird. Ich dachte mir, wenn Markt- und Wettbewerbserfolge ein Indikator für Nutzen sind, so ist Wettbewerb auch für die Sozialversicherung nicht nur wünschenswert, sondern ein Mittel, mit dem sich der Übergang in ein neues Sozialsystem behutsam und vor allem demokratisch gestalten ließe.

Ferner dachte ich mir, wenn das System der Freien-Zeit-Versicherung als Produkt entworfen wird, wenn dieses Produkt sich in Konkurrenz zum bestehenden Sozialsystem durchsetzen müsste und nicht per Gesetz verordnet würde, dann bedürfte es dafür noch nicht einmal langwieriger parlamentarischer Debatten um politische Zustimmung; es genügte sozusagen die Legitimation des Marktes. Doch um diese Legitimation zu erreichen, braucht ein Produkt vornehmlich eins: gute Produkteigenschaften. Und ob ein Produkt gute und bessere Eigenschaften besitzt als ein anderes, das lässt sich wiederum erdenken, errechnen und durch Marktanalyse erfragen.

Als ich jedoch meinen Freunden den Kern meiner Idee – das Freie-Zeit-Versicherungskonto – erläutern wollte, hielten mir diese Ungläubigen doch gleich das Überstundenkonto entgegen. Ich musste also wieder einlenken, musste mich fragen, warum Zeit nicht schon früher mittels des Geldes quantifiziert wurde. Und mir schwante, dass es für eine Idee nicht nur der Idee bedarf, sondern auch der technischen Voraussetzungen. Es leuchtete meinen Freunden ein, dass es noch vor wenigen Jahren das technische Medium – das Internet – nicht gab, das heute aus dem Alltag der Menschen nicht mehr wegzudenken ist. Und so, dachte ich mir, ist es nur recht und billig, wenn in Zeiten von Ebay, Amazon und Co. die Versicherten via Internet auf ihr Freie-Zeit-Versicherungskonto Zugriff haben.

Das Internet ist also für die Einführung der Freie-Zeitversicherung existenziell. Existenziell ist auch die symbolische Wirkung der Zahl, die damit beginnt, dass auf dem Freie-Zeit-Versicherungskonto dem Versicherten seine bisher gezahlten Rentenbeiträge und sein derzeitiger Anspruch auf Arbeitslosengeld gutgeschrieben werden. Das ergibt dann eine recht hübsche Summe, die dem Versicherten ganz nach Belieben zur Verfügung steht und die er sich seinen Bedürfnissen entsprechend einteilen kann.

Durch Regler kann er zum Beispiel seine Rente festlegen. Genügt ihm eine geringe Rente, weil er anderweitig vorgesorgt hat, kann er sie eigenmächtig kürzen. Dadurch erhöht sich wiederum sein monatlicher Anspruch auf Freie-Zeit-Geld. Ist der Versicherte der Meinung, dieser ist ihm zu hoch, so viel Geld braucht er im Monat nicht, so kann er die Auszahlungshöhe verringern und dadurch den Auszahlungszeitraum verlängern: Auszahlungshöhe steht also immer in Abhängigkeit zur Auszahlungsdauer und im Verhältnis zum angesparten Freie-Zeit-Guthaben.

Jetzt gibt es da eine Menge Logarithmen, die bewirken, dass nur ein Mal im Monat und nur ein bestimmter Teil des Guthabens in Anspruch genommen werden kann. Diese Logarithmen werden aber nicht mehr als Sanktionen verstanden, sind vielmehr so ausgelegt, dass immer jemand bei der Entscheidung des Versicherten davon profitiert, dass dieser seinen Nutzen maximiert.

Nun verstanden meine Freunde gar nichts mehr: ein System, in dem jeder seinen Nutzen maximiert, jeder profitiert und keiner verliert? Jedoch beharrte ich darauf und erklärte ihnen, dass Nutzen nicht gleich Gewinn ist, dass Nutzen auch in dem Gefühl der Sicherheit bestehen kann. Ich verwies darauf, dass die Menschen im Hinblick auf die Zukunft ihre Entscheidungen im Spannungsfeld aus Risikovermeidung und Gewinnmaximierung treffen.

Ich versuchte, meinen Freunden zu verdeutlichen, dass die Energie, die dieses Spannungsfeld hervorbringt, für Staat, Wirtschaft, Gesellschaft und dadurch nutzbar gemacht werden kann, indem das Freie-Zeit-Versicherungssystem mit dem Steuersystem verbunden wird, weil dadurch ein Gesamtsystem wechselseitiger Abhängigkeiten entsteht.

Dieses System wechselseitiger Abhängigkeiten versuchte ich, meinen Freunden plausibel zu machen. Ich skizzierte ihnen, wie man ein vorsteuerwirksames Versicherungssystem gestalten könnte, dass es sich mithilfe des Freie-Zeit-Versicherungskontos umsetzen ließe und wie durch ein ausgeklügeltes System Einzelinteressen mit gesamtwirtschaftlichen Zielen verknüpft werden würden. Ich erläuterte, dass der Versicherte durch das Freie-Zeit-Versicherungskonto die Möglichkeit hat, sich in Hinblick auf die Verwendung seines Einkommens zwischen zwei Alternativen zu entscheiden: Er kann a) seine Nettoauszahlung erhöhen oder b) sein Bedürfnis nach sozialer Absicherung befriedigen. Ersteres geht mit der Erhöhung, Letzteres mit der Verringerung des individuellen sozialen Risikos einher.

Ich verwahrte mich dagegen, die Freie-Zeit-Versicherung mit der kapitalgedeckten Riester-Rente zu vergleichen, und bestand darauf, dass die Freie-Zeit-Versicherung umlagefinanziert sein müsse, schon allein deshalb, weil es sich um ein Produkt der Rentenversicherungsträger handelt. Staat und Rentenversicherungsträger betrachte ich als Dienstleister, die mit dem Freie-Zeit-Versicherungskonto den Versicherten ein Instrument zur Verfügung stellen, welches im Vergleich zur althergebrachten Arbeitslosen- und Rentenversicherung die Entscheidungsmenge der Versicherten erheblich erweitert und mit dem sie in die Lage versetzt werden, entsprechend ihrer Bedürfnisse die Höhe des Versicherungsbeitrags zu bestimmen oder aber auf das angesparte Freie-Zeit-Versicherungsguthaben zurückzugreifen.

Um jedoch diese Dienstleistung nutzen zu können, müssen die Versicherten den (wahrscheinlich) im Rahmen des Sozialgesetzbuches festgelegten Vertragsbedingungen zustimmen. Diese bestehen unter anderem darin, dass ihr Renteneintrittsalter heraufgesetzt wird, dass für sie spezielle Kündigungsschutzbestimmungen gelten und sie verpflichtet sind, am System der gesetzlichen Krankenversicherung teilzunehmen, welches eigens für die Freie-Zeit-Versicherung entwickelt wurde.

Darüber hinaus wird von den Versicherten das Einverständnis abverlangt, dass sie sich selbst verwalten. Der Verwaltungsaufwand ist für die Versicherten jedoch überschaubar und besteht im Grunde nur darin, die Höhe des vorsteuerwirksamen Freie-Zeit-Versicherungsbeitrags bzw. die Höhe des benötigten Freie-Zeit-Geldes festzulegen. Große Teile der Selbstverwaltung werden von der Systemsoftware des Freie-Zeit-Versicherungskontos übernommen, welche so leicht zu handhaben ist wie die eines i-Pods.

Technisch funktioniert das Freie-Zeit-Versicherungskonto – und das ist der Clou – wie unser Herz durch zwei Kammern. Diese Kammern sind freilich nur virtuell, wirken aber in vergleichbarer Weise. In die erste Kammer fließt der vom Arbeitgeber angewiesene Bruttolohn. Ist dieser dort angelangt, wird, ausgehend von der Gesamtsumme der in einem Monat verzeichneten Eingänge, vom Versicherten zunächst die Höhe des Freie-Zeit-Versicherungsbeitrags festgelegt. Dieser Beitrag verbleibt beim Versicherungsträger in der Kontokammer II des Freie-Zeit-Versicherungskontos und addiert sich hier zum Freie-Zeit-Guthaben. Nachdem der Versicherte die Höhe seines Freie-Zeit-Versicherungsbeitrags festgelegt hat, wird daraus der Einkommensteuersatz und -beitrag ermittelt und an das jeweilige Finanzamt weitergeleitet. Nach Abzug von Freie-Zeit-Versicherungsbeitrag und Steuern berechnet sich der Krankenversicherungsbeitrag, der an die jeweilige gesetzliche Krankenkasse geht. Der verbleibende Betrag wird hiernach automatisch auf das Privatkonto des Freie Zeitversicherten überwiesen.

Möchte nun der Versicherte zu einem späteren Zeitpunkt einen Teil des Guthabens aus der Kontokammer II in Anspruch nehmen, so überweist er diesen zurück in die erste Kammer des Freie-Zeit-Versicherungskontos, wo er wiederum als Bruttoeinkommen behandelt wird und sich die eben beschriebene Prozedur in gleicher Weise wiederholt.

Als Bemessungsgrundlage für den zu ermittelnden Steuersatz und den zu zahlenden Steuerbetrag dient ein Freie-Zeit-Versicherungsbeitrag von 25 Prozent des Bruttogesamteinkommens. Dieser befriedigt ein mittleres Sicherheitsbedürfnis. Er kann bei einem höheren Sicherheitsbedürfnis auf bis zu 50 Prozent des monatlichen Einkommens erhöht bzw. bei Bedarf oder einem geringen Sicherheitsbedürfnis bis auf 0 Prozent des monatlichen Einkommens gesenkt werden. Ausgehend vom mittleren FZV-Beitrag werden sowohl Erhöhung als auch Senkung des FZV-Beitrags steuerwirksam.

Das bedeutet, dass bei dem System der Freie-Zeit-Versicherung die Unterscheidung in Gering- und Besserverdienende aufgehoben wird. Beide haben sie die Möglichkeiten, den festgelegten Ausgangswert entsprechend ihrer individuellen Bedürfnisse und innerhalb einer bestimmten Bandbreite vorsteuerwirksam zu verändern, das heißt: zu erhöhen oder zu senken. Aufgrund der Steuerprogression verändert sich bei einer Erhöhung bzw. Senkung des Ausgangswertes nicht nur der Steuerbetrag, sondern auch der Steuersatz. Wer also ein geringeres Sicherheitsbedürfnis hat und bestrebt ist, die Nettoauszahlung seines Bruttogesamteinkommens zu erhöhen, der zahlt mehr Steuern, kann aber auch im Rahmen der Steuererklärung und der geltenden Einkommensteuergesetze Ausgaben und Investitionen, die er im Verlauf des Jahres getätigt hat, rückwirkend geltend machen.

Jedem Versicherten wird ein Steuerfreibetrag von 1.000 Euro eingeräumt. Dieser Freibetrag wird nicht (nur und) wie bisher erst in der Steuererklärung am Jahresende dem Steuerpflichtigen angerechnet, sondern ist monatlich wirksam. Der Steuerfreibetrag kann unter verschiedenen Einkommensverhältnissen bewirken, dass keine Steuern gezahlt werden müssen. Dies ist vor allem für Geringverdienende relevant.

Die Freie-Zeit-Versicherung ist eine Institution und als solche als ein Anreizsystem zu verstehen. Wenn der Versicherte über Einkommen verfügt, so fordert es ihn mithilfe des Steuersystems auf, Freie-Zeit-Guthaben anzusparen. Verringert sich das Einkommen des Versicherten, oder hat er gar kein Einkommen mehr, so begünstigt das System die Inanspruchnahme des Guthabens, da in diesem Fall der Steuerfreibetrag erneut wirksam wird. Das bedeutet: Je häufiger man das Guthaben beansprucht, desto wirksamer ist der Steuerfreibetrag. Dabei ist zu beachten, dass man das Guthaben häufiger in Anspruch nehmen kann, je kleiner der Betrag ist, den man sich zum Zwecke der Auszahlung von der zweiten in die erste Kontokammer anweist. Das gilt freilich nur, wenn man über kein oder nur über ein sehr geringes Einkommen verfügt. Verfügt der Versicherte allerdings über ein hinreichend hohes Einkommen, beabsichtigt aber dennoch – auch das ist möglich –, aus welchen Gründen auch immer, einen Teil des Guthabens in Anspruch zu nehmen, so erhöht sich das Vorsteuereinkommen nicht nur dadurch, dass in diesem Fall der Beitrag zur Freien Zeitversicherung reduziert werden muss, sondern auch um den in Anspruch genommenen Betrag des Freie-Zeit-Versicherungsguthabens. Durch dieses Verhalten lässt sich zwar die Nettoauszahlung erhöhen; im anteiligen Verhältnis zum Bruttogesamteinkommen verringert sie sich jedoch.

Damit man sich das bildlich vorstellen kann: Das System der Freien Zeitversicherung arbeitet gewissermaßen wie unser Herz-Kreislauf-System – jeden Monat nach dem gleichen Prinzip. Und wie auch unser Herz hat das Freie-Zeit-Versicherungskonto die Aufgabe, die Zirkulation des Wirtschaftskreislaufes zu aktivieren und selbsttätig zu regulieren. Diese Institution versteht sich gewissermaßen als Umwälzungsanlage, die den einzelnen Versicherten effektiv in den Wirtschaftskreislauf einbindet und deren Funktionsweise darauf beruht, dass es attraktive Anreize gibt, deren Aufgabe es wiederum ist, die Allokation am Arbeitsmarkt zu verändern.

Was nun wieder unter einer Allokation zu verstehen ist, fragten sich und mich meine Freunde. Und so versuchte ich ihnen zu erläutern, dass in diesem Zusammenhang eine Allokation das Produkt aus Institutionen und dem Verhalten der Subjekte ist und unter diesem Begriff in der Regel das erreichte oder angestrebte Ergebnis einer Verteilung der verfügbaren, mehr oder minder stark begrenzt vorhandenen Produktionsfaktoren einer Volkswirtschaft auf unterschiedliche Verwendungszwecke verstanden wird. Da alle Produktionsfaktoren (Maschinen, Rohstoffe, Arbeitskraft), um sie zur Erzielung von Gewinnen oder für die Vermeidung von Verlusten (vor allem von denen, die die Wohlfahrt betreffen) nutzen zu können, Kosten verursachen, ist eine möglichst optimale Allokation, d.h. ihr bestmöglicher Einsatz, anzustreben.

In einer Marktwirtschaft wird die Allokation durch flexible und anpassungsfähige Märkte gesteuert. Dabei fällt dem Preis in seiner Anreizwirkung Allokations-, also Verteilungsfunktion zu. Da aber der Preis in nicht unerheblichem Maße von formlosen und formgebundenen Institutionen beeinflusst wird, sind es vor allem die Institutionen, die eine bestimmte (im Sinne vorgegebener Zielvorstellungen effiziente oder ineffiziente) Allokation hervorrufen. Im Hinblick auf die Anreizwirkung von Steuern führen diese ebenso wie die Beiträge zur Sozialversicherung, die ebenfalls als von Menschen erschaffene Institutionen und die

Gewinnmöglichkeit einer wirtschaftlichen Aktivität beeinflussende Einrichtungen zu verstehen sind, zu einer bestimmten Allokation. Desgleichen werden aber auch durch die Inanspruchnahme von institutionell zugesicherten Sozialversicherungsleistungen Allokationen erreicht.

Es ist bekannt, dass die Veränderung von Institutionen zur Veränderung der Nutzung von Ressourcen, ganz allgemein zu Präferenz- und Verhaltensänderungen führt. Dies wird zumindest in der vor allem von R. H. Coase und J. Buchanan in den 1960er-Jahren entwickelten Theorie der Eigentumsrechte unterstellt und wurde von D. C. North in seine Theorie der Institutionen und des institutionellen Wandels übernommen. Coase, Buchanan und North gingen hierbei von der Annahme aus, dass die Ausgestaltung der Eigentumsrechte die Nutzung und Allokation ökonomischer Ressourcen in spezifischer Weise beeinflusst, und der Frage nach, wie Institutionen gestaltet werden müssen, damit erwünschte Ergebnisse erzielt werden (können).

Doch welche Allokation, welches Ergebnis soll mit der Umwandlung von Renten- und Arbeitslosenversicherung in eine Freie-Zeit-Versicherung erreicht werden, fragten meine Freunde. Und ich antwortete, dass meine Hoffnung vor allem darin besteht, dass sich durch die Möglichkeit, Freie Zeit in Anspruch zu nehmen, am Arbeitsmarkt eine Rotation, oder besser, eine rotierende Allokation einsetzt, mit der Arbeit effizient umverteilt und Arbeitslosigkeit reduziert werden kann. Das wird alles seine Zeit brauchen, weil die erhoffte Rotation nur allmählich zunehmen und dadurch angetrieben werden wird, dass die Menschen langsam wieder Vertrauen in die Institution und die Zukunft gewinnen. Dabei wird die Zuversicht zunächst von den Menschen ausgehen, die sich aus freien Stücken für ihre Freie Zeit entscheiden, sich bei denen fortsetzen, die mittelfristig beabsichtigten, ihre Freie Zeit in Anspruch zu nehmen. Diejenigen, bei denen sich durch die Verbesserung ihrer Verhandlungsposition eine Verbesserung ihrer bestehenden Arbeitssituation abzeichnet, werden sich dem allgemeinen Optimismus anschließen, der nicht zuletzt durch diejenigen Verbreitung findet, die, obwohl sie schon lange nicht mehr daran geglaubt haben, wieder einen Arbeitsplatz erlangen konnten. Aus dieser positiven Grundstimmung heraus wird sich die Konsumbereitschaft der Menschen erhöhen und gleichzeitig die Gewinnerwartung der Unternehmen anziehen, was bekanntermaßen nicht nur zu einer Erhöhung der Investitionen führt, sondern auch zu einer Steigerung der Nachfrage nach Arbeitskräften.

Gegenüber meinen Freunden ging ich sogar noch einen Schritt weiter, denn ich behauptete, dass mir, unter der Voraussetzung, dass dem Arbeitsmarkt durch die Freie-Zeit-Versicherung ein Teil der Erwerbsfähigen nicht mehr, zumindest temporär, zur Verfügung steht, sich also die Allokation am Arbeitsmarkt ändert, selbst Vollbeschäftigung nicht mehr abwegig erscheint. Ob meine Freunde mir in

Bezug auf die Vollbeschäftigung zustimmten, weiß ich nicht. Sie sagten ein diese Frage offenlassendes „Na dann ..." und wünschten mir noch viel Glück beim Deutschen Studienpreis. Und ich dachte, als ich zum Ende meines Vortrags gelangte: Auch wenn die Probleme beträchtlich sind, neu sind sie nicht. Ich schloss meinen Vortrag mit dem Resümee, dass, auch wenn die Probleme beträchtlich sind, sie sich mit Hilfe von Institutionen überwinden lassen, und bedankte mich für die mir zuteilgewordene Aufmerksamkeit.

Wie bedeutend sind relative Präferenzen für die Lebenszufriedenheit?

Peter Schwarz

1 Einleitung

Die zusätzliche Last der Wiedervereinigung sowie eine Fülle weiterer Faktoren hat Deutschland in den 90er-Jahren zum Wachstumsschlusslicht in Europa werden lassen. Die vorliegende Arbeit stellt nicht die Frage, wie man wieder zu höheren Wachstumsraten gelangt (stellvertretend für viele: Sachverständigenrat, 2002). Stattdessen soll untersucht werden, inwiefern (wirtschaftlicher) Wohlstand überhaupt ein erstrebenswertes Ziel ist. Hohe Wachstumsraten sind dann ein sinnvolles Ziel, wenn die Wohlfahrt der Menschen mit steigendem Einkommen zunimmt. In dieser Arbeit soll mithilfe von Mikrodaten gezeigt werden, dass ein hohes Einkommen tatsächlich Menschen behilflich ist, ihre Lebensvorstellungen[1] zu realisieren. Absolute Präferenzen leisten daher einen Beitrag zur Erklärung des Wohlbefindens eines Menschen.

Dagegen ist der Zusammenhang zwischen relativen Präferenzen und dem Wohlergehen von Menschen ein Feld, welches von Ökonomen bisher selten analysiert wurde. Eine frühe Ausnahme bildet Veblen (1898), der hierzu den Begriff „conspicious consumption" geprägt hat. Volkswirte unterstellen, dass mit steigendem Einkommen die Wohlfahrt eines Menschen zunimmt, da man mehr Optionen hat, seine Bedürfnisse zu realisieren. Implizite Annahme bei einer solchen Betrachtung ist jedoch, dass der Einzelne nur seine eigenen Konsummöglichkeiten berücksichtigt. Interdependenzen in der Nutzenfunktion sind unter dieser Sichtweise nicht zugelassen. Unter relativen Präferenzen ist das Wohlbefinden eines Menschen dagegen nicht unabhängig von dem anderer Menschen. Die Wohlfahrt anderer Menschen kann sowohl einen positiven als auch einen negativen Einfluss auf die Lebenszufriedenheit ausüben. Wenn die erste Ableitung der Nutzenfunktion negativ ist, so verfügt ein Mensch über Positionspräferenzen (Kirchsteiger 1994; Konrad 2004).

---

[1] Die Begriffe Lebenszufriedenheit, Realisierung von Lebensvorstellungen und Wohlbefinden werden synonym verwendet.

Experimentelle Arbeiten, die sich mit relativen Präferenzen befassen, kommen ausnahmslos zu dem Schluss, dass diese ein omnipräsentes Phänomen menschlicher Existenz sind (ein Überblick findet sich bei: Camerer/Thaler 1995). Die Studien zeigen, dass Menschen in Ultimatum-Spielen sich nicht im Einklang mit der ökonomischen Theorie verhalten. In diesen Spielen muss ein vorgegebener Betrag (z.b. 10 $) auf zwei Spieler aufgeteilt werden. Spieler 1 macht zuerst bzgl. der Aufteilung einen Vorschlag. Diesen Vorschlag kann Spieler 2 annehmen oder ablehnen. Bei einer Ablehnung verfällt der „Kuchen". Aussage der ökonomischen Theorie ist, dass Spieler 1 dem zweiten Spieler die kleinstmögliche Geldeinheit anbieten wird, um sicherzugehen, dass Spieler 2 zustimmt. In den Experimenten werden dagegen oftmals 30 Prozent, manchmal sogar 50 Prozent des „Kuchens" geboten. Selbst eine Aufteilung von 70:30 wird jedoch manchmal vom zweiten Spieler abgelehnt. Dass dieses Verhalten nicht (vollständig) auf eine Fairnessnorm zurückgeführt werden kann, wird deutlich, wenn man die Ergebnisse von Ultimatum-Spielen mit Diktator-Spielen vergleicht. Bei Letzterem ist die Spielsituation identisch zu Ultimatum-Spielen, außer dass Spieler 2 nicht mehr zum Zug kommt. Dadurch, dass Spieler 1 nicht mehr eine Ablehnung befürchten muss, kann man stärker zwischen Neid und Altruismus diskriminieren. Da die Angebote bei Diktator-Spielen signifikant niedriger sind, ist das Verhalten von Spieler 1 bei Ultimatum-Spielen weniger ein Indiz für eine altruistische Gesinnung als vielmehr Ausdruck der Sorge um den Neid des zweiten Spielers.

Den wahrscheinlich klarsten Nachweis für relative Präferenzen geben Solnick und Hemenway (1998). In ihrer Befragung von 257 Studenten und Wissenschaftlern wollten mehr als die Hälfte der Befragten lieber ein relativ hohes Einkommen oder einen relativ hohen IQ im Vergleich zu einem absolut höheren IQ und Einkommen. Ob man „mehr hat als andere", scheint demnach genauso wichtig zu sein wie die Frage, „wie viel man hat". Die Autoren untersuchen jedoch nicht, wie sich relative Präferenzen auf die Lebenszufriedenheit eines Menschen auswirken. Seit den späten 90er-Jahren interessieren sich jedoch zunehmend auch Ökonomen für die Determinanten des Wohlbefindens (einen Überblick über die Untersuchungen von Volkswirten geben: Frey/Stutzer 2002; und zu psychologischen Arbeiten: Kahneman et. al. 1999). Ziel dieser Arbeit ist es aufzuzeigen, dass relative Präferenzen für die Wohlfahrt eines Menschen nicht unbedeutender als absolute Präferenzen sind.

Die Arbeit ist wie folgt aufgebaut: Im zweiten Abschnitt wird ein knapper Überblick über die Formen interdependenter Nutzenfunktionen und ihren Einfluss auf das Wohlbefinden gegeben. Abschnitt 3 diskutiert die Methodik, während in Kapitel 4 die Ergebnisse der Untersuchung wiedergegeben werden. Kapitel 5 zeigt auf, dass es sich bei relativen Präferenzen eher um positionale

Präferenzen statt eine Fairnessnorm handeln dürfte. Der Schlussteil fasst die Ergebnisse nochmals zusammen.

2 Wohlstand und relative Präferenzen

Steigert wirtschaftlicher Wohlstand das Wohlbefinden der Menschen? Diese Frage mag auf den ersten Blick merkwürdig anmuten, da – nicht zuletzt aufgrund der ausdrücklichen Erwähnung in Art. 109 GG – Wirtschaftswachstum ein wichtiges wirtschaftspolitisches Ziel ist, an dem sich politische Entscheidungsträger ausrichten. Abbildung 1 gibt den Zusammenhang zwischen der Lebenszufriedenheit und der Höhe des BIPs pro Kopf für 33 europäische Länder im Jahr 1999 wieder.[2] Dieser erste Befund auf der Makroebene zeigt, dass es in der Tat einen positiven Zusammenhang zwischen der Höhe des Wohlstands in einer Gesellschaft und der Zufriedenheit der Menschen zu geben scheint. Wie man jedoch anhand der logarithmischen Beziehung erkennen kann, sinken die Zuwachsraten der Lebenszufriedenheit bei steigendem Wohlstand. Je reicher eine Gesellschaft ist, desto geringer ist der Zuwachs an Lebenszufriedenheit pro zusätzlichem Dollar Einkommen. Während in armen Gesellschaften eine Steigerung des Einkommens mit einem Abbau existenzieller Sorgen und mit einer Befriedigung grundlegender Sicherheitsbedürfnisse einhergeht, ist die „Rendite" des Einkommens in entwickelten Ländern deutlich geringer. Diese Beziehung lässt sich nicht nur im Querschnitt aufzeigen, sondern existiert auch über die Zeit. So kommt Oswald (1997) zu dem Schluss, dass die Lebenszufriedenheit in den entwickelten Volkswirtschaften in den letzten 25 Jahren nur schwach angestiegen ist, obwohl sich die Einkommen pro Kopf in diesem Zeitraum verdoppelt haben. Angesichts dieses Befundes stellt sich die Frage, warum es zu solch einer Entwicklung kommt.

Eine mögliche Erklärung für einen solchen Effekt sind relative Präferenzen. Relative Präferenzen werden durch einen Vergleich zwischen dem Individuum und anderen Menschen ausgelöst. Im Unterschied zum Egoismus geht bei relativen Präferenzen der Lebensstandard bzw. die gesellschaftliche Position anderer Menschen in die Nutzenfunktion des Individuums mit ein. Relative Präferenzen können sich einmal in Form einer Fairnessnorm äußern. Diese Art von relativer Präferenz gibt Aufschluss, inwiefern für Menschen Ressourcen bereitgestellt werden sollen, die in irgendeiner Form als bedürftig gelten. Neben der Anteilnahme am Schicksal anderer gibt es aber auch eine weitere Form von Interdependenz in der Nutzenfunktion eines Menschen. Neid hat mit dem Altruismus gemein, dass die Wohlfahrt anderer Menschen in das eigene Wohlbefinden ein-

---

2   Die Daten zur Lebenszufriedenheit stammen aus dem „European Value Survey" (EVS), während das BIP pro Kopf den Pennworld-Tabellen entnommen ist.

fließt. Die Ursache von Positionspräferenzen sehen Soziobiologen durch den Konkurrenzkampf der Menschen bedingt (Dawkins 1976). Nach dieser Sichtweise hängt der Wert eines Menschen von seinen Fähigkeiten ab, gesunde Nachkommen zu produzieren. Die Überlebensfähigkeit der Nachkommen wird wiederum von der Qualität der Gene der Eltern abhängen. Diese Qualität lässt sich jedoch nicht direkt beobachten. Deshalb treten Menschen in einen Statuswettbewerb ein, um dem potenziellen Partner die Güte des genetischen Materials zu signalisieren. Der Kauf bestimmter Güter bzw. das Zurschautragen bestimmter Abzeichen sind dann Folge des Statusstrebens der Menschen. Diejenigen, die sich relativ betrachtet nicht durchsetzen, entwickeln als Folge Missgunst gegenüber denjenigen, die in der Gesellschaftshierarchie oben stehen.

Hinsichtlich der Entstehung von sozialer Rivalität gibt es unterschiedliche Erklärungsansätze. Während Hirsch (1980) positionale Präferenzen von der ökonomischen Entwicklungsstufe abhängig macht, erscheint soziale Rivalität bei Nietzsche (1988) als ein gesellschaftlich konstruiertes Phänomen. Interpretiert man den Befund in Abbildung 1 mithilfe von Hirschs Ansatz, dann lässt sich die logarithmische Beziehung auf die mit steigendem Einkommen zunehmende Bedeutung von Positionsgütern zurückführen.[3] Eine Interpretation im Sinne Nietzsches würde stattdessen unterstellen, dass die logarithmische Beziehung durch den Egalitarismus demokratischer bzw. wohlfahrtsstaatlicher Gesellschaftsordnungen bedingt ist. Erst wenn Menschen durch politische Rechte bzw. durch Umverteilung von Ressourcen einander angenähert werden, entsteht – laut Nietzsche – soziale Rivalität. Unabhängig von den Entstehungsbedingungen positionaler Präferenzen sind sich jedoch beide Ansätze einig, dass positionale Präferenzen einem Nullsummenspiel gleichen. Wenn ein Mensch sich auf der gesellschaftlichen Rangskala verbessert, muss dies notwendigerweise mit einem Statusverlust bei anderen Menschen einhergehen, sofern man unterstellt, dass für die Wohlfahrt eines Menschen nur relative Präferenzen von Bedeutung sind. In sehr entwickelten Gesellschaften kann die Wohlfahrt der Bürger aufgrund der zunehmenden Bedeutung positionaler Effekte kaum noch erhöht werden.

---

3   Hirsch unterstellt, dass die Einkommenselastizität der Nachfrage nach Positionsgütern größer als eins ist, d.h., mit steigendem Einkommen wird ein größerer Prozentsatz des Einkommens für Positionsgüter verausgabt.

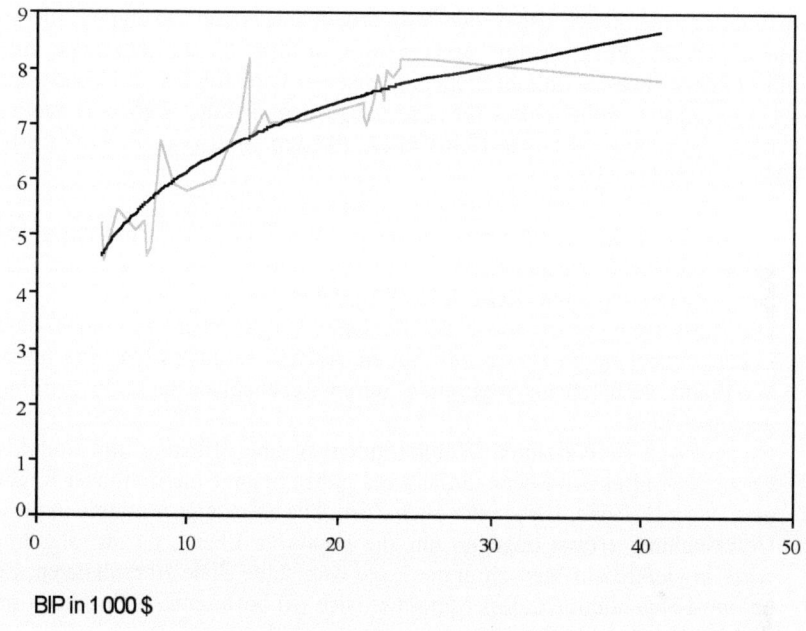

BIP in 1 000 $

Abbildung 1:   Beziehungen zwischen Zufriedenheit und Einkommenshöhe

3   Methode

Das Verfahren, welches in dieser Studie angewendet wird, ist das Ordinary-Least-Square-Regressionsmodell (OLS-Regression).[4] Die „Wohlfahrt" eines Individuums wird durch folgende Frage operationalisiert:

„Haben sich – einmal alles zusammengenommen – Ihre Vorstellungen über das, was Sie im Leben erreichen wollten, bisher erfüllt?"

---

4   Wohlfahrt wird auf einer Skala von 1-4 gemessen und stellt eine ordinal skalierte Variable dar. Zudem lehnen die meisten Ökonomen eine kardinale Messung der Wohlfahrt ab. Da aber vorangegangene Untersuchungen gezeigt haben (Ferrer-i-Carbonell/Frijters, 2004; Frey/Stutzer, 2004), dass es kaum einen Unterschied macht, ob man ein Ordered-Logit-Modell oder das OLS-Verfahren verwendet, werden die Ergebnisse der OLS-Regression wiedergegeben. Die Effektstärken der OLS-Koeffizienten sind sehr ähnlich im Vergleich zu den marginalen Wahrscheinlichkeiten des Ordered-Logit-Modells und können auf Wunsch bereitgestellt werden.

Dem Interviewten stehen dabei vier Antwortkategorien zur Verfügung, die von
„mehr als erfüllt" über „erfüllt" und „weniger erfüllt" bis zu „überhaupt nicht
erfüllt" reichen. Die „Wohlfahrt" eines Menschen wird folglich auf einer Skala
von 1-4 gemessen, wobei eine 4 für „überhaupt nicht erfüllte" Lebensvorstellungen steht. Annahmen, die getroffen werden müssen, sind (vgl. Ferrer-i-Carbo-
nell/Frijters 2004, 643):

1. Das (nicht direkt beobachtbare) Konzept „Wohlfahrt" muss mit der abhän-
    gigen Variable korrespondieren. Wenn ein Mensch seine Lebensvorstellun-
    gen realisiert, dann hat er eine hohe Wohlfahrt.
2. Die Antworten sind zwischen den Personen vergleichbar. Menschen, deren
    Lebensvorstellungen sich erfüllt haben, müssen deshalb über eine höhere
    Wohlfahrt verfügen als Menschen, deren Lebenspläne nicht in Erfüllung
    gegangen sind.
3. Psychologen klassifizieren Wohlbefinden in eine affektive und kognitive
    Ebene. Die affektive Ebene umfasst die ganze Spanne menschlicher Regun-
    gen, wie z.B. Ruhe, Liebe oder auch Zorn. Die abhängige Variable in dieser
    Untersuchung erfasst dagegen nur die kognitive Ebene, da nur abgefragt
    wird, inwiefern ein Mensch in der Lage war, seine Ziele zu realisieren. Da-
    bei wird angenommen, dass Menschen sich (a) bestimmte Ziele setzen und
    (b) eine Vorstellung darüber haben müssen, ob diese realisiert worden sind.

Der Datensatz stammt aus der ALLBUS-Umfrage[5] aus dem Jahr 2004. Dieser
enthält sowohl Bürger aus den alten als auch aus den neuen Bundesländern.
Bisherige empirische Untersuchungen haben auf unterschiedliche Größen hingewiesen, die die Wohlfahrt eines Menschen beeinflussen sollten: Das Alter
eines Menschen wird meist in quadrierter Form eingeschlossen, da einige Untersuchungen einen kurvilinearen Effekt festgestellt haben, welcher sein Minimum
bei einem Lebensalter von ca. 40 Jahren erreicht (Frey/Stutzer 2002). Menschen
mittleren Alters sind möglicherweise unzufriedener als jüngere und ältere Menschen, weil die Belastung im Beruf in diesem Lebensabschnitt am größten und
die Erziehung der Kinder am aufwendigsten ist. Menschen, die in einer stabilen
Partnerschaft leben, sollten ebenfalls ein höheres Wohlbefinden als geschiedene
oder verwitwete Bürger haben. Schließlich üben sowohl der Gesundheitszustand
als auch der Erwerbsstatus des Befragten einen deutlichen Effekt auf die Realisierung der Lebensvorstellungen aus. Darüber hinaus wird die Kontaktrate eines
Menschen zu seinen Freunden und Bekannten kontrolliert, da ein Minimum an
sozialen Kontakten für ein erfülltes Leben notwendig ist. Neben diesen Kontroll-

---

5   Allgemeine Bevölkerungsumfrage Sozialwissenschaften.

größen wird das Nettohaushaltseinkommen als Regressor eingeschlossen, um zu testen, ob ein höheres Einkommen sich positiv auf die Lebenszufriedenheit eines Menschen auswirkt. Das Haushaltseinkommen wurde logarithmiert und bildet damit den abnehmenden Grenznutzen des Einkommens ab.[6]

Neben diesem Maß werden zwei unterschiedliche Operationalisierungen für relative Präferenzen in die Regression eingeschlossen. Im Einklang mit der bisherigen empirischen Literatur wird als erster Indikator für relative Präferenzen das Relativeinkommen eines Menschen ermittelt.[7] Bei der Ermittlung des Relativeinkommens muss vom Forscher festgelegt werden, was die relevante Bezugsgruppe eines Menschen ist. Soziologen (Schoeck 1966) zufolge richten sich Menschen nicht unbedingt an den reichsten Mitgliedern einer Gesellschaft aus, sondern orientieren sich an Menschen, die eine Bezugsgruppe für sie darstellen. Positionspräferenzen sind unter dieser Sichtweise ein Phänomen, welches der sozialen Nähe bedarf. Neidisch kann man nur auf die Menschen sein, an deren Stelle man prinzipiell treten könnte. Deshalb hat die Mehrheit der vorangegangenen empirischen Studien anstelle des nationalen Durchschnittseinkommens das Einkommen einer kleineren Gruppe von Menschen als Bezugsgruppe ausgewählt (Blanchflower/Oswald 2004; Ferrer-i-Carbonell 2005; Clark/Oswald 1996; Dorn et. al. 2005). Als Bezugsgruppe für das Relativeinkommen wurde von mir unterstellt, dass Menschen sich sowohl an gleichaltrigen Menschen als auch an Menschen mit identischem Bildungsniveau orientieren. Für jedes Individuum im Datensatz wurde das Referenzeinkommen folglich nach seiner Zugehörigkeit zu einer bestimmten Altersklasse und Bildungsschicht berechnet. Es wurden fünf Alterklassen und vier Bildungsgrade gebildet[8], sodass insgesamt 20 Referenzgruppen entstanden sind.

Gegen diesen eher indirekten Weg, relative Präferenzen zu messen, können mehrere Einwände erhoben werden: Die Konstruktion des Relativeinkommens unterstellt, dass alle Menschen über relative Präferenzen verfügen. Während Ökonomen normalerweise die Abwesenheit relativer Präferenzen unterstellen, führt ein solches Maß nun relative Präferenzen für *alle* Menschen ein. Der ärmste Mensch wird – selbst wenn seine Referenzgruppe ein relativ niedriges Ein-

---

6   Es wurde auch ein linearer Zusammenhang zwischen Lebenszufriedenheit und Einkommen überprüft. Die lineare Spezifikation schnitt dabei schlechter ab.

7   Das Relativeinkommen eines Individuums kann einmal als das Verhältnis seines Einkommens zu einer bestimmten Referenzgruppe oder aber als Differenz zum Durchschnittseinkommen der Referenzgruppe ausgedrückt werden. Die Ergebnisse im empirischen Teil sind nicht von der Spezifikation des Relativeinkommens abhängig. Ergebnisse werden für erstere Variante wiedergegeben.

8   Die Altersgruppen sind: 18-30; 31-40; 41-50; 51-65; >65. Bildungsgruppen setzen sich zusammen aus: kein Abschluss/Hauptschule; Realschule; Fachabitur/Abitur sowie Fachhochschul- bzw. Hochschulabschluss.

kommen hat – immer auch das geringste Relativeinkommen haben. Trotzdem könnte es ihm aber gut gehen. Dies wird dann der Fall sein, wenn er mit seinen bescheidenen Mitteln auskommt und nicht auf andere neidisch ist. Die Konstruktion des Relativeinkommens unterstellt aber genau dies, während es dem bei einer direkten Befragung Interviewten überlassen bleibt, sich selbst einzuordnen. Neben diesem theoretischen Einwand ergeben sich auch statistische Probleme. Das Relativeinkommen ist hoch mit dem absoluten Einkommen korreliert hoch ($\rho = 0{,}8$), sodass sich ein Multikollinearitätsproblem einstellt.

Ein zweiter Indikator für relative Präferenzen lässt sich konstruieren, indem man statt eines objektiven Indikators, wie dem Relativeinkommen, einen subjektiven Indikator verwendet. Subjektive Indikatoren für relative Präferenzen wurden (nach meinem Wissen) bisher in der empirischen Forschung nicht verwendet, wahrscheinlich, weil in den meisten Datensätzen keine entsprechenden Items vorhanden sind. Als zweiter Indikator für relative Präferenzen wurde daher auf eine Frage des ALLBUS-Datensatzes zurückgegriffen. Diese lautet:

> „Im Vergleich dazu, wie andere hier in Deutschland leben: Glauben Sie, dass Sie Ihren gerechten Anteil erhalten?"

Auch hier sind wieder vier unterschiedliche Antwortkategorien möglich, die von einem „sehr viel weniger als gerechten Anteil" bis zu einem „mehr als gerechten Anteil" reichen.[9] Dieser Indikator ist ebenfalls ein Maß für die Bedeutung relativer Präferenzen, da der Befragte eine Einschätzung bzgl. seines *Anteils* am Lebensstandard statt einer Einschätzung bzgl. der absoluten Höhe seiner Ressourcen angeben muss. Der Vorteil dieses Indikators besteht darin, dass es der subjektiven Einschätzung der Menschen überlassen bleibt, ihren Anteil zu bewerten. Zweitens ist die Frage breiter formuliert, sodass sich ein Individuum nicht notwendigerweise hinsichtlich seines Einkommens mit anderen vergleichen muss, sondern den Inhalt des Vergleichs freier bestimmen kann, als dies beim Relativeinkommen möglich wäre. Denn soziale Rivalität ist ein Phänomen, dessen Gegenstand sich nicht ausnahmslos auf das Einkommen anderer Menschen erstrecken muss; Ursache des Neides können prinzipiell alle Güter sein, über die andere verfügen und nach denen sich ein Mensch sehnt. Schließlich ergibt sich ein weiterer Vorteil, indem die einzelnen Individuen ihre Referenzgruppe selbst definieren und sich zu dieser in Bezug setzen müssen. Während Soziologen davon ausgehen, dass soziale Rivalität nur zwischen Individuen derselben Gesellschaftsschicht entsteht, ist soziale Rivalität bei Veblen (1898) oder Nietzsche (1988) aufwärtsgerichtet. Diese unterstellen vor allem den Unterschichten eine solche Präferenz. Der subjektive Indikator ist deshalb nicht nur besser in der

---

9   Die Skala reicht von 1-4, wobei eine 1 für einen „sehr viel weniger als gerechten Anteil" steht.

Lage mit der Heterogenität in den Präferenzen umzugehen, sondern bewältigt auch eine mögliche Heterogenität in den Referenzgruppen eher, als dies ein objektiver Indikator leisten könnte. Der Nachteil eines solchen Indikators besteht jedoch darin, dass der Forscher nur noch das Ergebnis der Entscheidung sieht und nicht nachvollziehen kann, *mit wem* sich das Individuum verglichen hat.

4 Ergebnisse

Tabelle 1 gibt die Ergebnisse der Untersuchung für den gesamtdeutschen Fall wieder. Im Gegensatz zu früheren Studien scheint die Bedeutung soziodemografischer Faktoren für die Realisierung der Lebensvorstellungen von geringerer Bedeutung zu sein. Während auch vorangegangene Studien vom Alter eines Menschen nur einen schwachen Effekt auf das Wohlbefinden ermitteln, ist die geringe Relevanz des Familienstandes überraschend. Die meisten Studien kommen zu dem Schluss, dass verheiratete Menschen zufriedener sind als andere. Dies kann hier nur bedingt nachgewiesen werden; lediglich geschiedene Bürger haben im Vergleich zu ledigen Bürgern eine geringere Lebenszufriedenheit. Ebenso scheint es keinen großen Unterschied zu machen, ob die Person männlichen oder weiblichen Geschlechts ist.

Der erste Indikator zur Messung relativer Präferenzen ist statistisch signifikant. Menschen mit niedrigem Relativeinkommen haben eine niedrigere Wohlfahrt als ihre besser positionierten Mitbürger. Schließt man jedoch auch das logarithmierte Nettohaushaltseinkommen mit ein, und entfernt man den Bildungsgrad aus der Regression (Modell 3), sinkt die Signifikanz des Koeffizienten deutlich ab. Zusammenfassend lässt sich feststellen, dass das Einkommen anderer Menschen einen negativen Effekt auf das Wohlbefinden eines Individuums ausübt, wenngleich eine deutliche Trennung zwischen absolutem und relativem Wohlstand aufgrund der bereits erwähnten Multikollinearitätsproblematik schwierig ist.

Neben dem Relativeinkommen übt auch die absolute Höhe des Einkommens einen statistisch signifikanten Effekt auf das Wohlbefinden aus. Die grundlegende These, wonach steigende Einkommen den Wohlstand eines Menschen erhöhen, ist damit auch auf der Mikroebene nachweisbar. Analog zu dem Befund auf der Makroebene scheint auch bei Individualdaten ein positiver, aber abnehmender Grenznutzen des Einkommens vorhanden zu sein, da die logarithmische Spezifikation des Einkommens einem linearen Zusammenhang überlegen ist. Die Effekte des Einkommens auf das Wohlbefinden sind jedoch relativ bescheiden. Bspw. sagen die Ergebnisse in Spalte 4 aus, dass man einem Menschen, der ein Einkommen von 300 Euro bezieht, ein Einkommen in Höhe von ca. 9.600 Euro bieten müsste, damit seine Lebensvorstellungen um eine empirische Einheit steigen[10]. Erwähnenswert ist ferner, dass die Ost-West-Dummy in den bisher betrachteten Schätzungen signifikant ist. Menschen aus Ostdeutschland haben eine deutlich geringere Wohlfahrt als ihre Nachbarn im Westen, selbst dann, wenn man die (ohnehin geringen) Unterschiede im Nettohaushaltseinkommen kontrolliert.

Verwendet man statt des Relativeinkommens den subjektiven Indikator (Spalte (4) und (5)), so ergeben sich kaum Änderungen bei den übrigen Regressoren. Von allen Regressoren ist der relative Anteil am Lebensstandard derjenige, der am stärksten mit dem Wohlbefinden eines Menschen korreliert ($\rho = 0{,}38$). Dies macht sich auch bei der Anpassungsgüte des Modells bemerkbar, da das R^2 nun um ca. 5 Prozentpunkte ansteigt. Ein Vergleich der (nicht abgebildeten) standardisierten Regressionskoeffizienten ergibt zudem, dass ein subjektiv niedriger Anteil am Lebensstandard der wichtigste Prädiktor für die Wohlfahrt eines Menschen ist. Die subjektive Einschätzung der eigenen Position im Vergleich zu anderen Bürgern ist damit wichtiger für das Wohlbefinden eines Menschen als das Einkommen oder der (subjektive) Gesundheitszustand. Diejenigen Menschen, die einen niedrigen Anteil für sich proklamieren, erleiden bedeutende Wohlfahrtsverluste.

Allenfalls der Erwerbsstatus übt einen ähnlich starken Effekt auf das Wohlbefinden aus. Dies wirft bzgl. der herkömmlichen Begründungen der Arbeitslosigkeit einige Zweifel auf. Drückt man den „Gegenwert" der Arbeitslosigkeit in Geld aus, so müsste man einem arbeitslosen Bürger ein ca. viermal so hohes Einkommen bieten, um die Wohlfahrtsverluste der Arbeitslosigkeit auszugleichen. Zwar können Mitnahmeeffekte beim Arbeitslosengeld in einigen Fällen sicher von Bedeutung sein, jedoch sind gravierende Einbußen in der Lebenszufriedenheit bei arbeitslosen Menschen in nahezu allen bisherigen Studien zu den Determinanten der Lebenszufriedenheit nachgewiesen worden. Insbesondere Frey und Stutzer (2004) zeigen mithilfe von Paneldaten, dass die Kausalität vom Erwerbstatus auf das Wohlbefinden ausgeht und nicht etwa umgekehrt verläuft. Die Wohlfahrtsverluste der Arbeitslosigkeit erstrecken sich nicht nur auf einen Output-Verlust und den Verschleiß von Humankapital; Arbeitslosigkeit zerstört vor allem die Selbstachtung eines Menschen.

---

10   Ausgehend von bspw. „erfüllten Lebensvorstellungen" müsste man einem Menschen das 32-fache seines Einkommens bieten, damit seine Lebensvorstellungen sich „mehr als realisieren". Bei einem Starteinkommen von 300 Euro sind dies ungefähr 9.600 Euro.

Determinanten des Wohlbefindens: Gesamtdeutscher Fall

	Modell (1)	Modell (2)	Modell (3)	Modell (4)	Modell (5)
Kontaktrate	0,03	0,03	0,03	0,02	0,01
	(0,090)*	(0,087)*	(0099)*	(0,130)	(0,723)
Region (0= West-	0,13	0,13	0,12	0,04	0,03
Deutschland)	(0,000)***	(0,000)***	(0,000)***	(0,158)	(0,390)
Staatsbürgerschaft	0,24	0,23	0,22	0,20	0,25
(0= deutsch)	(0,000)***	(0,000)***	(0,000)***	(0,000)***	(0,000)***
Alter	-0,01	-0,01	-0,00	-0,00	
	(0,35)	(0,687)	(0,919)	(0,746)	
Alter^2	E5 -4,7	E5 -8,0	E5 -9,7	E5 -8,2	
	(0,365)	(0,14)	(0,0075)*	(0,112)	
Familienstand:	Ledig=	Referenzgruppe			
Getrennt lebend	0,09	0,10	0,11	0,12	0,03
	(0,441)	(0,396)	(0,361)	(0,315)	(0,801)
Verwitwet	-0,03	-0,02	0,00	0,01	-0,29
	(0,722)	(0,782)	(0,960)	(0,832)	(0,000)***
Geschieden	0,18	0,18	0,19	0,17	0,08
	(0,006)***	(0,006)***	(0,004)***	(0,007)***	(0,191)
Verheiratet	-0,08	-0,07	-0,04	-0,05	-0,18
	(0,053)*	(0,140)	(0,331)	(0,289)	(0,000)***
Gesundheit	0,11	0,11	0,12	0,09	0,004
	(0,000)***	(0,000)***	(0,000)***	(0,000)***	(0,013)**
arbeitslos (0= nein)	0,39	0,37	0,37	0,31	0,39
	(0,000)***	(0,000)***	(0,000)***	(0,000)***	(0,000)***
Relativeinkommen	-0,24	-0,14	-0,06		
	(0,000)***	(0,006)***	(0,219)		
Gerechter Anteil				-0,23	-0,25
				(0,000)***	(0,000)***
Einkommen (log)		-0,11	-0,22	-0,20	-0,16
		(0,000)***	(0,000)***	(0,000)***	(0,000)***
Geschlecht	-0,03	-0,03	-0,04	-0,04	-0,03
(0= männlich)	(0,278)	(0,234)	(0,207)	(0,157)	(0,343)

Anmerkungen: unstandardisierte Regressionskoeffizienten; P-Werte sind in Klammern wiedergegeben.*, **, *** bedeutet Signifikanz auf dem 10%-, 5%- und 1%-Niveau.

Dies ist nicht im Einklang mit der herrschenden Sichtweise in der VWL, wonach Arbeitslosigkeit i. d. R. freiwilliger Natur ist. Auf der anderen Seite kommt eine Studie von McKinsey, dem „Stern", dem ZDF und AOL aus dem Jahre 2004 zu dem Schluss, dass lediglich ein Drittel der Arbeitslosen bereit ist, auf fünf Tage Urlaub im Jahr zu verzichten, weite Anfahrtswege zur (potenziellen) Arbeitsstätte in Kauf zu nehmen oder aber Einkommenseinbußen in Höhe von 10 Prozent hinzunehmen (2005, 56ff.). Angesichts dieser eher widersprüchlichen Ergebnisse besteht auf diesem Gebiet weiter Forschungsbedarf.

Determinanten des Wohlbefindens getrennt nach Ost- und Westdeutschland

	West (1)	West (2)	West (3)	Ost (4)	Ost (5)
Kontaktrate	0,03	0,01	0,02	0,01	0,02
	(0,128)	(0,674)	(0,188)	(0,693)	(0,507)
Staatsbürgerschaft	0,21	0,27	0,19	0,02	0,07
(0= deutsch)	(0,000)***	(0,000)***	(0,000)***	(0,904)	(0,761)
Alter	-0,00		0,00	-0,01	-0,01
	(0,886)		(0,908)	(0,482)	(0,380)
Alter^2	E5-8,85		E5 -9,7	E5 -5,70	E5 -4,2
	(0,180)		(0,106)	(0,547)	(0,673)
Familienstand:	Ledig =	Referenzgruppe			
Getrennt lebend	0,14	0,04	0,10	0,03	0,18
	(0,272)	(0,775)	(0,410)	(0,926)	(0,565)
Verwitwet	-0,03	-0,36	-0,04	0,09	0,17
	(0,712)	(0,000)***	(0,672)	(0,416)	(0,135)
Geschieden	0,14	0,05	0,12	0,22	0,25
	(0,085)*	(0,484)	(0,134)	(0,036)**	(0,025)**
Verheiratet	-0,08	-0,20	-0,05	0,01	0,03
	(0,151)	(0,000)***	(0,279)	(0,878)	(0,764)
Gesundheit	0,11	0,08	0,08	0,16	0,13
	(0,000)***	(0,000)***	(0,000)***	(0,000)***	(0,000)***
arbeitslos(0= nein)	0,23	0,32	0,20	0,41	0,35
	(0,005)***	(0,000)***	(0,012)**	(0,000)***	(0,000)***
Gerechter Anteil			-0,26		-0,22
			(0,000)***		(0,000)***
Einkommen (log)	-0,14	-0,12	-0,21	-0,18	-0,22
	(0,035)**	(0,017)**	(0,000)***	(0,092)*	(0,000)***
Geschlecht	-0,03	-0,001	-0,034	-0,04	-0,06
(0= männlich)	(0,356)	(0,815)	(0,280)	(0,351)	(0,214)
Bildung	-0,05			-0,04	-0,01
	(0,007)***			(0,246)	(0,799)

Tabelle 2 gibt die Ergebnisse getrennt für Ost- und Westdeutschland wieder.
Einige Unterschiede in den Koeffizienten sind durchaus festzustellen, wenngleich die Richtung in beiden Ländern immer identisch ist. Insbesondere der
Koeffizient der Arbeitslosigkeit ist im Osten deutlich höher als im Westteil des
Landes. Dies mag mit der größeren Persistenz der Arbeitslosigkeit in Ostdeutschland zusammenhängen. Neben einem direkten Wohlfahrtsverlust kann
ferner auch ein Kontexteffekt der Arbeitslosigkeit entstehen. Schon die Sorge um
den Arbeitsplatz kann einen Wohlfahrtsverlust bei Menschen induzieren. Da
Menschen sich in einer Welt voller Unsicherheiten koordinieren müssen, ist die

regionale Arbeitslosenquote im Bewusstsein der Bürger ein wichtiger Indikator für die zukünftige Entwicklung. Die Sorge, den Arbeitsplatz zu verlieren, ist bei den Menschen im Osten Deutschlands deshalb höher als im Westen. Während im Westen 14,3 Prozent der Arbeitnehmer einen Arbeitsplatzverlust befürchten, sind dies in Ostdeutschland 24,2 Prozent.[11]

Die beiden Koeffizienten für den subjektiven Anteil am Lebensstandard sind in Ost- und Westdeutschland sehr ähnlich. Die Auswirkungen relativer Präferenzen auf das Wohlbefinden scheinen demnach in beiden Landesteilen auf den ersten Blick identisch zu sein. Diese Beziehung täuscht jedoch darüber hinweg, dass es gravierende Unterschiede zwischen Ost- und Westdeutschland gibt. Dieser Unterschied wird sichtbar, wenn man die Schätzungen aus Tabelle 1 für das gesamte Bundesgebiet nochmals heranzieht. Der Koeffizient der Ost-West-Dummy ist in Tabelle 1 nur dann statistisch signifikant, solange man das Relativeinkommen als Regressor verwendet. Hierbei handelt es sich um ein objektives Maß, welches aufgrund fast identischer Einkommen nach Steuern und Transfers keinen Spielraum für unterschiedliche (subjektive) Präferenzvorstellungen lässt. Sobald jedoch der subjektive Anteil am Lebensstandard als Regressor genutzt wird, verschwindet die Signifikanz der Ost-West-Dummy in Tabelle 1.

Zwar ist die Effektstärke in beiden Landesteilen ähnlich; jedoch ist der Anteil der Menschen, die der Meinung sind, sie hätten einen weniger als gerechten Anteil, im Osten bedeutend höher als im Westen. Tabelle 3 zeigt das Antwortverhalten der Individuen getrennt nach Ost- und Westdeutschland für alle Erhebungen, in denen das Item abgefragt wurde. Zwar hat sich dieser Anteil in Ostdeutschland von knapp 80 Prozent im Jahre 1992 auf immerhin 60 Prozent im Jahre 2002 reduziert, im Jahre 2004 ist der Anteil jedoch wieder auf ca. 70 Prozent angestiegen. Dieser hängt möglicherweise mit der im Osten weitverbreiteten Ablehnung der Agenda 2010 zusammen. Bemerkenswert ist, dass in Ostdeutschland zu jedem Zeitpunkt fast doppelt so viele Menschen behaupten, sie hätten einen weniger als gerechten Anteil im Vergleich zu Westdeutschland. Trotz ähnlicher Effektstärken ist der Pro-Kopf-Wohlfahrtsverlust durch relative Präferenzen im Ostteil der Republik deutlich höher als im Westen. Obwohl die Einkommen nach Steuern und Transfers in beiden Landesteilen 15 Jahre nach der deutschen Wiedervereinigung nahezu identisch sind, weicht die subjektive Einschätzung des Lebensstandards in beiden Teilen Deutschlands gravierend voneinander ab. Von einer Konvergenz kann daher keine Rede sein.

---

11 Dies ergibt sich bei der Auswertung, wenn nur die abhängig Beschäftigten berücksichtigt werden.

Gerechter Anteil am Lebensstandard: Antwortverhalten (in %) getrennt nach
Ost- und Westdeutschland

	Sehr viel weniger	Etwas weniger als gerechter Anteil	Σ weniger als gerechter Anteil	Gerechter Anteil am Lebens- standard	Mehr als gerechter Anteil
Ostdeutschland					
1992	34,9	46,5	81,4%	17,9	0,6
1996	16,8	45,7	62,5%	35,2	2,2
2000	14,0	48,8	62,8%	34,1	3,0
2002	13,2	46,5	59,7%	35,5	4,8
2004	16,6	51,0	67,6%	28,7	3,6
Westdeutschland					
1992	6,7	28,5	35,2%	56,4	8,4
1996	5,3	27,3	32,6%	59,8	7,3
2000	4,7	27,7	32,4%	58,9	8,8
2002	5,6	26,7	32,3%	60,1	7,5
2004	7,3	31,4	38,7%	54,6	6,8

5   Positionspräferenzen oder Fairnessnorm?

Es stellt sich daher die Frage, warum in Ostdeutschland fast doppelt so viele
Menschen der Meinung sind, sie hätten einen weniger als gerechten Anteil am
Lebensstandard? Objektiv betrachtet kann dies nicht auf Unterschiede in den
Einkommen zurückgeführt werden.[12] Stattdessen dürften eher Unterschiede in den
Präferenzen der Bürger das divergierende Bild erklären können. Zum einen könn-
te es sein, dass die Menschen Ostdeutschlands aufgrund ihrer kommunistischen
Vergangenheit eine stärker ausgeprägte Fairnessnorm haben als die Bürger West-
deutschlands. Gegen die These, die Bürger Ostdeutschlands würden ein stärkeres
Gewicht auf die Verwirklichung „sozialer Gerechtigkeit" legen, kann man jedoch
eine Reihe von Einwänden anführen, die abschließend diskutiert werden sollen.

---

12   Theoretisch könnten sich Unterschiede auch aufgrund kaum vorhandener Vermögen in Ost-
      deutschland ergeben. Gegen dieses Argument spricht jedoch, dass auch in Westdeutschland
      Vermögen relativ stark konzentriert ist.

Was die Unterscheidung einer Fairnessnorm von sozialer Rivalität betrifft, ist anzumerken, dass Neid – nicht zuletzt, da dieser bereits in der Bibel als eine der Todsünden genannt wird – nicht offen zutage tritt. Dieser äußert sich vielmehr darin, den besser Weggekommenen einzureden, dass ihre Stärke, Reichtum, Schönheit etc. weder gerecht noch tugendhaft seien. Insofern tarnt sich der Neid oftmals hinter einer Konzeption von „sozialer Gerechtigkeit". Hierzu bemerkt Kersting (2001, 32f.) treffend:

„Natürlich ist das Ressentiment nicht die Wiege der Moral und der Neid nicht der Vater der Verteilungsgerechtigkeit; gleichwohl vermag sich der Neid mit der egalisierenden Gerechtigkeit moralpolitisch gut zu verbünden und seine niedrigen Beweggründe hinter dem Vorwand der gerechtigkeitsethischen Optimierung der Verhältnisse trefflich zu verbergen."

Menschen, die angeben, sie hätten einen weniger als gerechten Anteil am Lebensstandard, und die gleichzeitig für einen Ausbau des Wohlfahrtsstaats eintreten, müssen nicht zwangsläufig positionale Präferenzen haben. Im Prinzip wäre es auch vorstellbar, dass dieser Teil der Menschen einer Fairnessnorm anhängt. Wenn Individuen mit weniger als gerechtem Anteil zudem überdurchschnittlich arm sind, dann lässt sich das Eintreten für wohlfahrtsstaatliche Politiken auch mithilfe der ökonomischen Standardannahme des Egoismus erklären.

Im Gegensatz zum Egoismus und vor allem zu einer Fairnessnorm äußern sich Positionspräferenzen aber dann, wenn man nicht bereit ist, anderen Menschen, die sich ebenfalls in einer misslichen Lage befinden, ähnliche Leistungen zu gewähren. Ursache für ein derartiges Verhalten ist, dass Menschen mit Positionspräferenzen nur geringe Anreize haben, für ein „Aufholen" anderer Menschen zu votieren, da dies mit einer Verschlechterung der eigenen, relativen Position einhergehen würde. Im Gegensatz zu egoistischem Verhalten, bei welchem die Position anderer Menschen keine Rolle spielt, ist letzterer Test ein Indiz für das Vorhandensein von Positionspräferenzen.

Tabelle 4 zeigt – getrennt für Ost- und Westdeutschland – die einzelnen Korrelationskoeffizienten bzgl. des subjektiven Indikators und einiger Indikatoren, die Aufschluss über Positionspräferenzen geben können. Die Korrelationskoeffizienten wurden (teilweise) reskaliert. Eine positive Korrelation bedeutet demnach, dass Menschen mit niedrigem Anteil am Lebensstandard der Frage überproportional oft zustimmen. Was die Präferenzen bzgl. eines gut ausgebauten Sozialstaats betrifft, treten Menschen mit subjektiv geringem Anteil deutlich stärker für generöse Leistungen ein. Diese Beziehung ist, unabhängig davon, mit welchem Item wohlfahrtsstaatliche Leistungen gemessen werden, stabil. Auch sind kaum Unterschiede bzgl. der Intensität der Korrelation zwischen Ost- und Westdeutschland zu sehen. Da aber zwischen dem subjektiven Anteil am Lebensstandard und dem Einkommen eines Menschen eine positive Beziehung (ρ = 0,28) besteht, ist die positive Korrelation bzgl. der Befürwortung von Umverteilung und des Anteils am Lebensstandard nicht zwingend ein Indiz für Positionspräferenzen. Denn eine solche Einstellung ließe sich auch durch egoistisches Verhalten erklären, da die ärmeren Schichten i. d. R. von der Umverteilung durch den Wohlfahrtsstaat profitieren.

Korrelationen zwischen „gerechtem Anteil" und Positionsitems

	Ost	West		Ost	West
Staat bei Not und Arbeitslosigkeit vorsorgen?	0,20***	0,15***	Schwachen helfen, Inland?	- 0,16***	-0,04 n.s.
Soziale Leistungen kürzen?	- 0,18***	- 0,15***	Schwachen helfen, Ausland?	- 0,17***	0,00 n.s.
Zuwanderer bekommen zuviel staatliche Unterstützung?	0,14***	0,17***	Andersdenkende verstehen?	- 0,20***	- 0,08**

***, ** bedeutet Signifikanz auf dem 1%- bzw. 5%-Niveau.

Positionspräferenzen sollten dann vorhanden sein, wenn man anderen Menschen dieselben generösen Leistungen, die man für sich beansprucht, vorenthalten möchte. Denn für einen Egoisten ist die Position anderer Menschen unbedeutend. Wie Tabelle 4 zeigt, meinen ostdeutsche Bürger mit weniger als gerechtem Anteil überproportional oft, Ausländer würden vom Staat zu hohe soziale Leistungen erhalten; sie halten es nicht für die Pflicht eines guten Bürgers, Andersdenkende zu tolerieren, und sie sind weniger oft bereit, den Schwachen im In- und Ausland zu helfen. Die Ergebnisse für Westdeutschland sind dagegen weniger eindeutig. Zwar sind auch westdeutsche Bürger mit niedrigem Anteil am Lebensstandard ebenfalls der Meinung, Ausländer bezögen zu hohe Leistungen; jedoch sind sie genauso häufig wie westdeutsche Bürger mit gerechtem Anteil der Ansicht, es sei die Pflicht eines guten Bürgers, den Schwachen im In- und Ausland zu helfen. Mit Daten aus vorangegangenen Erhebungen lässt sich ferner zeigen, dass bei niedrig empfundenem Anteil am Lebensstandard die Präferenz,

Kinder zum Altruismus zu erziehen, geringer ausgeprägt ist (ρ = -0,07; nicht abgebildet).

Insbesondere die Korrelationen für Ostdeutschland deuten darauf hin, dass Menschen mit einem subjektiv geringen Anteil am Lebensstandard eher nicht über eine Fairnessnorm verfügen. Mithilfe eines egoistischen Kalküls ließe sich zwar die stärkere Präferenz für Umverteilung rechtfertigen, nicht jedoch die Bereitschaft, noch schwächere Bevölkerungsgruppen von diesen Leistungen auszuschließen. Dieser Befund deckt sich zudem mit einer Untersuchung von Ockenfels/Weimann (1999). Die Autoren untersuchen für west- und ostdeutsche Bürger die Bereitschaft freiwillig einen Beitrag für ein öffentliches Gut zu leisten. Zudem werden die bereits eingangs erwähnten Ultimatum-Spiele analysiert. In beiden Spielen verhalten sich ostdeutsche Bürger deutlich unkooperativer und unsolidarischer im Vergleich zu Bürgern aus Westdeutschland.

Mehrere Gründe erscheinen plausibel, warum solche Einstellungen bei den Bürgern der ehemaligen DDR besonders deutlich nachzuweisen sind. Einmal war die Aura, die die ehemalige DDR umgab, immer die des Erfolgs. Innerhalb der Klasse der Ostblockstaaten war die Ex-DDR immer der Musterschüler, der als Lehrbeispiel für den Sozialismus zu dienen hatte. Im Vergleich mit anderen Ostblockstaaten schnitten die Bürger Ostdeutschlands folglich gut ab. Zwischen den Bürgern wurde zu Zeiten der DDR das Ausmaß an sozialer Rivalität begrenzt. Ursache war nicht die materielle Gleichheit der Bürger in der DDR, vielmehr war es der Staat selbst, den man für den eigenen Lebenserfolg verantwortlich machte (Hartung 2001, 86f.). Das schlechte Abschneiden gegenüber Westdeutschland lag daher auch nicht in der Verantwortung der DDR-Bürger, sondern war systemisch bedingt. Ferner wurde die schwächere Wirtschaftsleistung durch den Versuch, auf anderen Feldern mit Westdeutschland ebenbürtig zu sein – wie z.B. auf dem Gebiet des Sports –, kompensiert. Nach dem Zusammenbruch des Sozialismus ist der Vergleich mit den Ostblockstaaten entfallen. Die Bürger der ehemaligen DDR sind nun nicht mehr relative Gewinner innerhalb der Klasse der Ostblockstaaten, sondern Transferempfänger des Westens. Dieses Gefühl der Minderwertigkeit hat sich tief in das Verständnis vieler ostdeutscher Bürger eingegraben und letztendlich zu hohen Wohlfahrtsverlusten geführt. Um dieses Gefühl der Unterlegenheit zu kompensieren, wurden gleichzeitig Statuspräferenzen aufgebaut, die es denjenigen, die noch schlechter dran waren, nicht erlauben sollten, gegen die subjektiven Verlierer aufzuholen. Der Versuch, wenigstens die bestehende Position zu verteidigen, hat dazu geführt, dass Menschen mit geringem Anteil am Lebensstandard sich verstärkt gegenüber sozial Schwachen und Ausländern abgrenzen wollten. Jedoch muss hierzu erwähnt werden, dass ein solches Verhalten auch davon abhängt, wie man das Verhalten anderer Menschen einschätzt. So zeigen Ockenfels/Weimann (1999), dass die Bereitschaft zu solidarischem Verhalten davon abhängt, ob man andere Menschen ebenfalls als solidarisch einschätzt. Bei ostdeutschen Bürgern ist diese Einschätzung geringer ausgeprägt und mag deshalb teilweise die stärkere Ausformung von Positionspräferenzen erklären.

Zusammenfassend lässt sich feststellen: Ein Großteil der Bürger in der ehemaligen DDR erleidet beträchtliche Wohlfahrtsverluste, da sie sehr viel öfter als die Bürger Westdeutschlands der Meinung sind, sie hätten einen ungerechten Anteil am Lebensstandard. Konsistent mit dieser Einschätzung, plädiert dieser Teil der Bürger öfter für einen Ausbau oder zumindest für den Erhalt des Wohlfahrtsstaats. Gleichzeitig sind Bürger mit niedrigem Anteil öfter bereit, andere Bevölkerungsgruppen von den Leistungen des Sozialstaats auszuschließen. Eine Hypothese, welche allein am Motiv „sozialer Gerechtigkeit" ansetzt, um die unterschiedlichen Einschätzungen bzgl. des Lebensstandards zwischen Ost- und Westdeutschland zu erklären, greift demnach zu kurz. Zumindest teilweise lassen sich die Unterschiede zwischen West- und Ostdeutschland auf Positionspräferenzen zurückführen.

6 Schlussfolgerung

In einer Querschnittsuntersuchung für das Jahr 2004 wurde gezeigt, dass relative Präferenzen eine gravierende negative Externalität für das Wohlbefinden eines Menschen darstellen. Relative Präferenzen üben einen stärkeren Effekt auf die Realisierung der Lebensvorstellungen aus als bspw. ein hohes Einkommen. Obwohl eine exakte Trennung zwischen einer Fairnessnorm und Positionspräferenzen kaum möglich ist, deuten einige Indizien darauf hin, dass eher Neid- bzw. Statusaspekte für die negative Externalität verantwortlich gemacht werden können.

Zwischen Ost- und Westdeutschland bestehen gravierende Unterschiede im Wohlbefinden der Bürger. Die geringere Lebenszufriedenheit der Bürger im Osten hängt einmal mit den höheren Arbeitslosenquoten zusammen. Diese wirken dabei nicht nur auf die Individuen, die von Arbeitslosigkeit direkt betroffen sind; vielmehr ergibt sich auch ein Kontexteffekt der Arbeitslosigkeit. Eine Rechtfertigung der geringeren Lebenszufriedenheit im Osten allein durch die höhere Arbeitslosigkeit ist jedoch nicht ausreichend. Denn die Ausprägung von relativen Präferenzen scheint im Osten deutlich höher als im Westteil des Landes zu sein. Diese sind durch den Zusammenbruch der Ostblockstaaten bedingt, da wichtige Referenzpunkte kollektiver Identität für die Bürger in der Ex-DDR nunmehr entfallen sind. Durch den Umstand, dass die Wiedervereinigung keine „Fusion unter Gleichen" war, sind die Bürger der ehemaligen DDR aus der „Gewinner-" in eine „Verliererposition" gewechselt. Nimmt man diesen und die bereits eingangs in der Einleitung erwähnten Befunde zusammen, so muss man zu dem Schluss kommen, dass interdependente Nutzenfunktionen eher die Regel statt die Ausnahme darstellen. Wenngleich die Lebenszufriedenheit eines Menschen mit steigendem Einkommen zunimmt, ist der Effekt des Einkommens relativ gering und wird von relativen Präferenzen überlagert. Die Fokussierung der öffentlichen Debatte auf das Wachstumsziel verdeckt somit die negativen Externalitäten, die durch Positionspräferenzen entstehen können. Wirtschaftliches Wachstum als genuines politisches Ziel im Sinne steigender Lohn- und Kapitaleinkommen ist demnach von geringerer Bedeutung; daraus kann jedoch nicht gefolgert werden, dass Wirtschaftswachstum keinerlei Effekte auf die Wohlfahrt der Menschen hätte. Wie gezeigt wurde, erleiden arbeitslose Menschen signifikante Wohlfahrtsverluste; wirtschaftliches Wachstum kann somit als *Mittel* gerechtfertigt werden, um den Abbau der Arbeitslosigkeit zu forcieren. Schließlich wäre zu bedenken, dass die Lebenserwartung aufgrund des medizinischen Fortschritts steigen dürfte. Damit das (zukünftig) technisch Mögliche aber auch allen Gesellschaftsmitgliedern offensteht, ist wirtschaftliches Wachstum nötig, da andernfalls auf Bestände zurückgegriffen werden müsste.

Für die zukünftige Forschung wäre es wichtig, eine schärfere Trennung zwischen Positionspräferenzen und Fairnessnormen herbeizuführen. Von besonderem Interesse wäre es ferner, den Prozess der Entstehung von Referenzgruppen genauer herauszuarbeiten. Menschen können einmal auf andere Individuen innerhalb ihrer Schicht neidisch sein, sie können aufwärtsgerichtete Neidpräferenzen und gleichzeitig abwärtsgerichtete Statuspräferenzen entwickeln. Da ein Abbau der Wohlfahrtsverluste von Positionspräferenzen durch sozialpolitische Maßnahmen nur begrenzt möglich sein dürfte, ist die genaue Kenntnis der Entstehungsfaktoren sozialer Rivalität von großer Bedeutung, um geeignete Instrumente zur Eindämmung dieses Übels entwickeln zu können.

Literatur

Blanchflower, D. G., A. J. Oswald (2004), Well-Being over Time in Britain and the USA. Journal of Public Economics, 138, S. 1359-1386.

Camerer, C., R. H. Thaler (1995), Anomalies: Ultimatums, Dictators and Manners. The Journal of Economic Perspectives, 9, S. 209-219.

Clark, A. E., A. J. Oswald (1996), Satisfaction and Comparison Income. Journal of Public Economics, 61, S. 359-381.

Dawkins, R. (1976), The Selfish Gene. New York, Oxford University Press.

Dorn, D., Fischer J., Kirchgässner, G., A. Sousa-Poza (2005), Is it Culture or Democracy? The Impact of Democracy, Income and Culture on Happiness. Paper präsentiert auf der European Public Choice Society 2005.

Ferrer-i-Carbonell, A. (2005), Income and Well-Being: An Empirical Analysis of the Comparison Income Effect. Journal of Public Economics, 89, S. 997-1019.

Ferrer-i-Carbonell, A., P. Frijters (2004): How Important Is Methodology for the Estimates of the Determinants of Happiness? Economic Journal, 114, S. 641-659.

Frey, B., A. Stutzer (2002): Happiness and Economics: How the Economy and the Institutions Affect Human Well-Being. Princeton, Princeton University Press.

Hartung, K. (2001): Der Neid und das Soziale. In: Michel, K. M., Karsunke, I. und T. Spengler (Hrsg): Die Neidgesellschaft, Kursbuch 143. Berlin, Rowohlt.

Hirsch, F. (1980): Die sozialen Grenzen des Wachstums. Eine ökonomische Analyse der Wachstumskrise. Reinbek b. Hamburg, Rowohlt.

Kersting, W. (2001): Kritik der Verteilungsgerechtigkeit. In: Michel, K. M., Karsunke, I. und T. Spengler (Hrsg): Die Neidgesellschaft, Kursbuch 143. Berlin, Rowohlt.

Kirchsteiger, G. (1994): The Role of Envy in Ultimatum Games. Journal of Economic Behavior & Organization, 25, S. 373-389.

Konrad, K. A. (2004): Altruism and Envy in Contest: An Evolutionary Stable Symbiosis. Social Choice and Welfare, 22, S. 479-490.

McKinsey (2005): Perspektive Deutschland. Eine Initiative von McKinsey, stern, ZDF und AOL. Vorabbericht zur Pressekonferenz April 2005. Im Internet unter: http.//www.mckinsey.de/presse/050427perspektive-deutschland.htm, zugegriffen am 3.8.2005

Nietzsche, F. (1988): Jenseits von Gut und Böse. Genealogie der Moral. Colli, G. u. M. Montinari (Hrsg.): Sämtliche Werke Nietzsches, München, DTV-Verlag.

Ockenfels, A., J. Weimann (1999): Types of Patterns: Am Experimental East-West-German Comparison of Cooperation and Solidarity. Journal of Public Economics 71:2, S. 275-287.

Oswald, A. (1997): Happiness and Economic Performance. Economic Journal, 107, S. 1815-1831.

Sachverständigenrat zur Begutachtung der gesamtwirtschaftlichen Lage (2002): Zwanzig Punkte für mehr Beschäftigung und Wachstum. Jahresgutachten 2002/2003. Stuttgart, Metzler-Poeschel.

Schoeck, H. (1966): Der Neid: eine Theorie der Gesellschaft. Freiburg, Herder.

Solnick, S., D. Hemenway (1998): Is More Always Better? A Survey on Positional Concerns. Journal of Economic Behavior & Organization, 37, S. 373-383.

Stutzer, A., B. Frey (2004): Repeated Subjective Well-Being: A Challenge for Economic Theory and Economic Policy. Schmollers Jahrbuch, 124, S. 191-231.

Veblen, T. (1898): The Theory of the Leisure Class. New York, MacMillan.

Wachstum und Beschäftigung

Der demografische Wandel als Grenze des Wirtschaftswachstums?

Tobias Keil

1 Einführung

Nach Jahrzehnten der Diskussion über eine drohende Überbevölkerung der Erde wird in zahlreichen Ländern seit einigen Jahren verstärkt über die sozialen und wirtschaftlichen Auswirkungen einer gleichzeitig schrumpfenden und alternden Bevölkerung diskutiert. Dieses Phänomen, bekannt als demografischer Wandel, vollzieht sich als langfristiger Prozess von zwei Seiten: Während auf der einen die Geburtenrate auf einem niedrigen Niveau stagniert, steigt auf der anderen Seite die Lebenserwartung im Alter kontinuierlich an.

Derzeit konzentriert sich in Deutschland die Diskussion um die Auswirkungen dieses demografischen Wandels mehrheitlich noch auf die nachhaltige Finanzierbarkeit der sozialen Sicherungssysteme[1], immer mehr rückt jedoch die Frage in den Mittelpunkt, auf welche Bereiche der demografische Wandel zusätzlich Einfluss haben könnte. Aus Kapazitätsgründen wird in dieser Arbeit trotz der engen Interdependenz mit dem Faktor Arbeit auf die Auswirkungen auf die sozialen Sicherungssysteme nur am Rande eingegangen, und es wird auf die entsprechende Fachliteratur verwiesen.[2] Fakt ist jedoch, dass Verschiebungen innerhalb der Bevölkerungsstruktur umfassendere Auswirkungen haben als „nur" eine Gefährdung der umlagefinanzierten sozialen Sicherungssysteme.

Vor diesem Hintergrund ist es Ziel dieser Arbeit, einerseits die Auswirkungen des demografischen Wandels auf das Wirtschaftswachstum zu untersuchen und der Frage nachzugehen, ob er womöglich eine Grenze des Wachstums darstellt, andererseits aber auch konkrete politische Lösungsansätze zu präsentieren und ihre Durchführbarkeit zu beurteilen.

Zu Beginn sollen zunächst die Ursachen des demografischen Wandels in Deutschland untersucht werden. Darauf aufbauend werden anschließend die Konsequenzen der demografischen Entwicklung für das Wirtschaftswachstum

---

1   Erkennbar in der Einrichtung verschiedener Kommissionen zu dieser Thematik (u.a. „Rürup-Kommission" und „Herzog-Kommission").
2   Entsprechende Ausführungen finden sich z.B. in Deutscher Bundestag (2002).

anhand der etablierten Wachstumsdeterminanten analysiert, bevor mögliche
politische Optionen und Maßnahmen vorgestellt werden, mit denen die wachstumsrelevanten Auswirkungen des demografischen Wandels gemildert oder im
Optimalfall sogar vermieden werden können. Abschließend soll in der Schluss-
betrachtung der Frage nachgegangen werden, ob und wie weit die dargestellten
politischen Optionen tatsächlich auch umsetzungsfähig sind und ob der demografische Wandel neben Risiken evtl. auch Chancen für Deutschland bietet.

2   Der demografische Wandel in Deutschland –
Ursachen und Hintergründe

2.1 Determinanten der demografischen Entwicklung

Die demografische Entwicklung einer Bevölkerung wird einerseits durch einma-
lige Schocks beeinflusst, die lt. Kleinhenz (2004, 5) durch Kriege, Seuchen etc.
ausgelöst werden, und andererseits durch die langfristige Entwicklung der lt.
Thiel u.a. (1988, 15f.) drei wesentlichen Determinanten der Demographie: der
Geburtenhäufigkeit (Fertilität), der Lebenserwartung (Mortalität) und der Wanderungsbewegung (Migration).

Im Folgenden werden die drei Determinanten dahingehend analysiert, dass
Ursachen und Hintergründe ihrer langfristigen Entwicklung dargestellt werden,
die in ihrem Gesamtkontext letztlich den demografischen Wandel in Deutschland
ausgelöst haben.

2.1.1 Fertilität

Als bedeutendste Kennziffer der Fertilitätsentwicklung und als Indikator für
Trends im Geburtenverhalten gilt die zusammengefasste Gesamtgeburtenrate
(engl.: Total Fertility Rate – TFR), die die durchschnittliche Kinderzahl einer
Frau angibt, die sie bei gleichbleibenden Verhältnissen des betrachteten Jahres
von ihrem 15. bis zum 49. Lebensjahr hätte.[3]

Eine weitere Kenngröße ist die Nettoreproduktionsrate, die angibt, wie viele
Mädchen von 1.000 Frauen im Laufe ihres Lebens geboren werden. Folglich
kommt es zu einer exakten Reproduktion jeder Frauengeneration und damit zu
einer langfristigen Konstanz der Bevölkerungsgröße, sofern sich die NRR auf
exakt 1.000 beläuft. Bei Werten unter 1.000 kommt es zu einem Bevölkerungs-

---

3   Vgl. StBA (2003, S. 10).

rückgang, bei Werten über 1.000 dementsprechend zu einem Wachstum der Bevölkerung.[4]

Das generative Verhalten der Bevölkerung unterliegt einer Vielzahl von Einflussfaktoren, über deren Gewicht und Interdependenz in der Forschung nach Auffassung von Buttler (1988, 30) bislang keine Übereinstimmung besteht. *Soziologische* Theorien begründen den beginnenden Rückgang der Geburten ab Mitte des 19. Jahrhundert mit dem Wandel zum Sozialstaat und dem daraus lt. Dickmann/ Seyda (2004, 37) resultierenden rückläufigen „ökonomischen Wert der Kinder" als Altersabsicherung und den steigenden Opportunitätskosten der Kindererziehung durch die Etablierung der Frauen in der Arbeitswelt.[5] Als ursächlich für den Rückgang in der zweiten Hälfte des 20. Jahrhunderts wird lt. Dickmann/Seyda (2004, S. 37) in der soziologischen Forschung der Wertewandel hin zu „individualistischen Werten" wie Selbstentfaltung und -verwirklichung gesehen.[6]

Ökonomische Theorien versuchen, den Rückgang der Geburtenziffern unter Verwendung rationaler Kosten-Nutzen-Analysen zu erklären.[7] Becker (1960, 209f.) sieht demnach die Entscheidung zur Kinderzeugung auf vier Faktoren basierend: dem Einkommen und den Kinderkosten, der Erwerbstätigkeit der Frau, dem Bildungsstand sowie der Vereinbarkeit von Familie und Beruf.

Empirische Erhebungen fundieren Beckers Theorie: Demnach haben Paare höherer Einkommensschichten statistisch weniger Kinder als solche mit niedrigem Einkommen.[8] Ein hoher Bildungsstand wirkt sich laut Grünheid (2003, 11) ebenfalls negativ auf die Fertilität aus, was sich in Deutschland besonders in dem hohen Anteil kinderloser Akademikerinnen bemerkbar macht. Hinzu kommt als ein Zeichen oftmals mangelhafter Vereinbarkeit von Familie und Beruf der negative Zusammenhang zwischen der Erwerbstätigkeit von Frauen und ihrer Kinderzahl.[9]

Nach einem kurzfristigen Anstieg der Geburtenzahlen in der Nachkriegszeit mit einem historischen Höchststand von 2,5 Kindern pro Frau 1964 ist die Geburtenentwicklung in Deutschland seit Mitte der 70er-Jahre stark rückläufig und erreichte Mitte der 80er-Jahre mit 1,3 Kindern pro Frau einen historischen Tiefstand. Seit 1990 schwankt die Geburtenhäufigkeit mit Ausnahme der Jahre

---

4   Vgl. Buttler (1988, 24).
5   Eine ausführliche Darstellung der soziologischen Theorien gibt Höpflinger (1997).
6   Empirisch fundiert werden diese Erklärungsansätze anhand von soziologischen Kennziffern, z.B. in Pinnelli, Hoffmann-Nowotny, Fux (2001).
7   Als Begründer der ökonomischen Theorie der Fertilität gilt Gary S. Becker, der für seine Forschungstätigkeit auf diesem Gebiet 1992 den Nobelpreis erhielt.
8   Vgl. Schwarz (1999, 26-36).
9   Eine empirische Fundierung, dass eine gute Vereinbarkeit von Familie und Beruf die Fertilität positiv beeinflusst, liefert der sog. „OECD-Vereinbarkeitsindex".

1994 und 1995 um 1,4 Kinder pro Frau.[10] Das StBA (2003, 12) geht langfristig von einer Stabilisierung der Geburtenraten in Ost- und Westdeutschland bei 1,4 Kindern pro Frau aus.

Zur Bestandserhaltung wäre hingegen eine TFR von mind. 2,1 Kindern pro Frau notwendig, da lt. Dickmann (2004, 16) einige Neugeborene „vor dem Erreichen des gebärfähigen Alters sterben und generell etwas mehr Jungen als Mädchen auf die Welt kommen". Ähnlich verhält sich die Entwicklung der NRR, die seit mehr als 30 Jahren mit ca. 650 (Wert für deutsche Frauen) weit unter dem Niveau liegt, das zur Konstanz der Bevölkerungszahl erforderlich wäre. Diese Tendenz gilt dabei sowohl für deutsche als auch für ausländische Frauen, bei denen sich die ehemals höhere NRR dem Niveau deutscher Frauen mittlerweile nahezu angepasst hat.[11]

2.1.2 Mortalität

Weiteren Einfluss auf die Bevölkerungszahl hat neben der Fertilität die Sterberate, die insbesondere durch die Entwicklung zweier Größen geprägt wird: der Säuglings- und Kindersterblichkeit zu Beginn des Lebenszyklus und der zu erwartenden Lebensdauer im Alter.

Getrennt in Jungen und Mädchen, zeigt die *durchschnittliche* Lebenserwartung, wie viele Lebensjahre ein heute neugeborenes Kind statistisch zu erwarten hat, sofern das derzeitige Sterberisiko der Bevölkerung in den einzelnen Altersjahren während seines gesamten Lebens erhalten bliebe. Für die derzeitig 60-jährige Bevölkerung wird die im Durchschnitt zu erwartende weitere Lebenszeit anhand der *ferneren* Lebenserwartung ausgedrückt.

Mit dem Rückgang der Geburtenraten zu Beginn des 20. Jahrhunderts ging durch eine verbesserte medizinische Versorgung auch die Säuglings- und Kindersterblichkeit zurück, sodass 1996 lt. Mayer (1999, 98) die Säuglingssterbeziffer[12] bei nur noch 5,2 in Deutschland lag und dementsprechend auf die Bevölkerungsentwicklung kaum noch Einfluss hat.

Als demgegenüber ausschlaggebend für die gestiegene durchschnittliche Lebenserwartung Neugeborener gilt die gestiegene Lebenserwartung älterer Menschen, die infolge der „Fortschritte in Gesundheitswesen, Hygiene, Ernährung, Wohnsituation und Arbeitsbedingungen sowie des gestiegenen materiellen Wohlstands" (StBA 2003, 13) seit 1900 um ca. 30 Jahre zugenommen hat.

---

10   Vgl. BIB (2004, 19-23).
11   Vgl. Buttler (1988, 24f.).
12   Hierunter versteht man die Anzahl der Gestorbenen pro rund 1.000 Lebendgeborenen.

Abbildung 1:   Durchschnittliche Lebenserwartung Neugeborener in Jahren
Quelle: StBA (Periodensterbetafeln für Deutschland); Prognose
ab 2003 beruhend auf der mittleren Alternative der 10.
koordinierten Bevölkerungsvorausberechnung des StBA

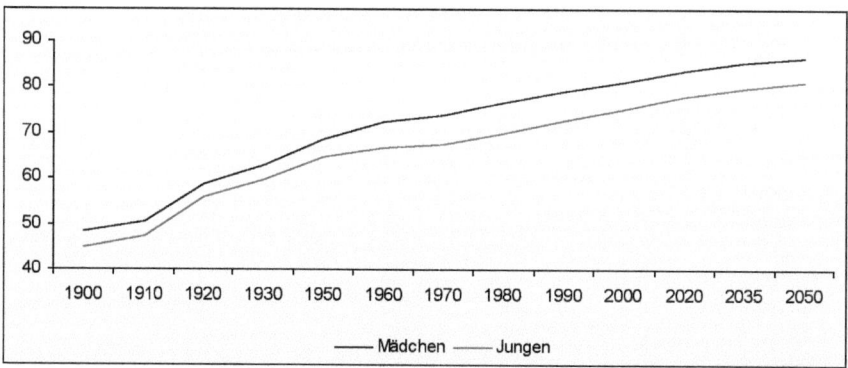

Abb. 1 illustriert die Zunahme der durchschnittlichen Lebenserwartung seit 1900: Seit Beginn der 70er-Jahre ist sie sowohl bei neugeborenen Jungen als auch bei Mädchen relativ stetig angestiegen und erreichte lt. StBA (2003, 15) im Durchschnitt der Jahre 1998 bis 2000 für Jungen 74,8 und für Mädchen 80,8 Jahre. Gemäß der mittleren Alternative der 10. koordinierten Bevölkerungsvorausberechnung des StBA wird bis 2050 mit einer weiteren Erhöhung der Lebenserwartung um 6,3 auf 81,1 Jahre (Jungen) bzw. 5,8 auf 86,6 Jahre (Mädchen) gerechnet.[13]

2.1.3 Migration

Unter dem Begriff Migration versteht das BIB (2004, 47) diejenigen „Formen der räumlichen Mobilität, bei denen ein dauerhafter Wechsel des Wohnortes stattfindet". Statistisch wird zwischen Binnenmigration (Wanderungsbewegungen innerhalb eines Landes) und Außenmigration (Wanderungsbewegungen über Ländergrenzen hinweg) unterschieden. Ausschlaggebende Kennziffer für die Entwicklung der Bevölkerungszahl und der Altersstruktur ist der Wanderungssaldo, die Differenz aus Fort- und Zuzügen (Immigration und Emigration). Der Wanderungssaldo Deutschlands wird dabei sowohl durch die politischen, wirt-

---

13   Vgl. StBA (2003, 15).

schaftlichen und demografischen Rahmenbedingungen der Sendeländer bestimmt als auch von der Situation auf dem inländischen Arbeitsmarkt „sowie von
der wirtschaftlichen und sozialen Attraktivität Deutschlands" (StBA 2003, 20)
als Immigrationsland und den rechtlichen Aufnahmebedingungen für Immigranten.

Abbildung 2:   Zu- und Abwanderungen in Deutschland 1950-2003
Quelle: StBA (2005)

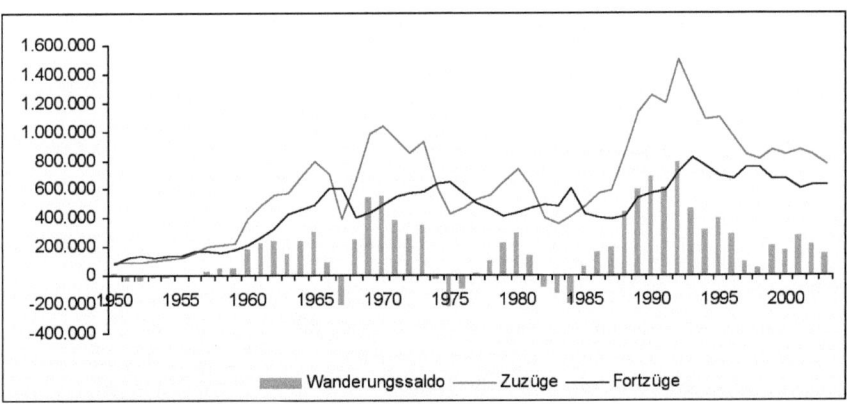

Seit dem Zweiten Weltkrieg gab es in Deutschland verschiedene Wanderungsphasen.[14] Hervorgerufen durch einen Fachkräftemangel im Inland, kam es in den
60er-Jahren zu hohen positiven Wanderungssalden durch den Zuzug ausländischer Arbeitskräfte. Die 70er-Jahre waren geprägt durch die Familiennachzüge
der angeworbenen Fachkräfte, nachdem 1973 das „Abkommen über die Anwerbung ausländischer Arbeitskräfte" infolge der Ölkrise eingestellt worden war.
Die deutliche Zunahme der Wanderungssalden in den 80er- und 90er-Jahren ist
insbesondere auf die politischen Umbrüche in den ehemaligen sozialistischen
Ländern Osteuropas und der Sowjetunion und die Zunahme des Zustroms von
Asylsuchenden und Bürgerkriegsflüchtlingen zurückzuführen.

Verglichen mit der Fertilität und Mortalität lässt sich bei der Migration kein
langfristiger Entwicklungstrend feststellen. Vielmehr wird diese demografische
Determinante von einer erheblichen Schwankungsbreite[15] durch die bevölke-
rungs- und geopolitischen Rahmenbedingungen geprägt.

---

14   Eine ausführliche Darstellung der einzelnen Wanderungsphasen findet sich in BIB (2004, 49f.).
15   Reichend von 223.902 Nettoabwanderung 1975 bis 782.071 Nettozuwanderung 1992 (Quelle:
     StBA 2005).

Die auf langfristigen Durchschnittswerten basierende mittlere Prognose der zukünftigen Wanderungsbewegung des StBA (2004, 22f.) geht von einer langfristigen jährlichen Nettozuwanderung nach Deutschland von 200.000 aus.

2.2 Prognostizierte Bevölkerungsentwicklung und -struktur bis 2050

Das Zusammentreffen anhaltend niedriger oder sogar rückläufiger Geburtenraten und einer steigenden Lebenserwartung wird in Deutschland – ähnlich wie in anderen Industrienationen[16] – in den kommenden Dekaden zu nachhaltigen demografischen Veränderungen führen und nach Auffassung von Dickmann (2004, 24) eine Alterung der Gesellschaft „von zwei Seiten" bewirken. Gemäß der mittleren Variante[17] der 10. koordinierten Bevölkerungsvorausberechnung des StBA wird es im Altersaufbau demnach zu deutlichen Verschiebungen kommen:

Abbildung 3:   Altersaufbau der Bevölkerung in Deutschland in den Jahren 2000, 2025 und 2050 (in %) Quelle: StBA, Prognose: 10. koordinierte Bevölkerungsvorausberechnung; grafische Darstellung: BIB

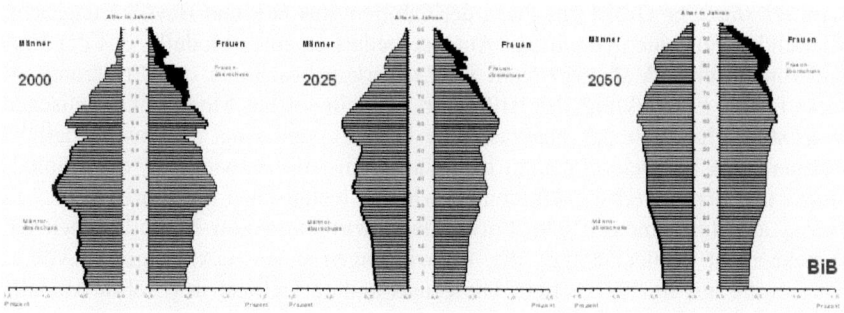

2050 wird mehr als ein Drittel der Bevölkerung älter als 60 Jahre sein (2001: 24 Prozent), 12 Prozent sogar älter als 80 Jahre (2001: 4 Prozent). Nur noch etwa 16 Prozent werden jünger als 20 Jahre sein – ein Rückgang um 5 Prozentpunkte im Vergleich zu 2001. Die absolute Einwohnerzahl wird nach einem leichten An-

---

16   Vgl. McMorrow, Roeger (1999, 10).
17   Der mittleren Variante liegen folgende Annahmen für das Jahr 2050 zugrunde: Geburtenhäufigkeit durchschnittlich 1,4 Kinder pro Frau, Lebenserwartung 81,1 Jahre (Jungen) und 86,6 Jahre (Mädchen), Nettozuwanderung i. H. v. 200.000 p.a.

stieg auf 83 Mio. ab 2013 bis auf etwa 75 Mio. im Jahr 2050 zurückgehen und wird sich dann auf den Stand von 1963 belaufen. Das Geburtendefizit[18] wird sich vor dem Hintergrund anhaltend niedriger (vgl. 2.1.1) Geburtenraten und des Todes geburtenstarker Jahrgänge von derzeit 94.000 auf 580.000 erhöhen. Besonders deutlich wird die Verschiebung im sog. Altenquotient, der „Zahl der 60-jährigen und Älteren je 100 20- bis unter 60-jährigen" (Buttler 1994, 13). Lag der Wert 2001 bei 44 Prozent, d.h., 100 Menschen im Erwerbsalter standen 44 Menschen im Rentenalter gegenüber, wird er sich bis 2050 auf 78 Prozent erhöhen und damit weitreichende Auswirkungen nicht nur für die umlagefinanzierten sozialen Sicherungssysteme haben.

3   Der demografische Wandel als Wachstumsbremse?

3.1 Determinanten des Wachstums

In der Ökonomie wird lt. Mankiw (1998, 17) als Maß für das wirtschaftliche Wachstum die Entwicklung des BIP verwendet, das das „Gesamteinkommen der betrachteten Volkswirtschaft und die Gesamtausgaben für die produzierten Waren und Dienstleistungen" i. d. R. bezogen auf ein Jahr misst. Um eine Vergleichbarkeit von Ländern verschiedener Bevölkerungsstärke zu ermöglichen, wird als *statische* Größe das PKE, der Quotient aus BIP und Bevölkerungszahl, verwendet. Für eine *dynamische* Analyse bedarf es eines Modells, das die Veränderungen einer Volkswirtschaft im Zeitverlauf beschreibt und Erklärungsansätze für die Entwicklung des BIP liefert. Als ein solches Modell ökonomischen Wachstums hat sich das neoklassische Grundmodell (sog. „Solow-Modell"[19]) etabliert, das als Determinanten des Wachstums die Entwicklung des Kapitalstocks und der Erwerbsbevölkerung sowie den technischen Fortschritt sieht.[20] In Bezug auf die demografische Entwicklung wird im Solow-Modell jedoch ein Aspekt nicht berücksichtigt: die Auswirkungen einer rückläufigen Bevölkerungsgröße auf das Wachstum. Diese und andere Defizite des Solow-Modells wurden ob der geänderten demografischen Rahmenbedingungen in der Neuen Wachstumstheorie seit Anfang der 90er-Jahre aufgegriffen. Auf Grundlage theoretischer Ausführungen (u.a. von Becker, Murphy, Tamura 1990, Barro 1991, Lucas 1988 und Rebelo 1991) und empirischer Befunde wurden die Determinan-

---

18   Hierunter versteht man die Differenz aus Gestorbenen abzgl. der Neugeborenen eines Jahres.
19   Das Modell wurde nach Robert M. Solow benannt und in den 50er- und 60er-Jahren entwickelt. Robert Solow wurde für seine Forschung im Bereich der Wachstumstheorie 1987 mit dem Nobelpreis ausgezeichnet.
20   Detaillierte Ausführungen finden sich hierzu in Solow (1988, 8f.).

ten des Wachstums des Solow-Modells erweitert bzw. konkretisiert. Als die sechs Bestimmungsfaktoren des Wachstums gelten seither das Investitionsverhalten, die öffentliche Infrastruktur, der technische Fortschritt, die Umwelt und die natürlichen Rohstoffe, die ordnungspolitischen Rahmenbedingungen und als wesentlicher Faktor der Arbeitseinsatz und die Qualität des Humankapitals.[21]

3.2 Wachstumsrelevante Auswirkungen des demografischen Wandels

In den folgenden drei Abschnitten sollen mögliche Auswirkungen des demografischen Wandels auf die Wachstumsdeterminanten und ausgewählte Wirtschaftsbereiche untersucht und daraus Rückschlüsse für das Wirtschaftswachstum gezogen werden.

3.2.1 Arbeitseinsatz und Qualität des Humankapitals

Die in Abschnitt 2.2. dargestellte prognostizierte Veränderung der Altersstruktur bis 2050 wird erhebliche Auswirkungen auf den Produktionsfaktor Arbeit haben. Bezogen auf die Entwicklung der Gesamtbevölkerung sieht Klauder (2000, 531-536) insbesondere die Entwicklung des Erwerbspersonenpotenzials[22] als entscheidend für das Wachstum einer Volkswirtschaft an. Das Erwerbspersonenpotenzial wird von zwei Faktoren determiniert: der Größe, Alters- und Geschlechterstruktur der Bevölkerung im erwerbsfähigen Alter einerseits und deren alters- und geschlechtsspezifischer Erwerbsneigung andererseits.[23] Anders ausgedrückt bedeutet dies, dass das Erwerbspersonenpotenzial sowohl von der demografischen Entwicklung als auch von der grundsätzlichen Bereitschaft abhängt, überhaupt eine Erwerbstätigkeit aufzunehmen.

Abbildung 4: Entwicklung des Erwerbspersonenpotenzials in Deutschland
Quelle: Klauder (2000)

	bis 2010	2010-2020	2020-2030	2030-2040
Durchschnittliche Veränderung p.a.	-0,5 %	-1,1 %	-1,8 %	-1,5 %

---

21 Einen guten Überblick über die sechs Determinanten bietet Grömling (2004, 75f.).
22 Definiert laut IAB als die Summe aus Erwerbstätigen, registrierten Arbeitslosen und Stiller Reserve im Alter von 15-64 Jahren.
23 Vgl. BfGSS (2003, 56f.).

Die Auswirkungen des abnehmenden Erwerbspersonenpotenzials (siehe Tab. 2) auf das Wachstum sind vielfältig. Grundsätzlich gilt der triviale Zusammenhang, dass mehr Menschen im erwerbsfähigen Alter auch mehr produzieren und konsumieren können und somit das BIP tendenziell wächst. Umgekehrt gilt ebenso, dass bei gleichbleibender Produktivität und einer rückläufigen Erwerbsbevölkerung insgesamt weniger produziert werden kann. Fraglich ist allerdings lt. Rürup, Klopfleisch (1999, 46), ob die Wachstumsdeterminante Arbeitseinsatz tatsächlich eine so gewichtige Rolle spielt: Berechnungen des SVR[24] zeigen, dass lediglich 0,4 Prozentpunkte des durchschnittlichen Zuwachses i. H. v. 1,6 Prozent des realen BIP zwischen 1995 und 2001 auf den Faktor Arbeit zurückzuführen sind, demgegenüber jedoch 0,7 Prozentpunkte auf den technischen Fortschritt und 0,5 Prozentpunkte auf den Faktor Kapital.

Als in ihren Auswirkungen für das Wachstum entscheidender gelten allerdings nicht die *quantitativen*, sondern vor allem die „*qualitativen* Veränderungen" (Kleinhenz 2004, 11) des Erwerbspersonenpotenzials. Vor dem Hintergrund, dass sich empirisch ein negativer Zusammenhang zwischen dem Bildungsniveau der Eltern und ihrer Kinderanzahl nachweisen lässt[25] und das Humankapital als die zentrale Ressource einer wissensbasierten Volkswirtschaft gilt, besteht laut Grömling (2004, 79) für Deutschland die Gefahr, dass kommende Jahrgänge den „Bildungsstand ihrer Vorgänger nicht erreichen". Zusätzlich entstehen seiner Auffassung nach negative Impulse für Innovation und Produktivität aus der Zunahme des durchschnittlichen Alters des Erwerbspersonenpotenzials.

Potenzielle Wachstumseinbußen durch einen gleichzeitig abnehmenden und alternden Humankapitalbestand können in Zukunft also nur dann verhindert werden, wenn einerseits die kommenden Generationen ein höheres Bildungsniveau erreichen und andererseits mögliche Produktivitäts- und Innovationseinbußen durch lebenslanges Lernen der Beschäftigten vermieden werden (vgl. Kapitel 4).

3.2.2 Investitionsverhalten und Kapitalbildung

Über die Auswirkungen des demografischen Wandels auf das Investitionsverhalten und die Kapitalbildung besteht im Gegensatz zu den Auswirkungen auf den Faktor Arbeit keine Übereinstimmung.

Grömling (2004, 79f.) sieht einerseits die Möglichkeit einer abnehmenden Investitionstätigkeit infolge des demografischen Wandels. Ursächlich hierfür sind seiner Ansicht nach die zukünftig steigende Kapitalnachfrage des Staates für die

---

24   Vgl. SVR (2002).
25   Vgl. Engstler/Menning (2003).

Finanzierung der Sozialsysteme und des Staatshaushalts und die daraus möglicherweise resultierenden steigenden Realzinsen, die private Investitionen dämpften. Verstärkend käme ein sinkendes Kapitalangebot durch die Auflösung von Ersparnissen der heutigen bevölkerungsstarken Jahrgänge beim Eintritt in den Ruhestand hinzu. Zusätzlich könnten negative Impulse für das Investitionsverhalten dadurch entstehen, dass Investitionen zulasten schrumpfender Volkswirtschaften verstärkt in wachsende Wirtschaftsräume verlagert werden.

Andererseits könnte eine erhöhte Investitionstätigkeit in Zukunft dadurch ausgelöst werden, dass ein durch den demografischen Wandel knapper und damit teurer werdender Faktor Arbeit zunehmend durch Investitionen in den Faktor Kapital substituiert würde.

3.2.3 Technischer Fortschritt

Der technische Fortschritt definiert sich lt. Geigant (2000, 944) aus ökonomischer Sicht aus der Herstellung neuer oder verbesserter Produkte oder aus der Einführung neuer Produktionsverfahren, die ein vorhandenes Produkt zu konstanten Kosten in vergrößerter, bzw. gleich bleibender Menge zu geringeren Kosten herzustellen ermöglichen. Technischer Fortschritt manifestiert sich somit entweder in Prozess- oder Produktinnovationen oder im Optimalfall in beidem zusammen.

Der technische Fortschritt gilt aus empirischer Sicht als die treibende Kraft für das Wirtschaftswachstum.[26] Angesichts dieser großen Bedeutung wurde in der Neuen Wachstumstheorie (vgl. 3.1) der im neoklassischen Solow-Modell noch exogene Faktor des technischen Fortschritts um den Faktor Humankapital erweitert und somit „endogenisiert". Demnach besteht eine direkte Interdependenz zwischen dem demografischen Wandel und dem technischen Fortschritt dahingehend, dass der technische Fortschritt wesentlich vom Faktor Humankapital bestimmt wird und dieser wiederum quantitativ und qualitativ vom demografischen Wandel geprägt wird.[27]

Um die Auswirkungen des demografischen Wandels auf den technischen Fortschritt analysieren zu können, bedarf es einer kurzen Betrachtung der drei Determinanten des technischen Fortschritts. Harabi (1997, 6-9) differenziert hierbei in angebots- und nachfrageseitige Bestimmungsfaktoren. Angebotsseitig sieht er zum einen die „technological opportunities", also die „Chancen des Zugangs zu ökonomisch verwertbarem technischen Wissen", und zum anderen die

---

26   Vgl. empirische Erhebung in 3.2.1.
27   Ausführungen zu diesem Zusammenhang finden sich u.a. in Arbeiten von Romer (1990) sowie Lucas (1988).

„appropriability conditions" als die „Fähigkeit von Innovatoren, sich die Erträge aus ihren technischen Innovationen anzueignen". Diesen angebotsseitigen Faktoren steht die Marktnachfrage gegenüber. Inwieweit eine alternde und schrumpfende Bevölkerung Auswirkungen auf deren Innovationsfähigkeit hat, ist in der Forschung bislang umstritten.[28] Unterschiedliche Positionen bestehen insbesondere in der Frage, ob die durch den demografischen Wandel ausgelöste Erhöhung des durchschnittlichen Humankapitalalters gleichzeitig eine Alterung des Wissens bedeutet und somit zur Beeinträchtigung der Leistungs- und Innovationsfähigkeit der Erwerbspersonen führen könnte. Zudem könnte es lt. Rürup (1995, 10) zu einer Verstärkung dieses Effektes durch den quantitativen Rückgang der Bevölkerung (vgl. Kapitel 2.2) kommen, der zu einer Abnahme derjenigen Erwerbspersonen führen könnte, die innovative Spitzenleistungen überhaupt erbringen können, aus denen technischer Fortschritt erwachsen kann.

Zusammenfassend ist festzustellen, dass der demografische Wandel die Rahmenbedingungen für Innovationen und technischen Fortschritt verändern wird und die Umsetzung geeigneter Maßnahmen zur Verbesserung der Qualität des Humankapitals (vgl. 4.2.2) und zur Förderung von Innovationen (vgl. 4.2.3) von erheblicher Bedeutung für das zukünftige Wachstum sein wird.

3.2.4 Auswirkungen auf ausgewählte Wirtschaftszweige

Die gleichzeitige Alterung und Schrumpfung der deutschen Bevölkerung hat nicht nur einen möglichen Nachfrageausfall aufgrund einer rückläufigen Anzahl von Konsumenten zur Folge, sondern auch strukturelle Veränderungen innerhalb der Nachfrage, sofern davon ausgegangen wird, dass „junge oder alte, kleine oder große, kinderreiche oder kinderlose Haushalte verschiedene [...] Verbrauchsstrukturen aufweisen" (Thiel u.a. 1988, 90). Nachfolgend soll untersucht werden, welche Wirtschaftsbereiche (beschränkt auf Industrie, Bauwirtschaft, Konsumgüter und Dienstleistungen) durch den demografischen Wandel u. U. profitieren und welche benachteiligt werden könnten.

Grundsätzlich ist zu vermuten, dass Branchen mit einem hohen Exportanteil, z.B. Fahrzeugbau (2002: 59 Prozent), Chemieindustrie (2002: 51 Prozent) oder Maschinenbau (2002: 51 Prozent)[29], weniger stark vom demografischen Wandel im Inland betroffen sein werden als solche mit ortsgebundenen Waren und Dienstleistungen. Exporte in Länder mit wachsender Bevölkerung werden eine rückläufige Bevölkerung im Inland folglich kompensieren oder im Optimal-

---

28   Eine detaillierte Abhandlung der verschiedenen Theorien und Konzepte hierzu findet sich in
      Blum (1999).
29   Quelle: StBA.

fall sogar überkompensieren können. Ebenso werden diejenigen Branchen profitieren können, deren Leistungen verstärkt von älteren Menschen nachgefragt werden. Zu diesen Profiteuren des demografischen Wandels zählt Grömling (2004, 84) die Gesundheits-, Unterhaltungs- und Freizeitbranche sowie Finanzdienstleistungen im Bereich der Altersvorsorge. Demgegenüber werden vor dem Hintergrund sinkender Geburtenzahlen und rückläufiger Eheschließungen[30] diejenigen Branchen negativ betroffen sein, deren Hauptabnehmer junge Menschen und Familien sind. Sowohl Grömling als auch DB Research (2002) sehen speziell den Wohnungsbau als hiervon betroffen an.

Die EVS des StBA (1998) zeigt, dass in Deutschland das Brutto- und Nettoeinkommen sowie der absolute Konsum ihren Höhepunkt in denjenigen Haushalten erreichen, deren Einkommensbezieher zwischen 45 und 54 Jahre alt sind. Über diese Altersklasse hinaus sinken diese drei Größen: Das Bruttoeinkommen eines Haushalts, dessen Einkommensbezieher 70 Jahre oder älter ist, erreicht nur noch 45 Prozent vom Höchststand zwischen 45 und 54 Jahren, der Konsum noch 62 Prozent. Obwohl die Konsumquote (Anteil des Konsums am verfügbaren Einkommen) gemäß Modiglianis „Lebenszyklus-Hypothese"[31] im Alter ansteigt und gemäß EVS in der Altersklasse der 65- bis 69-Jährigen mit 86 Prozent sogar ihr Maximum erreicht, konsumieren ältere Menschen aufgrund ihres geringeren verfügbaren Einkommens absolut betrachtet weniger als jüngere und erwerbstätige Menschen. Ähnlich wie die Konsumquote verändert sich auch die Konsumstruktur mit zunehmendem Alter. Die EVS des StBA (2003b) belegt, dass in den Haushalten der 80-jährigen und Älteren fast 50 Prozent der Konsumausgaben für Wohnen und Gesundheitspflege aufgewendet wird. Bei den unter 25-Jährigen belaufen sich diese Posten auf knapp ein Drittel, wohingegen diese Altersgruppe 22 Prozent ihrer Konsumausgaben für Verkehr und Nachrichtenübermittlung aufwendet, während es bei den Älteren nur 8 Prozent waren.

3.3 Zusammenfassung

Die wachstumsrelevanten Auswirkungen des demografischen Wandels lassen sich, bezogen auf die Wachstumsdeterminanten, wie folgt zusammenfassen: Der Produktionsfaktor Arbeit wird erheblich beeinträchtigt durch eine prognostizierte

---

30   Vgl. Mayer (1997, 91).
31   Die „Lebenszyklus-Hypothese" von Franco Modigliani betont, dass die Einkommensänderungen während des Lebens einer Person zumindest teilweise vorhersehbar sind und die Haushalte das Sparen und die Kreditaufnahme nutzen, um ihren Konsum über die gesamte Lebensspanne glätten zu können. Die Hypothese impliziert, dass der Konsum sowohl vom Einkommen als auch vom Vermögen abhängt.

absolute Abnahme des Erwerbspersonenpotenzials und eine etwaige Verminde-
rung der Qualität des Humankapitals, der Produktionsfaktor Kapital durch mögliche Verschiebungen im Investitionsverhalten und der technische Fortschritt
durch eine potenziell abnehmende Innovationsfähigkeit aufgrund der Zunahme
des durchschnittlichen Humankapitalalters.

Die Auswirkungen auf die Faktoren Kapital und technischer Fortschritt
sind, wie vorangehend dargestellt, nicht eindeutig. Als empirisch fundiert gilt
demgegenüber, dass der demografische Wandel deutliche Verschiebungen in der
Konsumstruktur verursachen wird und einzelne Branchen davon profitieren,
andere jedoch erheblich beeinträchtigt werden. Inwiefern sich diese strukturellen
Verschiebungen in der Nachfragestruktur wachstumsrelevant auswirken oder ob
sie sich möglicherweise kompensieren, ist allerdings nicht eindeutig prognosti-
zierbar. Im Gegensatz dazu sind jedoch die Auswirkungen auf den Faktor Arbeit
signifikant und insgesamt wachstumshemmend.

4   Ausgewählte politische Optionen zur Bewältigung des demografischen Wandels

Nachfolgend werden ausgewählte politische Optionen und Instrumente dargestellt, mit denen die im vorangegangenen Kapitel untersuchten Auswirkungen
des demografischen Wandels auf die deutsche Volkswirtschaft gedämpft werden
könnten. Angesichts der Vielzahl und Vielschichtigkeit der Probleme und möglichen Lösungen kann es sich hierbei um keine erschöpfende Darstellung handeln,
sondern lediglich um eine Auswahl.

Um den Herausforderungen des demografischen Wandels erfolgreich zu
begegnen, sehen Klös/Kroker (2004, 400f.) grundsätzlich zwei Möglichkeiten:
Einerseits kann von politischer Seite versucht werden, aktiv in die derzeitigen
demografischen Trends einzugreifen und sie zu verändern (Abschnitt 4.1). Andererseits besteht ihrer Auffassung nach die Möglichkeit, die Volkswirtschaft langfristig „demographieresistent" (Ebenda, 400) zu gestalten (Abschnitt 4.2).

4.1 Wider die demografischen Trends – politische Ansatzpunkte

Sofern die in Kapitel 2 dargestellte demografische Entwicklung nicht als eine
exogene, sondern als eine beeinflussbare und in Grenzen steuerbare Größe gesehen wird, existiert eine Reihe von bevölkerungs- und familienpolitischen An-
satzpunkten, um dem demografischen Wandel entgegenzuwirken.

4.1.1 Generatives Verhalten der Bevölkerung verbessern

Die in Abschnitt 2.1.1 untersuchten Ursachen der auf einem sehr niedrigen Niveau stagnierenden Geburtenrate lassen die Schlussfolgerung zu, dass es oftmals eine Frage der finanziellen Verhältnisse und der Opportunitätskosten ist, ob Kinder gezeugt werden oder nicht. Es muss daher ein übergeordnetes politisches Ziel sein, das generative Verhalten derjenigen Bevölkerungsgruppen zu verbessern, die bislang aus finanziellen Gründen auf Nachwuchs verzichtet haben.

Unter einkommensteuerlichen Gesichtspunkten wäre ein Ausbau der kindbezogenen Komponenten zu befürworten, um eine niedrigere Steuerbelastung für Familien mit Kindern zu erreichen. Derzeit wird bei Ehepaaren eine maximale Steuerersparnis erreicht, bei denen ein Teil viel und der andere Teil wenig oder nichts verdient. Diese Tatsache hat aus demografischer Sicht allerdings zwei Nachteile: Einerseits wird für nicht erwerbstätige Frauen wenig Anreiz geschaffen, eine Erwerbstätigkeit aufzunehmen, andererseits wird erwerbsorientierten Paaren die Familiengründung erschwert. Nach skandinavischem Vorbild könnte durch die Einführung eines „Elterngeldes"[32], dessen Höhe sich am vorigen Nettoeinkommen bemisst, insbesondere das generative Verhalten von Beziehern höherer Einkommen (Akademiker etc.) verbessert werden, und es könnte zusätzlich positive Rückkopplungseffekte auf die Qualität des Humankapitals (vgl. 4.2.2) haben. Empirisch unterstützt werden diese politischen Optionen durch eine Erhebung des BIB (2005, 41), nach der 87,2 bzw. 84,6 Prozent der befragten Männer und Frauen niedrigere Lohn-/Einkommensteuern und vom Familieneinkommen abhängige finanzielle Zuschüsse als die wichtigsten Maßnahmen der Politik ansehen, um das generative Verhalten zu verbessern.

4.1.2 Arbeitsmarktorientierte Immigration forcieren

Bereits in den 60er-Jahren wurde versucht, dem damaligen Fachkräftemangel in Deutschland mit einer gezielten Anwerbung ausländischer Fachkräfte zu begegnen. Ähnliches wurde ab 2001 mit der „Verordnung über die Arbeitsgenehmigung für hoch qualifizierte ausländische Fachkräfte der Informations- und Kommunikationstechnologie" (sog. „Green Card"-Regelung) versucht, um deutschen Unternehmen die Einstellung ausländischer Fachkräfte zu erleichtern und dadurch den Nachfrageüberschuss nach solchen Arbeitskräften zu lindern. Rückblickend lässt sich jedoch feststellen, dass die „Green Card"-Initiative insbesondere an der mangelnden Integration der angeworbenen Fachkräfte und ihrem auf

---

32   Aktuell dazu: Die Zeit (2005, 10).

fünf Jahre befristeten Aufenthaltsrecht gescheitert ist und insgesamt weit weniger Kräfte angeworben werden konnten, als prognostiziert und benötigt wurden. In Zukunft wird der „Import von Humankapital" (Schäfer/Seyer 2004, 115) durch eine am Arbeitsmarkt orientierte Zuwanderungspolitik erneut ein wichtiges Instrument sein, um einerseits dem Rückgang des Erwerbspersonenpotenzials entgegentreten zu können und andererseits auch die Qualität der Humankapitalausstattung (vgl. Abschnitt 4.2.2) gezielt zu verbessern. Um jedoch das Risiko der unmittelbaren Zuwanderung in die Sozialsysteme zu umgehen und insbesondere hoch qualifizierte Arbeitskräfte als Einwanderer zu gewinnen, müssen innerhalb der Zuwanderungsgesetzgebung objektive Selektionsmechanismen und -kriterien eingerichtet werden. Derartige Selektionskriterien könnten kurz- oder langfristigen Charakter haben: Um bspw. einen sektoralen Nachfrageüberschuss (vgl. „Green-Card"-Regelung) nach Arbeitskräften auszugleichen, könnten kurzfristige Kriterien darauf ausgelegt sein, die Einwanderer unmittelbar und zügig in den Arbeitsmarkt eingliedern zu können, z.B. auf Basis ihrer beruflichen Qualifikation.

Aufbauend auf den Erfahrungen aus der „Green-Card"-Regelung muss langfristig jedoch auch die Integrationsfähigkeit der Einwanderer berücksichtigt werden, da diese für den Wohlfahrtsgewinn durch Zuwanderung von erheblicher Bedeutung ist. Langfristige Selektionskriterien könnten sich demnach an den Sprachkenntnissen, dem Alter oder der Kinderzahl der Immigranten bemessen. Zudem müssen Maßnahmen zur Förderung der Integration der Immigranten durch Sprachkurse und zur Vermeidung einer zunehmenden „Gettoisierung" ausgebaut werden.

Da mit Ausnahme der USA[33] sämtliche westliche Industrienationen ähnliche demografische Entwicklungen wie Deutschland aufweisen, wird es in Zukunft zu einem globalen Wettbewerb um qualifizierte Einwanderer in diesen Nationen kommen. Aufgabe der Zuwanderungs- und Integrationspolitik ist es also, (hoch-) qualifizierten Zuwanderern die Immigration nach Deutschland zu erleichtern und ihnen ideale Integrationsmöglichkeiten zu bieten, um sich langfristig eine Existenz aufbauen und eine Familie gründen zu können.

4.2   Eine demographieresistente Volkswirtschaft schaffen

Auch wenn die Alterung und Schrumpfung der Bevölkerung durch eine Verbesserung des generativen Verhaltens und eine gezielte Immigrationspolitik möglicherweise nicht völlig kompensiert werden kann, können die wachstumsrelevan-

---

33   Vgl. United Nations (2001, 11-14).

ten Auswirkungen des demografischen Wandels durch die Hebung von unausgeschöpften Beschäftigungspotenzialen, die qualitative Verbesserung der Humankapitalausstattung und die Stärkung der Innovationskraft weiter gemildert werden.

4.2.1 Vorhandenes Erwerbspersonenpotenzial besser ausschöpfen

Das vorhandene Erwerbspersonenpotenzial wird in Deutschland derzeit im Vergleich zu anderen Industrienationen nur unzureichend ausgeschöpft. Mit einer Erwerbstätigenquote 2003 von 65,0 Prozent[34] rangiert Deutschland deutlich hinter den Werten vergleichbarer Länder.[35] Vor dem Hintergrund der prognostizierten quantitativen und qualitativen Veränderungen des Erwerbspersonenpotenzials muss es also oberstes Ziel sein, konsequent auf die bereits vorhandenen Ressourcen zurückzugreifen und erwerbs*fähige* aber nicht erwerbs*tätige* Personengruppen zu mobilisieren.

Hierzu zählen insbesondere die Frauen, deren Erwerbsquote mit 59,0 Prozent noch immer deutlich unter der der Männer (70,9 Prozent) liegt.[36] Der Versuch, die Erwerbsbeteiligung der Frauen zu erhöhen und gleichzeitig deren generatives Verhalten zu verbessern (vgl. 4.1.1), kann aber nur dann erfolgreich sein, wenn Maßnahmen umgesetzt werden, die die Vereinbarkeit von Familie und Beruf erleichtern. Zu solchen Maßnahmen zählt lt. Kleinhenz (2004, 18) „der Ausbau der vorschulischen Kinderbetreuung und der Ganztagsbetreuung", der simultan positive Impulse für die Qualität des Humankapitals bereits im Kindesalter setzen könnte. Ebenfalls könnte die Förderung von Teilzeit- und Telearbeitsplätzen die Vereinbarkeit von Familie und Beruf verbessern. Lt. einer aktuellen Studie des BIB[37] sehen 90,3 Prozent der befragten Männer und Frauen im Alter von 20-39 Jahre flexiblere Arbeitszeiten für berufstätige Eltern mit kleinen Kindern als die wichtigste familienpolitische Maßnahme an.

Neben der Erwerbsbeteiligung der Frauen birgt zusätzlich die Personengruppe der älteren Menschen erhebliches Mobilisierungspotenzial, wie ein internationaler Vergleich belegt: Deutschland liegt hierbei lt. Schäfer/Seyer (2004, 113) bei der Erwerbsbeteiligung der 55- bis 64-Jährigen deutlich hinter vergleichbaren Industrienationen. Gründe hierfür liegen in der mit dem Lebensalter steigenden Entlohnung, den – aus Arbeitgebersicht – Nachteilen beim Kündigungsschutz und den rechtlichen Anreizen, vor dem Erreichen der Altersgrenze

---

34   Quelle: Eurostat (2004, 2).
35   I.Vgl. dazu lt. Eurostat (2004, 2): Dänemark 75,1 %, Niederlande 73,5 %, Schweden 72,9 %.
36   Ebenda, 2.
37   Vgl. BIB (2005, 41).

aus dem Berufsleben auszuscheiden. Es gilt daher, politische Anreize zu schaffen, ältere Menschen bis zum Erreichen der Regelaltersgrenze zu beschäftigen. Derzeitige Regelungen im Arbeitsförderungsrecht, vor dem Erreichen der Altersgrenze aus der Erwerbstätigkeit auszuscheiden, müssen überprüft werden, da sie nicht nur eine zunehmende Belastung der Sozialversicherungssysteme, sondern auch einen Verlust an Humankapital darstellen.[38]

4.2.2 Humankapitalausstattung verbessern

Die quantitative Minderung des Erwerbspersonenpotenzials kann durch eine qualitative Verbesserung der Humankapitalausstattung und einen daraus resultierenden Produktivitätsanstieg kompensiert werden. Voraussetzung dafür ist eine höhere Qualifizierung sowohl der derzeit Beschäftigten als auch insbesondere der nachfolgenden Generationen. Vor dem empirisch fundierten Hintergrund, dass mit zunehmendem Alter die Arbeitsproduktivität abnimmt, wird das lebenslange Lernen, die Fort- und Weiterbildung besonders der älteren Beschäftigten in den Unternehmen, unerlässlich werden.

Politische Ansätze zur langfristigen Verbesserung des Humankapitals müssen jedoch bereits in der Anfangsphase des Lebenszyklus, also im Kindergarten- und Grundschulalter, getätigt werden, da aus Ergebnissen der PISA-Studie[39] deutlich wird, dass Staaten mit einer höheren Lesekompetenz auch höhere Studierquoten aufweisen[40], die essenzielle Voraussetzung für eine qualitative Verbesserung des Humankapitals in Deutschland sind. Kindergärten, Grund- und weiterführende Schulen müssen also mit mehr personellen und finanziellen Ressourcen ausgestattet werden, um ein verbessertes Bildungsangebot gewährleisten zu können. Einen ebenfalls positiven Einfluss auf das Bildungsniveau der Kinder hat laut PISA-Studie die Einrichtung von Ganztagschulen mit dem positiven Nebeneffekt, dass dadurch auch die Vereinbarkeit von Familie und Beruf gesteigert werden würde (vgl. 4.2.1).

5   Schlussbetrachtung

Die Bewältigung des demografischen Wandels stellt für Deutschland eine sehr große, womöglich sogar die größte Herausforderung für die Zukunft dar. Weil

---

38   Im Rahmen der Hartz-Gesetze sind bereits Einschränkungen in der Frühverrentung durchgesetzt worden.
39   Quelle: OECD (2003).
40   Vgl. Plünnecke/Seyer (2004, 138).

sich die Auswirkungen nicht nur auf die weitere Finanzierbarkeit der sozialen Sicherungssysteme beschränken, sondern, wie in dieser Arbeit untersucht, weitreichende Konsequenzen auch für das Wirtschaftswachstum und damit den langfristigen Wohlstand haben, müssen umgehend wirtschafts- und gesellschaftspolitische Maßnahmen eingeleitet werden, um diese zu vermeiden.

Glücklicherweise ist zu konstatieren, dass von politischer Seite die große Relevanz dieser Thematik mittlerweile erkannt wurde. Nicht nur die Einrichtung verschiedener Expertenkommissionen, z.B. der sog. „Herzog-Kommission" oder der „Rürup-Kommission", belegen dies, sondern auch bereits erste in die Tat umgesetzte Maßnahmen, wie z.B. die sog. „Riester-Rente" zur Entlastung der Rentenversicherung und zur Förderung der privaten Altersvorsorge oder die Einschränkung der Frühverrentung im Rahmen der Hartz-Gesetze.

Allerdings beschränken sich die bereits umgesetzten politischen Maßnahmen größtenteils auf die sozialen Sicherungssysteme und klammern die wachstumsrelevanten Aspekte des demografischen Wandels weitestgehend aus. Die in Kapitel 4 dargestellten politischen Optionen verdeutlichen den enormen Nachholbedarf der Politik in diesem Bereich: Nur wenige Optionen sind bereits politisch auf den Weg gebracht worden.[41]

Es stellt sich allerdings die berechtigte Frage, ob eine Umsetzbarkeit der vorgestellten Optionen unter den derzeitigen konjunkturellen und fiskalischen Voraussetzungen möglich ist. Vor dem Hintergrund der enormen Haushaltsprobleme des Bundes durch sinkende Einnahmen und steigende Ausgaben muss bezweifelt werden, ob bspw. eine bessere Mittelausstattung der Kindergärten, Schulen, Universitäten und Forschungsinstitute überhaupt finanzierbar ist. Ein möglicher Ausweg böte sich hierfür durch die verstärkte Kooperation und Einbindung privater Instanzen durch sog. „Public Private Partnerships" (PPP).

Politische Entscheidungen mit weitreichenden Auswirkungen für die langfristige Wettbewerbsfähigkeit Deutschlands sind jedoch nicht nur oft kaum finanzierbar, sondern auch für die politischen Akteure unpopulär und gefährden womöglich ihre Wiederwahl. Es bestehen daher berechtigte Vorbehalte, ob das kurzfristige Denken der Politiker die anstehenden Weichenstellungen für die Zukunft überhaupt zulässt. Hinzu kommt, dass die anstehenden Entscheidungen in weiten Teilen ressortübergreifend sind und simultan u.a. Wirtschafts-, Bildungs-, Bevölkerungs- und Finanzpolitik betreffen. Eine enge Kooperation und Abstimmung zwischen den Ressorts ist dementsprechend erforderlich, weckt aber die Befürchtung, dass letztlich nur eine Einigung auf einen unbefriedigenden „kleinsten gemeinsamen Nenner" getroffen wird.

---

41   Hierzu zählen z.B. die geplante Einführung des „Small Business Act" der Bundesregierung zur Entlastung kleinerer Unternehmen und die Förderung von Existenzgründern.

Den Risiken des demografischen Wandels stehen allerdings auch Chancen gegenüber: Dringend benötigte und weitreichende Reformen, insbesondere die sozialen Sicherungssysteme und den Arbeitsmarkt betreffend, werden unter den geänderten demografischen Rahmenbedingungen unausweichlich sein. Der demografische Wandel wird zudem den Strukturwandel in Deutschland beschleunigen und neue Branchen, innovative Dienstleistungen für ältere Menschen und damit neue Arbeitsplätze entstehen lassen. Möglicherweise wird so auf die „Ära der Informationstechnologie" eine „Ära der Gesundheit und Vorsorge" folgen.

Resümierend kann eine Antwort auf die im ersten Kapitel gestellte Frage, ob der demografische Wandel eine Grenze des Wachstums darstellt, nicht eindeutig gegeben werden. Mit einem koordinierten Bündel aus Produktivitätssteigerungen, einer besseren Ausschöpfung des vorhandenen Arbeitskräftepotenzials, einer konsequent auf das generative Verhalten ausgerichteten Familienpolitik, einer arbeitsmarktorientierten Einwanderungspolitik und vor allem einer Fokussierung auf die qualitative Verbesserung des Humankapitals sollten die Auswirkungen des demografischen Wandels mehr als kompensiert werden können. Zudem kann so verhindert werden, dass Deutschland vom „*kranken* Mann Europas" zum „alten *und* kranken Mann Europas" wird, und es können politische Rahmenbedingungen geschaffen werden, um wieder zu einem angemessenen Wirtschaftswachstum zurückzukehren.

Literatur

Barro (1991): Barro, Robert: Economic Growth in a Cross-Selection of Countries. S. 407-443. In: Quarterly Journal of Economics, Vol. 106. 1991

Becker (1960): Becker, Gary S.: An economic analyse of fertility. S. 209-231. In: National Bureau of Economic Research (Hrsg.): Demographic and economic change in developed countries. Princeton, 1960

Becker, Murphy, Tamura (1990): Becker, Gary; Murphy, Kevin; Tamura, Robert: Human Capital, Fertility, and Economic Growth. S1-S3. In: Journal of Political Economy, Vol. 98. 1990

BfGSS (2003): Bundesministerium für Gesundheit und Soziale Sicherung (Hrsg.): Nachhaltigkeit in der Finanzierung der Sozialen Sicherungssysteme. Bericht der Kommission. Berlin, 2003

BIB (2004): Bundesinstitut für Bevölkerungsforschung (Hrsg.): Bevölkerung. Fakten – Trends – Ursachen – Erwartungen. Die wichtigsten Fragen. Wiesbaden, 2004

BIB (2005): Dorbritz, Jürgen; Lengerer, Andrea; Ruckdeschel, Kerstin: Einstellungen zu demographischen Trends und zu bevölkerungsrelevanten Politiken. In: Bundesinstitut für Bevölkerungsforschung (Hrsg.): Ergebnisse der Population and Policy Acceptance Study in Deutschland. Wiesbaden, 2005

Blum (1999): Blum, Ulrich: Alterung der Bevölkerung und Innovation. S. 54-67. In: Höhn, Charlotte (Hrsg.)/Grünheid, Evelyn: Demographische Alterung und Wirtschaftswachstum. Seminar des Bundesinstituts für Bevölkerungsforschung 1998 in Bingen. Opladen, 1999

Buttler (1988): Buttler, Günter: Ursachen und Prognosen der Entwicklung. S. 23-46. In: Recktenwald, Horst Claus (Hrsg.): Der Rückgang der Geburten – Folgen auf längere Sicht. Mainz, 1988

Buttler (1994): Buttler, Günter: Demographischer Wandel. Verharmlosendes Schlagwort für ein brisantes Problem. Vortrag zum dies academicus der Friedrich-Alexander-Universität Erlangen-Nürnberg am 4.11.1994. In: Erlanger Universitätsreden Nr. 49/1995, 3. Folge

DB Research (2002): Deutsche Bank Research (Hrsg.): Die demografische Herausforderung. Demografie Spezial. Online im Internet: http://www.dbresearch.com/PROD/ PROD0000000000044677.pdf, 30.07.2002

Deutscher Bundestag (2002): Deutscher Bundestag, 14. Wahlperiode: Schlussbericht der Enquete-Kommission „Demographischer Wandel – Herausforderungen unserer älter werdenden Gesellschaft an den Einzelnen und die Politik" Berlin, 2002

Dickmann (2004): Dickmann, Nicola: Grundlagen der demographischen Entwicklung. S. 12-32. In: Institut der deutschen Wirtschaft Köln (Hrsg.): Perspektive 2050. Ökonomik des demographischen Wandels. Köln, 2004

Dickmann, Seyda (2004): Dickmann, Nicola; Seyda, Susanne: Gründe für den Geburtenrückgang. S. 36-64. In: Institut der deutschen Wirtschaft Köln (Hrsg.): Perspektive 2050. Ökonomik des demographischen Wandels. Köln, 2004

Die Zeit (2005): „Fragt die Frauen!" In: Die Zeit vom 4. Mai 2005, S.10.

Engstler, Menning (2003): Engstler, Heribert; Menning, Sonja: Die Familie im Spiegel der amtlichen Statistik. Lebensformen, Familienstrukturen, wirtschaftliche Situation der Familien, familiendemografische Entwicklung in Deutschland. Berlin, 2003

Eurostat (2004): Eurostat Labour Force Survey – 2003. Online im Internet: http://epp.eurostat.cec.eu.int/cache/ITY_PUBLIC/3-10092004-AP/EN/3-10092004-AP-EN.PDF, 10.09.2004

FAS (2005): Auszug der Gehirne. In: Frankfurter Allgemeine Sonntagszeitung vom 13.02.2005, S. 39

Geigant (2000): Geigant, Friedrich (Hrsg.): Lexikon der Volkswirtschaft. München, 2000

Grömling (2004): Grömling, Michael: Wirtschaftswachstum. S. 68-93. In: Institut der deutschen Wirtschaft Köln (Hrsg.): Perspektive 2050. Ökonomik des demographischen Wandels. Köln, 2004

Grünheid (2003): Grünheid, Evelyn: Junge Frauen in Deutschland – Hohe Ausbildung contra Kinder? S. 9-15. In: Mitteilungen des Bundesinstituts für Bevölkerungswissenschaft, 24. Jg., Nr.1 2003

Harabi (1997): Harabi, Najib: Determinanten des technischen Fortschritts auf Branchenebene: ein Überblick. In: Discussion Paper No. 97-03 D. Zürich, 1997, S. 1-46.

Höpflinger (1997): Höpflinger, François: Bevölkerungssoziologie. Eine Einführung in bevölkerungssoziologische Ansätze und demographische Prozesse. Weinheim/ München, 1997

IDW (2004): Institut der deutschen Wirtschaft e.V. Köln (Hrsg.): Spießrutenlauf für Gründer. S. 6 In: Informationsdienst des Instituts der deutschen Wirtschaft, Nr. 17 vom 22. April 2004

Klauder (2000): Klauder, Wolfgang: Geburtenrückgang und Arbeitsmarkt. S. 531-536. In: Wirtschaftsdienst, Hamburg, 80. Jg., Nr. 9, 2000

Kleinhenz (2004): Kleinhenz, Gerhard D.: Bevölkerung und Wachstum. Die Bevölkerungsentwicklung in Deutschland als Herausforderung für Wirtschafts- und Sozialpolitik. Passau, 2004

Klös, Kroker (2004): Klös, Hans-Peter; Kroker, Rolf: Perspektive 2050: Ordnungsökonomische Weichenstellungen und wirtschaftspolitischer Handlungsbedarf. S. 392-405. In: Institut der deutschen Wirtschaft Köln (Hrsg.): Perspektive 2050. Ökonomik des demographischen Wandels. Köln, 2004

Lucas (1988): Lucas, Robert: On the Mechanics of Economic Development. S. 3-42. In: Journal of Monetary Economics, Vol. 22, 1988

Mankiw (1998): Mankiw, N. Gregory: Makroökonomik. Stuttgart, 1998

Mayer (1999): Mayer, Tilman: Die demographische Krise. Eine integrative Theorie der Bevölkerungsentwicklung. Frankfurt am Main u.a., 1999

McMorrow, Roeger (1999): McMorrow, Kieran; Roeger, Werner: The Economic Consequences of Ageing Populations. A comparison of the EU, US, Japan. In: Economic Papers. Nr. 138. Europäische Kommission (Hrsg.). 1999

OECD (2003): OECD (Hrsg.): Learning for Tomorrow's World. First Results from PISA 2003. Online im Internet: http://www.pisa.oecd.org/document/55/0,2340,en_32252 351_32236173_33917303_1_1_1_1,00.html, Zugriff am 02.05.2005

Pinnelli, Hoffmann-Nowotny: Pinnelli, Antonelle; Hoffmann-Nowotny, Hans Fux (2001): Joachim; Fux, Beate: Fertility and new types of households and familiy formation in Europe. In: Population Studies Nr. 35. Straßburg, 2001

Plünnecke, Seyer (2004): Plünnecke, Axel; Seyer, Susanne: Bildung. S. 122-142. In: Institut der deutschen Wirtschaft Köln (Hrsg.): Perspektive 2050. Ökonomik des demographischen Wandels. Köln, 2004

Rebelo (1991): Rebelo, Sergio: Long-Run Policy Analysis and Long-Run Growth. S. 500-521. In: Journal of Political Economy, Vol. 99. 1991

Regierung online (2003): Eckpunkte der Offensive für den Mittelstand. Online im Internet: http://www.bundesregierung.de/artikel-,413.457826/Eckpunkte-der-Offensive-fuer-d.htm, 07.01.2003

Romer (1990): Romer, Paul: Endogenous Technological Change. S. 71-102. In: Journal of Political Economy, Vol. 98, Nr. 5. 1990

Rürup (1995): Rürup, Bert: Der demographische Wandel in Deutschland: Wirtschaftliche und gesellschaftliche Konsequenzen und politische Optionen. Online im Internet: www.procterundgamble.de/unternehmen/swa-gespr/media/ruerup-manuskript.doc, 12.12.1995

Rürup, Klopfleisch (1999): Rürup, Bert; Klopfleisch, Roland: Bevölkerungsalterung und Wirtschaftswachstum. Hypothesen und empirische Befunde. S. 40-52. In: Höhn, Charlotte (Hrsg.), Grünheid, Evelyn: Demographische Alterung und Wirtschaftswachstum. Seminar des Bundesinstituts für Bevölkerungsforschung 1998 in Bingen. Opladen, 1999

Schäfer, Seyer (2004): Schäfer, Holger; Seyer, Susanne: Arbeitsmärkte. S. 98-119. In: Institut der deutschen Wirtschaft Köln (Hrsg.): Perspektive 2050. Ökonomik des demographischen Wandels. Köln, 2004

Schwarz (1999): Schwarz, Karl: Die Bedeutung der Berufsabschlüsse für Verheiratung und Kinderzahl der Frauen und Männer in den alten Bundesländern. S. 26-36. In: Zeitschrift für Bevölkerungswissenschaft, 24. Jg., Heft 2, 1999

Solow (1988): Solow, Robert M.: Growth theory. An exposition. New York u.a., 1988

StBA (1998): Statistisches Bundesamt (Hrsg.): Einkommens- und Verbrauchsstichprobe 1/1998. Wiesbaden, 1999

StBA (2003a): Statistisches Bundesamt (Hrsg.): Bevölkerung Deutschlands bis 2050. 10. koordinierte Bevölkerungsvorausberechnung. Wiesbaden, 2003

StBA (2003b): Statistisches Bundesamt (Hrsg.): Einkommens- und Verbrauchsstichprobe 1/2003. Wiesbaden, 2003

StBA (2005): Statistisches Bundesamt: Wanderungen. Online im Internet: http://www. destatis.de/indicators/d/lrbev07ad.htm, zuletzt aktualisiert am 25.02.2005

SVR (2002): Sachverständigenrat zur Begutachtung der Gesamtwirtschaftlichen Entwicklung (Hrsg.): Zwanzig Punkte für mehr Wachstum und Beschäftigung. Jahresgutachten 2002/03. Stuttgart, 2003

Thiel u.a. (1988): Thiel, Eberhard; Wacker-Theodorakopoulos, Cora; Wille, Eckard; Winkler-Büttner, Diana; Härtel, Hans-Hagen: Bevölkerungsentwicklung und Strukturwandel. Spezialuntersuchung 3 im Rahmen der HWWA-Strukturberichterstattung 1987. Hamburg, 1988

United Nations (2001): Department of Economic and Social Affairs, Population Division; United Nations (Hrsg.): World Population Ageing: 1950-2050. New York, 2001

Beschäftigungsschwellen, Wachstum und Wirtschaftspolitik

Stefanie Ebbers, Johannes Heskamp, Markus Kuppe und Hendrik Schulze Nünning

1 Einleitung

Im Jahr 2004[1] nahm das Bruttoinlandsprodukt in Deutschland gegenüber dem Vorjahr preisbereinigt um 1,6 Prozent zu. Die Arbeitslosigkeit ist dadurch jedoch nicht zurückgegangen – sie lag im Jahresdurchschnitt mit rund 4,38 Mio. Personen etwa auf dem Stand des Vorjahres.[2] Dies führte in der Öffentlichkeit dazu, dass wieder verstärkt über „jobless growth" diskutiert wurde.

Um den Befund eines Wachstums ohne zusätzliche Arbeitsplätze zu erhärten, müsste die Situation am Arbeitsmarkt sicherlich längerfristig vom Wachstum entkoppelt sein. Aufgrund vielfältiger Einflüsse auf die Arbeitslosenquote – wie u. a. der Erwerbstätigenquote und der absoluten Anzahl der Erwerbstätigen bzw. Erwerbslosen – sollte eher die Beschäftigungsentwicklung als die Arbeitslosenzahl in den Blickpunkt gerückt werden. Wie muss also Wachstum beschaffen sein, das nachhaltig Arbeit schafft? Relativ einfache, deskriptive Maßzahlen dafür sind die sogenannten „Beschäftigungsschwellen": Sie geben diejenige Wachstumsrate an, ab deren Überschreiten die Beschäftigung zunimmt. Anhand dessen sollte geklärt werden, wie sich die Beschäftigungsschwellen in der Bundesrepublik seit der Wiedervereinigung verändert haben.

Orientiert an diesem Konzept der Beschäftigungsschwellen stellt sich mit Blick auf die Zukunft die Frage, welche Strategien geeignet sind, die Beschäftigung zu erhöhen. Die Wirtschaftspolitik sollte demnach einerseits darauf hinwirken, dass der Produktionsfaktor Arbeit im Wachstumsprozess künftig stärker genutzt wird. Dieses eher defensive Konzept läuft letztlich darauf hinaus, kurzfristig die Beschäftigungsschwellen zu senken und auf diese Weise mit gegebenen Wachstumsraten mehr Beschäftigung zu generieren. Über die kurze Frist hinaus schließt dies eine traditionelle Wachstumspolitik keineswegs aus. Diese

---

1   Datum der Arbeit: September 2005, daher Bezug auf diese Daten
2   Vgl. www.destatis.de, Zugriff am 23.6.2005.

eher offensive Ausrichtung könnte mit Blick auf eine längere Frist eine weitere „Beschäftigungsstütze" sein.

In dieser Arbeit werden wir zunächst den Zusammenhang zwischen Wachstum und Beschäftigung analysieren. Anhand von empirischen Untersuchungen gehen wir auf die Beschäftigungsschwellen und ihre Aussagefähigkeit in der Praxis ein. Abschließend befassen wir uns mit wirtschaftspolitischen Maßnahmen und ihren Auswirkungen auf Beschäftigung und Wachstum.

2   Wachstum, Beschäftigung und Strukturwandel

Der nachfolgende Abschnitt zeigt zum einen, was Wachstum überhaupt ist und inwieweit Wachstum und Beschäftigung voneinander abhängig sind. Zum anderen gehen wir auf einige Einflussfaktoren ein, die in der langen Frist die Arbeitsproduktivität verändern.

2.1   Wachstum und Beschäftigung auf gesamtwirtschaftlicher Ebene

Als Wachstum bezeichnet man im Allgemeinen die Zunahme der gesamtwirtschaftlichen Produktion(-smöglichkeiten). Wachstum wird in der Regel anhand der realen Wachstumsrate des Bruttoinlandsprodukts (BIP) gemessen. Auf diese Weise spiegelt es auch den Zuwachs des gesamtwirtschaftlichen Einkommens wider. Bei der Messung ist die Unterscheidung zwischen nominalen und realen Größen von Bedeutung. Die Analyse von Wachstumsprozessen knüpft generell an preisbereinigte Daten an, weil in nominalen Werten Preisänderungen enthalten sind, die den Blick auf Veränderungen der Produktionsmöglichkeiten verstellen.

Wachstum entsteht letztlich durch eine intensivere Nutzung der Produktionsfaktoren Arbeit und Kapital. Neben einer verstärkten Inanspruchnahme der Faktoren, beispielsweise durch Investitionen, Änderungen des Erwerbsverhaltens oder Migration, zählt vor allem eine effizientere Nutzung der Produktionsfaktoren zu den Wachstumsfaktoren. Das Wachstum wird entsprechend durch den technischen Fortschritt angetrieben – gemessen als Zunahme der Produktivitäten bzw. der Faktorqualitäten. In einer kurzen Frist kehrt sich diese Betrachtungsweise oftmals um: Bei gegebenem Produktivitätsfortschritt wird erwartet, dass ein Produktionszuwachs einen Anstieg der Beschäftigung nach sich zieht. Allerdings wird diese recht einfache Vorstellung gegenwärtig mehr und mehr in Zweifel gezogen. Für die umgekehrte These, also: mehr Beschäftigung bedeute mehr Wachstum, gilt dies aber nicht. Beide Sichtweisen lassen sich kaum mit dem Kreislaufgedanken der modernen Makroökonomik vereinbaren. In deren Standardmodell hängen Produktion und Beschäftigung wechselseitig voneinander ab, sodass die Formulierung von Wirkungsrichtungen wenig sinnvoll erscheint.

Dennoch kann es sinnvoll sein, die Entwicklung von Wachstum und Beschäftigung gegenüberzustellen, etwa um daraus Schlüsse zur Beschäftigungsintensität des Wachstums zu ziehen. In Abbildung 1 sind die Veränderungsraten der Produktion und der Beschäftigung für die Bundesrepublik während der letzten zehn Jahre dargestellt. Die Grafik zeigt, dass sich Bruttoinlandsprodukt und Beschäftigung mit einem gewissen Gleichlauf entwickeln. Erkennbar ist ein konjunkturelles Muster: Insbesondere bei hohen Wachstumsraten sind deutliche Beschäftigungszuwächse zu beobachten. In Stagnationsphasen wird umgekehrt Beschäftigung abgebaut. Zudem ergibt sich im Vergleich der einzelnen Jahre keine „Beschäftigungsautomatik": Für die Jahre 1996 und 2001 ist deutlich zu erkennen, dass sich die Beschäftigung unterschiedlich entwickelt, obwohl gleiche Wachstumsraten des BIP vorliegen.

Abbildung 1:   Bruttoinlandsprodukt und Beschäftigung in der Bundesrepublik 1995-2004. Quelle: Statistisches Bundesamt, eigene Berechnungen

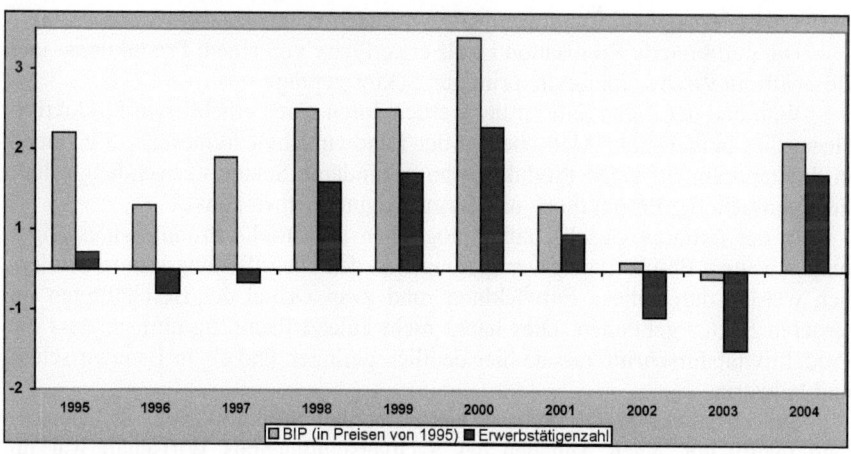

Im Durchschnitt über die letzten zehn Jahre gilt: Beschäftigung und Wachstum hängen offenbar positiv zusammen. Generell sind die Beschäftigungszuwächse aber geringer als das Wachstum. Es scheint also, als sei ein gewisser Wachstumssockel nötig, um die Beschäftigung unverändert zu halten. Dieser „missing link" zwischen Produktion und Beschäftigung ist das Produktivitätswachstum.

Erst wenn das Wachstum den Zuwachs der Arbeitsproduktivität überschreitet, kann die Beschäftigung zunehmen.

2.2 Sektoraler Strukturwandel, technischer Fortschritt und dynamischer Wettbewerb

Während die Entwicklung der Arbeitsproduktivität in der kurzen Frist durchaus als nicht veränderlich angesehen werden kann, unterliegt sie in der längeren Frist einigen Einflussfaktoren, die von außen auf den Arbeitsmarkt zukommen. Neben dem sektoralen Strukturwandel ist hier insbesondere die Rolle des dynamischen Wettbewerbs hervorzuheben. Letztlich sind beide Aspekte allenfalls gedanklich zu trennen – es handelt sich um zwei Seiten einer Medaille.

Der sektorale Strukturwandel ist Teil des volkswirtschaftlichen Entwicklungsprozesses. Bestimmte Branchen und Berufe verlieren an Bedeutung, und die Nachfrage stagniert. Auf neuen Märkten mit neuen Produkten passiert das Gegenteil. Der Strukturwandel lässt sich grob mit der Drei-Sektoren-Hypothese von Jean Fourastié beschreiben, nach der Produktion und Beschäftigung in einer sehr langen Frist zunächst durch die Industrialisierung und anschließend durch die Tertiarisierung beeinflusst werden[3]:

Die traditionelle Zivilisation ist als erste Phase von einem Produktions- und Beschäftigungsschwerpunkt im primären Sektor geprägt.

Während der Industrialisierung werden durch einen erheblichen Produktivitätsanstieg immer mehr Menschen in der Landwirtschaft freigesetzt. Sie finden in der kapitalintensiveren Produktion im sekundären Sektor Verwendung – hier liegt nunmehr der Produktions- und Beschäftigungsschwerpunkt.

In der tertiären Gesellschaft ermöglichen industrielle Produktivitätssteigerungen weitere Beschäftigungsverlagerungen in den Dienstleistungssektor. Schließlich werden durch diese Entwicklung rund zwei Drittel der Beschäftigten im tertiären Sektor gebunden. Dies hängt nicht zuletzt damit zusammen, dass die Produktivitätsforschritte gerade hier deutlich geringer sind als in Landwirtschaft und Industrie.

Die Drei-Sektoren-Hypothese beschreibt den Strukturwandel in Deutschland relativ gut. Nach Angaben des Sachverständigenrats Wirtschaft war im Jahre 1970 knapp die Hälfte aller Erwerbstätigen im produzierenden Gewerbe (Energie, Bergbau, Industrie und Baugewerbe) tätig. Dieser Anteil sank kontinuierlich auf 36,7 Prozent (1990). Während der deutschen Wiedervereinigung be-

---

3   Vgl. z.B. Clement/Terlau/Kiy (2004): Grundlagen der angewandten Makroökonomie, 3. Auflage, München, 345f.; ausführlicher: Löbbe u.a. (1993): Strukturwandel in der Krise. Untersuchungen des Rheinisch-Westfälischen Instituts für Wirtschaftsforschung, Heft 9, Essen. S. 24ff.

schleunigte sich dieser Strukturwandel zunächst, und im letzten Jahr lag der Anteil an allen Erwerbstätigen in diesen vier Kernbereichen der deutschen Wirtschaft bei 27,2 Prozent[4]. Mit dieser Entwicklung liegt Deutschland im Vergleich zu anderen hoch entwickelten Volkswirtschaften eher im Mittelfeld (vgl. Abbildung 2). Vor allem in den USA und in Großbritannien erreichte das Dienstleistungsgewerbe zuletzt Erwerbstätigenanteile von über 80 Prozent. Gewinner des strukturellen Wandels waren dabei – wie in Deutschland – zumeist die unternehmensnahen Dienstleistungen.

Die hohen Produktivitätsfortschritte in der Industrie haben eine direkte Wirkung auf die Beschäftigungsintensität des Wachstums. In der Industrie müssen wesentlich höhere Wachstumsraten erreicht werden, um die Erwerbstätigenzahl wenigstens konstant zu halten – im Allgemeinen ist der Abbau von Beschäftigung also vorauszusehen. Dies ist so lange unbedenklich, wie der tertiäre Sektor die Arbeitsplatzverluste auffängt. Seit Mitte der 70er-Jahre war das nicht mehr der Fall – strukturelle Arbeitslosigkeit entstand.

Selbst wenn die genannten Ansätze den Beschäftigungsstrukturwandel eher beschreiben als erklären, ist künftig damit zu rechnen, dass sich die skizzierten Entwicklungen fortsetzen.[5] Die Beschäftigung im primären und im sekundären Bereich steht weiter unter erheblichem Wettbewerbs- und Rationalisierungsdruck.

---

4   Vgl. Sachverständigenrat Wirtschaft (2004): Jahresgutachten 2004/04, Wiesbaden, Tabelle 22 (Tabellenanhang).

5   Eine Übersicht von Theorien zur Erklärung des Strukturwandels findet sich beispielsweise in Löbbe u.a. (1993): Strukturwandel in der Krise. Untersuchungen des Rheinisch-Westfälischen Instituts für Wirtschaftsforschung, Heft 9, Essen. S. 25-29.

Abbildung 5:   Tertiarisierung im internationalen Vergleich, Anteile der
                  Erwerbstätigen im Dienstleistungssektor 1970-2003. Quelle:
                  Sachverständigenrat Wirtschaft (2004): Jahresgutachten 2004/04,
                  Wiesbaden, S. 373.

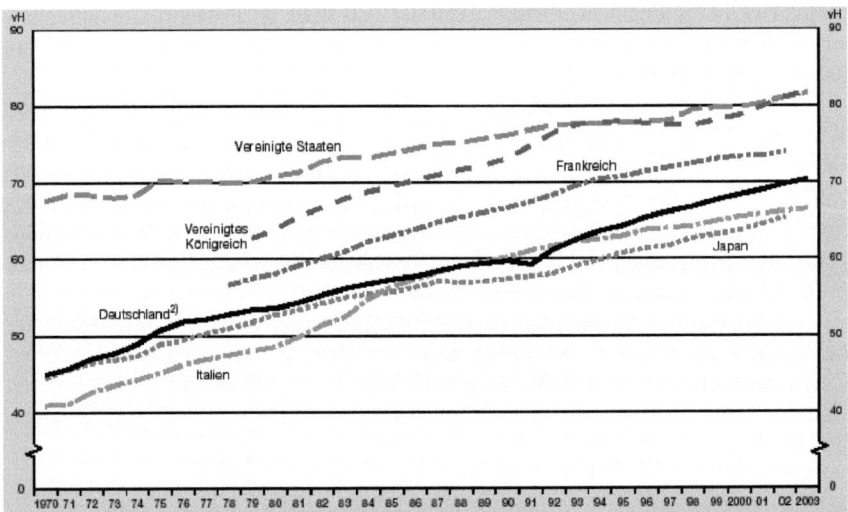

Ein eher einzelwirtschaftlich orientierter Erklärungsansatz des Strukturwandels
ist die Schumpeter'sche Theorie des „Dynamischen Wettbewerbs". Dabei wird
der technische Fortschritt als Triebfeder des Wachstums angesehen. Langfristig
ist technischer Fortschritt fast immer auf technologischen Wandel zurückzuführen. Nach der Schumpeter'schen Hypothese sind vor allem große Unternehmen
für einen Großteil der Erfindungen des technologischen Wandels verantwortlich.[6] Für die wirtschaftliche Entwicklung ist der dynamische Wettbewerb mit
neuen Produkten und Verfahren von besonderer Bedeutung. Unternehmen realisieren Produktinnovationen, dies bedeutet die Herstellung neuer oder qualitativ
verbesserter Güter. Sie verfolgen durch Produktinnovationen das Ziel, am Markt
höhere Preise und höhere Gewinne zu erzielen. Prozessinnovationen werden
vorgenommen, um über Kostensenkungen oder Qualitätsverbesserungen die
Gewinne zu steigern. Die Anwendung neuer Technologien verändert den Produktionsprozess. Durch diesen vorstoßenden Wettbewerb der Innovatoren wer-

---

6   Vgl. Paul A. Samuelson/William D. Nordhaus,15. Auflage, Frankfurt, Wien 1998, S.392.

den gleichzeitig alte Produkte und Märkte verdrängt.[7] Arbeitet ein Produzent mit veralteter Technologie, so wird er bei geltendem Marktpreis nicht mehr bestehen können und aus dem Markt ausscheiden. Diese Funktion des Wettbewerbs hat Schumpeter als „schöpferische Zerstörung" bezeichnet.

Mit Modellen des Dynamischen Wettbewerbs wird versucht, den technischen Fortschritt als zu erklärende Größe in den Mittelpunkt des Interesses zu rücken. Zwar tragen derartige Ansätze zum Verständnis von Wachstumsprozessen bei, aber aufgrund der Singularität einzelner Innovationsbündel ist ihre empirische Verwertbarkeit beschränkt. Insbesondere bleiben die Beziehungen zwischen der Entwicklung neuer Märkte zur Produktivitäts- und Beschäftigungsentwicklung weitgehend unklar. Sie nützen vor allem als Erklärung dafür, in welcher Weise dynamisches Produktionswachstum trotz einer überdurchschnittlichen Produktivitätsentwicklung zu mehr Beschäftigung führen kann.

3   Messung von Beschäftigungsschwellen

Abschnitt 2 hat mögliche Beziehungen zwischen Wachstum und Beschäftigung erläutert. Nachfolgend soll diese Beziehung gemessen werden – gefragt wird nach der Wachstumsrate, ab der Beschäftigung zunimmt. Diese Rate bezeichnet man als Beschäftigungsschwelle. Die Frage, die uns dabei interessiert, ist, inwieweit Wachstum die Beschäftigungszunahme beeinflusst oder ob es noch andere externe Faktoren gibt, die auf Veränderungen der Beschäftigung Einfluss nehmen können.

3.1   Grundlagen und Messkonzept

Als *Okun's Law* wird die Beziehung zwischen der Veränderung der Arbeitslosenquote und dem Wirtschaftswachstum bezeichnet: Es handelt sich um eine empirisch beobachtete Regelmäßigkeit, nach der in den USA der 60er- und 70er-Jahre ein zusätzliches Wachstum von rund 3 Prozent benötigt wurde, um die Arbeitslosenquote um einen Prozentpunkt zu senken. Für Deutschland (1971-2003) ein ähnlicher Schätzwert in dieser Höhe.[8]

Wie eingangs geschildert, soll hier nicht auf die Arbeitslosenquote abgestellt werden, die sich aus einer Vielzahl ökonomischer und demografischer

---

7   Vgl. Neumann, Manfred: Wettbewerbspolitik, Geschichte, Theorie und Praxis, Wiesbaden 2000, S. 17 und S. 35.

8   Vgl. z.B. Clement/Terlau/Kiy (2004): Grundlagen der angewandten Makroökonomie, 3. Auflage, München, S. 370.

Entwicklungen ergibt. Die Beschäftigungsänderungen versucht ein weiterer Ansatz zu erklären. Dieser als „Verdoorn'sches-Gesetz" bekannte Zusammenhang geht von einer linearen Beziehung zwischen Produktionswachstum (BIP) und Arbeitsproduktivität (BIP/ET) aus:

$$w(BIP) = a + b * w(BIP/ET) = a + b*w(BIP) - b*w(ET)$$
$$\text{mit } a, b: \text{ gegebene Koeffizienten}$$
$$w(): \text{ Wachstumsratenoperator}$$
$$ET: \text{ Erwerbstätigenzahl}$$

Nach der Beschäftigung umgestellt folgt

$$w(ET) = \alpha + \beta * w(BIP) \qquad \text{mit } \alpha = a/b \text{ und } \beta = (b-1)/b$$

Für die Beschäftigungsschwellen dient diese Variante als Standard-Messkonzept.[9] Dabei gibt β an, um wie viel Prozent die Beschäftigung bei einem zusätzlichen Prozentpunkt Wachstum steigt – es handelt sich um die Beschäftigungselastizität. Die Beschäftigungsschwelle gibt an, wie stark das Wachstum sein müsste, um die Beschäftigung konstant zu halten. Um die Beschäftigungsschwelle zu erhalten, ist W(ET) Null zu setzen. Aus

$$0 = \alpha + \beta * w(BIP)$$
folgt als Beschäftigungsschwelle - α/β.

---

9   Vgl. Pusse: Die Beschäftigungsschwelle als zentrale Determinante der Erwerbstätigkeit, IAB-Kompendium Arbeitsmarkt und Berufsforschung, Beiträge zur Arbeitsmarkt- und Berufsforschung Nr. 250, S. 71-78.

Abbildung 2:   Messkonzept für Beschäftigungsschwellen

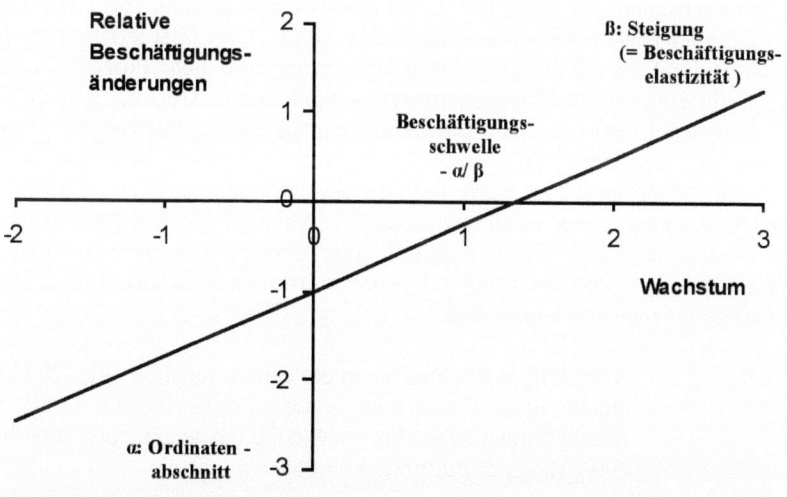

Wie in Abbildung 3 zu sehen ist, bestimmen der gemessene Ordinatenabschnitt α und die Beschäftigungselastizität β die Beschäftigungsschwelle.

Die Beschäftigungsschwelle gibt die Veränderungen der Arbeitsproduktivität wieder. Demnach nimmt die Beschäftigung erst zu, wenn das Wachstum höher ausfällt als der prozentuale Produktivitätszuwachs. Umgekehrt gilt: Je niedriger das Produktivitätswachstum, desto niedriger die Beschäftigungsschwelle, und desto eher kann auch geringes Wachstum einen Beschäftigungszuwachs generieren.[10]

3.2 Veränderungen von Beschäftigungsschwellen

Durch den letzten Gedanken ist klar geworden: Beschäftigungsschwellen sind keine über Jahre festgeschriebenen Werte. Einerseits schwanken sie kurzfristig mit dem Konjunkturverlauf. Andererseits sind durch längerfristige strukturelle Veränderungen der Wirtschaft und des Arbeitsmarktes systematische Veränderungen der Beschäftigungsschwellen zu erwarten.

---

10   Vgl. ebenda, S. 71-78.

Nimmt man wieder die letzten zehn Jahre als Beobachtungszeitraum, dann deuten unsere Berechnungen auf eine sehr niedrige Beschäftigungsschwelle hin – im Durchschnitt der Jahre 1995-2004 reichte ein Wachstum von 1 Prozent, um die Zahl der Erwerbstätigen unverändert zu halten. Dies fasst letztlich den grafischen Befund der Abbildung 1 zusammen. Jedes zusätzliche Prozent Wachstum sorgte für einen Beschäftigungsanstieg von 0,6 Prozent. Trotz der geringen Beobachtungszahl liegt bei einem Bestimmtheitsmaß von 0,59 offenbar eine hinreichend enge Beziehung vor.

Auffallend ist jedoch auch, dass die Beschäftigungsschwelle innerhalb der letzten Dekaden immer wieder gesunken ist. Während der 60er-Jahre lag sie bei 4,1 Prozent, in den Siebzigern betrug ihr Wert noch 2,3 Prozent und in den 80er-Jahren fiel sie noch einmal auf 1,3 Prozent, trotz einer nahezu konstanten Beschäftigungsintensität von ca. 0,5.[11]

Abbildung 3:   Beschäftigungsschwellen in der Bundesrepublik 1970-2005.
               Quelle: Flaig: Die Bedeutung der Lohnentwicklung für die
               Beschäftigungsschwelle, www.doku.iab.de/grauepap/2004/halle
               2004_flaig.pdf Zugriff am 05.08.05

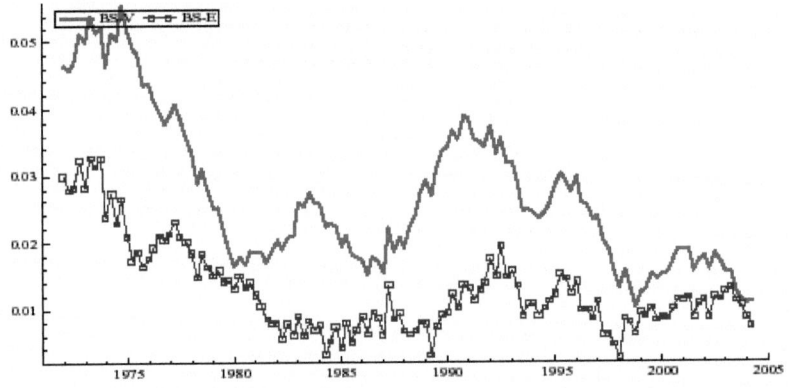

---

11   Vgl. Pusse: Die Beschäftigungsschwelle als zentrale Determinante der Erwerbstätigkeit, IAB-
     Kompendium Arbeitsmarkt und Berufsforschung, Beiträge zur Arbeitsmarkt- und Berufsfor-
     schung Nr. 250, S. 71-78.

Dies macht auch Abbildung 4 deutlich, die einem Arbeitspapier von Flaig entnommen ist.[12] Neben den konjunkturellen Schwankungen fällt auf, dass die Beschäftigungsschwellen seit 1970 deutlich gefallen sind. Der Vergleich von Beschäftigungsschwellen in Bezug auf die Erwerbstätigenzahl (blau) und auf das in Stunden gemessene Arbeitsvolumen (rot) macht ferner deutlich, dass nach der Ausschöpfung von Flexibilisierungspotenzialen zuletzt kaum noch ein Unterschied zwischen beiden Beschäftigungsschwellen bestand. Auch bezogen auf das Arbeitsvolumen lag die Schwelle den Ergebnissen Flaigs zufolge nur knapp über 1 Prozent.

3.3 Sektorale Beschäftigungsschwellen

Die Ergebnisse des letzten Abschnitts werfen die Frage auf, ob die sinkenden Beschäftigungsschwellen teilweise auf den sektoralen Strukturwandel zurückzuführen sind. Dies wird der Fall sein, wenn die Schwellen in der Industrie wesentlich höher sind als im Dienstleistungsgewerbe. In der nachfolgenden Tabelle sind die Ergebnisse weiterer Einfachregressionen für die Veränderungsraten der sektoralen Erwerbstätigenzahl und der zugehörigen Bruttowertschöpfung (in Preisen von 1995) zusammengestellt. Für die Gesamtwirtschaft und für ausgewählte Wirtschaftszweige wurden daraus, wie unter 3.1 erläutert, die Beschäftigungsschwellen empirisch ermittelt.

Die Ergebnisse für die Gesamtwirtschaft wurden oben schon näher betrachtet. Bei einem Bestimmtheitsmaß von 0,59 ergibt sich eine Beschäftigungsschwelle von 1,02 und eine Beschäftigungselastizität von 0,61. Entsprechend reichte im Beobachtungszeitraum ein Wachstum von rund 1 Prozent, um die Zahl der Erwerbstätigen gerade konstant zu halten.

In einzelnen Sektoren erweist sich dieser Zusammenhang als empirisch wenig tragfähig. Für eine Sicherheitswahrscheinlichkeit von 0,95 lässt sich ab einem kritischen Wert der F-Verteilung von 5,32 auf signifikante Zusammenhänge schließen. Das impliziert ein Bestimmtheitsmaß von mindestens 0,40. Sowohl der sehr hohe Schätzwert für die Beschäftigungsschwelle in der Industrie als auch die besonders niedrige bei den öffentlichen Dienstleistungen sind daher von beschränkter Aussagekraft.

Für das private Dienstleistungsgewerbe stellt sich allerdings ein bemerkenswertes Ergebnis ein: Während der Bereich „Handel, Gastgewerbe und Verkehr" sich in den Ergebnissen kaum von der Gesamtwirtschaft abhebt, weisen die unternehmensnahen Dienstleistungsbranchen sogar negative Beschäftigungs-

---

12 Vgl. Flaig/Rottmann: Erhöht der Kündigungsschutz die Beschäftigungsschwelle? – ifo Schnelldienst 17/2004.

schwellen auf. Dies mag aber auch damit zusammenhängen, dass gerade dieser Wirtschaftszweig im Beobachtungszeitraum rasant gewachsen ist.

Tabelle 1:   Veränderung von Erwerbstätigenzahl und reale
                 Bruttowertschöpfung

	Beschäftigungs-schwelle	Beschäftigungs-elastizität	Bestimmt-heitsmaß
alle Wirtschaftsbereiche	1,02	0,61	0,59
Verarbeitendes Gewerbe	6,13	0,24	0,25
Baugewerbe	1,05	0,81	0,36
Handel, Gastgewerbe und Verkehr	1,09	0,38	0,41
Unternehmensnahe Dienstleistungen	-2,76	0,67	0,43
sonstige öffentliche und private Dienste	-0,79	0,74	0,30

Quelle: Statistisches Bundesamt, eigene Berechnungen

Hieraus lässt sich das zu erwartende Ergebnis ableiten. Die zunehmende Flexibilität des Arbeitseinsatzes in einigen Dienstleistungsbereichen hat dazu beigetragen, dass die gesamtwirtschaftlichen Beschäftigungsschwellen sinken. Dies wird dadurch unterstützt, dass die Bedeutung dieser Branchen als Arbeitgeber durch den sektoralen Strukturwandel weiter zunimmt. Dagegen sind im produzierenden Gewerbe mit seinen erheblichen Produktivitätszuwächsen teilweise sehr hohe Produktionszuwächse nötig, damit der Beschäftigungsstand überhaupt steigt. Ein Beispiel dafür war in den letzten Jahren in Deutschland der Fahrzeugbau.

3.4 Beschäftigungsschwellen im internationalen Vergleich

Bei einem Vergleich des durchschnittlichen Wachstums des BIP mit dem anderer Länder liegt Deutschland mit einem Wert von 2,2 Prozent im unteren Bereich. Die Beschäftigungsschwelle liegt im mittleren Bereich.

Auffallend an diesem Vergleich ist, dass die Niederlande ein sehr viel höheres Wachstum mit einer niedrigen Beschäftigungsschwelle vorweisen können. Bei genauerer Betrachtung ist dies nicht sehr verwunderlich. Der niederländische Arbeitsmarkt ist hochflexibel, und die Niederländer sind europäischer Vorreiter bei der Teilzeitarbeit. Dort kommt es häufig vor, dass ein Arbeitnehmer in zwei oder mehr Jobs beschäftigt ist.

Tabelle 2:   Wachstum, Beschäftigungsschwelle und Beschäftigungselastizität
1980-2000

Länder	BIP	Verdoorn's Gesetz	
	jahresdurchschnittliche Wachstumsrate	Beschäftigungs- schwelle [1]	Beschäftigungs- elastizität [2]
USA	3,3	0,6	0,6
Kanada	3,0	0,3	0,6
Niederlande	2,6	-0,7	0,5
Verein. Königreich	2,4	1,6	0,7
Japan	2,5	0,9	0,4
Deutschland [3]	2,1	1,1	0,6
Dänemark	1,9	1,1	0,6
Schweden	2,2	2,1	0,8
Frankreich	2,1	1,2	0,6
Italien	2,0	1,2	0,4

1) Wachstum des BIP, ab dem Beschäftigung zunimmt
2) Wachstum der Beschäftigung, wenn BIP um 1 Prozent zunimmt
3) Bis 1991 Westdeutschland; ab 1992 Gesamtdeutschland

Quelle: doku.iab.de/grauepap/2003/list_walwei.pdf, Zugriff am 18.05.2005

Zieht man die USA zum Vergleich heran, ist bei einem hohen Wachstum eine niedrige Beschäftigungsschwelle zu erkennen. Dort ist der Kündigungsschutz geringer als hierzulande, was ein Grund für eine Beschäftigungsschwelle dieser Höhe sein könnte.

Länder wie Schweden oder Dänemark unterscheiden sich in dieser Hinsicht nicht sehr von Deutschland, vergleicht man jedoch die Arbeitslosenquoten dieser drei Länder miteinander, weist Deutschland mit 9,6 Prozent im Vergleich zu den beiden anderen Ländern mit jeweils 5,6 Prozent eine deutlich höhere Arbeitslosenquote auf.[13] Dieser günstige Befund beruht vor allem auf zuletzt höheren Wachstumsraten: während in Schweden das BIP seit 1995 real um 3,3 Prozent und in Dänemark um 2,2 Prozent pro Jahr zugelegt hat, wuchs die deutsche Wirtschaft in den letzten zehn Jahren durchschnittlich um 1,2 Prozent pro Jahr. Die abweichende Arbeitslosenquote zu den skandinavischen Ländern ist damit zu einem guten Teil auf unterschiedliche Wachstumspfade zurückzuführen.

4 Wirtschaftspolitik für mehr Wachstum und Beschäftigung

Das primäre Ziel der Wirtschaftspolitik ist es, in Deutschland künftig Rahmenbedingungen für mehr Beschäftigung zu schaffen. Ein Schritt dazu wäre es, die Beschäftigungsschwellen weiter zu senken. Wie die internationalen Vergleiche im vergangenen Abschnitt zeigen, sollte dies über die kurze Frist hinaus zum anderen von einer Politik für mehr Wachstum begleitet sein.

4.1 Maßnahmen zur Absenkung von Beschäftigungsschwellen

Je niedriger die Beschäftigungsschwelle liegt, desto leichter ist geringes Wachstum zu verkraften. Der positive Effekt ist umso höher, wenn das Wachstum die Beschäftigungsschwelle überschreitet. Neue Arbeitsplätze würden wieder neue Arbeitsplätze nach sich ziehen. Kern aller Ansätze ist es, bestehende Verkrustungen am Arbeitsmarkt zu beseitigen und die Flexibilität des Arbeitseinsatzes zu erhöhen.

Viele Ökonomen sehen den Kündigungsschutz als Einstellungshindernis an. Für die Unternehmen ist der Kündigungsschutz ein Kostenfaktor. Die Bereitschaft der Unternehmen, Arbeitnehmer einzustellen, ist demnach auch von den Bedingungen des Kündigungsschutzes abhängig. Gemäß einer repräsentativen Umfrage der Initiative „Neue Soziale Marktwirtschaft" würde die Mehrheit der Unternehmen bei einer Lockerung des Kündigungsschutzes zusätzliche Arbeitsplätze schaffen.[14] Bei dieser Umfrage wurden 859 Unternehmen befragt. 57 Prozent gaben an, aufgrund des Kündigungsschutzes in der Vergangenheit auf Neueinstellungen verzichtet zu haben und die große Mehrheit (70 Prozent) gab

---

13   Vgl. www.sachverstaendigenrat-wirtschaft.de/download/tabellen/Tab02jg.pdf. Zugriff am 05.08.05 (eigene Berechnungen).
14   Vgl. www.chancenfueralle.de/Arbeit/Arbeitsmarkt/Jobbremse_Kuendigungsschutz.html und www.wiwo.de/pswiwo/fn/ww2/sfn/buildww/id/125/id/54493/SH/0/depot/0/. Zugriff am 05.08.05

an, zusätzliche Arbeitsplätze bei einer Lockerung des Kündigungsschutzes zu schaffen.[15]

In einer empirischen Studie des IfO-Instituts werden die Auswirkungen des Kündigungsschutzes auf die Beschäftigungsschwelle analysiert. Das Ergebnis ist eindeutig: Länder mit einem geringen Kündigungsschutz haben niedrigere Beschäftigungsschwellen.[16] Weitere empirische Studien bestätigen, dass vor allem die Langzeitarbeitslosigkeit durch den hohen Kündigungsschutz nicht so leicht abgebaut wird. Ob nun aber der Kündigungsschutz weiter gelockert werden soll, dazu gibt es geteilte Meinungen. Dass eine Lockerung des Kündigungsschutzes den Arbeitsmarkt entlastet, zeigen die Beispiele aus den USA, Dänemark und der Schweiz.[17] Durch die Lockerung des Kündigungsschutzes sind positive Verteilungswirkungen zu erwarten, weil die Chancen für eine Einstellung von benachteiligten Personen am Arbeitsmarkt steigen würde.[18] Gründe gegen die Lockerung des Kündigungsschutzgesetzes sind, dass die Sozialauswahl bei betriebsbedingten Kündigungen vereinfacht wird und dass die Unternehmen die Möglichkeit haben, neue Arbeitnehmer befristet einzustellen, womit sie flexibel auf Schwankungen der Nachfrage oder saisonbedingte Veränderungen bei der Produktion reagieren können.

Ein Herabsenken des Kündigungsschutzes wäre jedoch besonders für kleine und mittlere Unternehmen von Vorteil, die ihre Personalplanung flexibel – auftragsbezogen – gestalten müssen.

Fraglich dagegen ist, ob und inwieweit die „Gesetze für moderne Dienstleistungen am Arbeitsmarkt" – besser bekannt als Hartz I bis IV – die Beschäftigungsschwelle direkt oder indirekt tangieren. Dem ursprünglichen Auftrag nach waren sie zunächst als effizienzsteigernde Maßnahmen für die Arbeitsmarktpolitik und die Arbeitsvermittlung vorgeschlagen und auf den Weg gebracht worden.

Mit „Hartz I" traten Anfang 2003 unter anderem Neuregelungen zur Leih- und Zeitarbeit in Kraft. Mithilfe von Personal Service Agenturen (PSA) sollten die Arbeitsagenturen als Zeitarbeitsfirmen fungieren können. Absicht war letztlich die Flexibilisierung des Arbeitsmarktes u.a. durch die Übernahme von Risiken und Kosten, die Unternehmen mit der Einstellung oder Entlassung von Arbeitnehmern entstehen. Beabsichtigt war ferner ein „Klebeeffekt" – Arbeitnehmer sollten über die Agenturen in reguläre Arbeitsplätze vermittelt werden. Bisher

---

15 Vgl.www.wiwo.de/pswiwo/fn/ww2/sfn/buildww/cn/cn_artikel/cn/bm_morecontent/artpage/0/id/125/id/54493/fm/0/fl/0/bt/2/SH/0/depot/0/

16 Flaig/Rottmann: Erhöht der Kündigungsschutz die Beschäftigungsschwelle? – ifo Schnelldienst 17/2004.

17 Vgl. Wirtschaftswoche Magazin: Kündigungsschutz wirkt als Job-Bremse, www.wiwo.de/pswiwo/fn/ww2/sfn/buildww/id/125/id/54493/SH/0/depot/0/, Zugriff am 10.06.2005.

18 Vgl. Bonin, Holger: Lockerung des Kündigungsschutzes: Ein Weg zu mehr Beschäftigung?, opus.zbw-kiel.de/volltexte/2004/1773/pdf/dp1106.pdf, Zugriff am 10.06.2005, S. 16.

sind diese Wirkungen allein wegen der unerwartet geringen Anzahl der in PSA Beschäftigten weitgehend ausgeblieben.[19] Die Wirkungen des parallel novellierten Arbeitnehmerüberlassungsgesetzes[20] auf Arbeitsmarktflexibilität und Beschäftigungsschwellen lassen sich kaum zuverlässig abschätzen. Vermutlich sind die Möglichkeiten der Unternehmen aber gestiegen, Friktionen im Zusammenhang mit dem Kündigungsschutz zu verlagern. Da es sich naturgemäß auf alle Leih- und Zeitarbeitsfirmen bezieht, ist hier möglicherweise eine durchgreifendere Wirkung zu erwarten.

Mit dem gleichzeitig in Kraft getretenen „Hartz II"-Paket wurde u.a. eine Reform der geringfügigen Beschäftigungsverhältnisse eingeführt. Bei den geringfügig entlohnten Beschäftigungsverhältnissen fand eine Erhöhung der Entgeltgrenze auf 400 Euro statt. Für den Arbeitgeber sind diese Minijobs abgabenfrei. Diskutiert wird im Zusammenhang mit diesen Minijobs, ob dadurch neue Beschäftigungsverhältnisse entstehen oder ob bestehende sozialversicherungspflichtige Beschäftigung verdrängt wird. Welcher der beiden Effekte auch überwiegen mag, in jedem Fall nimmt die Effizienz des Arbeitseinsatzes zu. Allein die Tatsache, dass die Minijobs sowohl in der Wirtschaft als auch in den privaten Haushalten gut angenommen werden, deutet auf Reibungsverluste auf dem Markt für sozialversicherungspflichtige Beschäftigung hin.

„Hartz IV" wurde als bisher letzte Stufe der Arbeitsmarktreformen Anfang 2005 eingeführt und beinhaltet die Zusammenlegung von Arbeitslosenhilfe und Sozialhilfe zum Arbeitslosengeld II. Bei den Beziehern von Arbeitslosengeld II handelt es sich um die bisherigen Bezieher von Arbeitslosenhilfe und die erwerbsfähigen Bezieher von Sozialhilfe. Auch die Zumutbarkeitsregelungen wurden für die Leistungsbezieher verschärft. Wer eine Stelle ablehnt, muss mit Kürzungen des Arbeitslosengelds rechnen.[21] Diese Maßnahmen dienen letztlich dazu, die Anreize für eine Arbeitsaufnahme zu verstärken und die finanziellen Belastungen der sozialen Sicherungssysteme zu vermindern. Mit Blick auf die Flexibilisierung des Arbeitseinsatzes dürften sich die Effekte in Grenzen halten. Sie könnten aber geeignet sein, durch eine verstärkte Nutzung der „labour force" zusätzliches Wachstum zu generieren.

---

19 SVR 04 , z 677 (xxx)

20 Dies waren u.a. Wegfall des Befristungsverbots zwischen Leiharbeitnehmer und Verleihbetrieb, das Aufheben von zeitlichen Beschränkungen des Beschäftigungsverhältnisses auf die Dauer eines Verleihansatzes, der Wegfall des Wiedereinstellungsverbots und die Ausweitung der Überlassungsdauer auf 24 Monate (vgl. Sachverständigenrat, Auszug aus dem Jahresgutachten 2003/04: Würdigung der Arbeitsmarktreform (einschliesslich der Hartz-Vorschläge, Ziffer 243).

21 Vgl. Sachverständigenrat, Auszug aus dem Jahresgutachten 2002/03 und 2003/04: Würdigung der Arbeitsmarktreformen (einschließlich der Hartz-Vorschläge), Ziffern 472 bis 476 bzw. 228 bis 253.

4.2 Maßnahmen zur Stärkung von Innovationen und Wachstum

Am Ende des vorangegangenen Abschnitts deutete sich bereits an, dass sich Arbeitsmarktreformen und Wachstumspolitik allenfalls gedanklich trennen lassen. Tatsächlich aber setzen die meisten der skizzierten Reformschritte voraus, dass die Unternehmen das flexibilisierte Arbeitsangebot auch aufnehmen können. Ferner lassen sich die Beschäftigungsschwellen nicht beliebig senken. In diesem Abschnitt soll deshalb dargestellt werden, wie Beschäftigung nach Maßgabe der oben vorgestellten Beschäftigungselastizitäten über das Wachstum generiert werden kann.

Nach dem Stabilitätsgesetz (1967) soll die Bundesregierung für ein „stetiges und angemessenes" Wirtschaftswachstum sorgen. Hierunter versteht man einen Wachstumsprozess, der möglichst geringen Schwankungen unterliegt und nicht allein nach Maximierung strebt.[22] Allerdings präzisiert das Gesetz nicht, auf welche Weise der Staat das Wirtschaftswachstum fördern soll. Zum klassischen Bereich der Wachstumspolitik zählen jene Teile der Investitions-, Forschungs-, Industrie-, Bildungs- und (Infra-)Strukturpolitik, die geeignet sind, das gesamtwirtschaftliche Produktionspotenzial zu steigern.

Ökonomen unterscheiden zwischen einer nachfrageorientierten und angebotsorientierten Wachstumspolitik. Die eher kurzfristig orientierte Wachstumspolitik hat das Ziel, Nachfrageschwankungen im privaten Sektor auszugleichen. Die eher langfristig orientierte Wachstumspolitik soll den privaten Bereich stärken. Der Staat hat die Aufgabe, Störungen im Wachstumsprozess zu beseitigen und stabile, wirtschaftspolitische Rahmenbedingungen zu schaffen. Elemente der Wachstumspolitik sind z.B. der Abbau von Subventionen oder die Privatisierung staatlicher Aufgaben.[23]

Ein bedeutendes Wachstumsmodell wurde 1956 von Solow entwickelt. Die zentrale Aussage des Solow-Modells ist, dass dauerhaftes Wirtschaftswachstum eine stetige Zunahme des technischen Wissens verlangt. Der technische Fortschritt ist also laut Solow die einzig mögliche Quelle für langfristiges Wirtschaftswachstum.[24] Die wirtschaftliche Dynamik einer Volkswirtschaft hängt besonders davon ab, in welchem Umfang es Unternehmen gelingt, Produkt- und Prozessinnovationen am Markt durchzusetzen.

Innovationsförderung und Innovationspolitik können hier ihren Beitrag leisten. Ebenso müssen die Bildungs- und Forschungspolitik und die Bedingungen für Humankapitalbildung verbessert werden. Die EU-Kommission hat eine Stra-

---

22   Vgl. Microsoft Encarta Enzyklopädie Professional, 2004.
23   Vgl. Pätzold, Jürgen: Das Beschäftigungsproblem – Ursachen und Strategien, www.juergen-paetzold.de/stabpol/BG+Infl/Beschaeftigung.html, Zugriff am 31.05.2005.
24   Vgl. Welfens: Grundlagen der Wirtschaftspolitik, 2. Auflage, Berlin u.a., 2005, S. 276-280.

tegie für mehr Wachstum und Beschäftigung entwickelt: den sogenannten Lissabon-Prozess. Ein Schwerpunkt dieser Strategie liegt auf Wissen und Innovation für Wachstum, d.h. Aufstockung der Forschungs- und Entwicklungsausgaben auf 3 Prozent des BIP, Unterstützung der Bildung von Innovationszentren oder die Einrichtung eines europäischen Technologieinstituts. Ein anderer wichtiger Punkt dieser Strategie beschäftigt sich damit, Europa als Ort zum Arbeiten und Investieren attraktiver zu machen. Dies soll mit der Vollendung des Binnenmarktes in Bereichen, in denen mit realem Wachstum zu rechnen ist, erreicht werden. Außerdem sind offene und wettbewerbsfähige Märkte innerhalb und außerhalb Europas, der Ausbau der Infrastruktur in Europa sowie eine konsolidierte Körperschaftssteuer von großer Bedeutung. Der letzte Punkt dieser EU-Strategie beinhaltet natürlich das Thema, wie mehr und bessere Arbeitsplätze geschaffen werden können. Die Verringerung der Jugendarbeitslosigkeit, die Modernisierung der Sozialsysteme und mehr Investitionen in Humankapital durch bessere Bildung und Ausbildung gehören zu den Lösungsansätzen.

Dieses Aktionsprogramm ist natürlich nur durchsetzbar, wenn die Zusammenarbeit der Union und der einzelnen Mitgliedsstaaten funktioniert. Grundlage sind die Erfahrungen aus dem Binnenmarktprogramm. Die Mitgliedsstaaten sollen jeweils einen Verantwortlichen für die Umsetzung des Programms haben, und pro Staat soll es nur ein Programm geben sowie einen Umsetzungsbericht. Selbstverständlich sind diese Ziele nicht kostenlos umzusetzen. Voraussetzung ist, dass die Mitgliedsstaaten die EU mit genügend Haushaltmitteln ausstatten müssen.[25]

Ein weiterer Schritt, um die Innovationstätigkeit anzuregen, besteht in der Lockerung von Regulierungen, damit der Wettbewerb auf den Gütermärkten weniger stark beschränkt ist. Mit der Deregulierung sollen Investitions- und Innovationshemmnisse abgebaut werden. Ferner soll mehr Wettbewerb entstehen, und dieser soll die Unternehmen zu mehr Innovationen animieren. Auch soll der Wettbewerb die Unternehmen zu kostengünstigerer Produktion zwingen, die dann ihre preisliche Wettbewerbsfähigkeit erhöht. Für die Durchsetzbarkeit von Deregulierungsmaßnahmen ist es sehr wichtig, ob sich positive Beschäftigungswirkungen nur in der Gesamtwirtschaft ergeben oder bereits direkt in der betroffenen Branche. Denn wenn die Deregulierung dazu führt, dass in diesem Bereich selbst viele neue Arbeitsplätze entstehen, dann ist der politische Widerstand der Betroffenen gegen die Deregulierung geringer.[26]

---

25   Vgl. europa.eu.int/rapid/pressReleasesAction.do?reference=IP/05/130&format=HTML &aged =0&language=de&guiLanguage=en, Zugriff am 30.08.2005
26   Vgl. Sachverständigenrat zur Begutachtung der gesamtwirtschaftlichen Lage: Eine Politik für Wachstum und Beschäftigung, Jahresgutachten 2002/03, Stuttgart, S. 217f.

5 Fazit

Zusammenfassend kann festgehalten werden, dass hohe Wachstumsraten – wenn auch etwas zeitversetzt – zu einem deutlichen Anstieg der Beschäftigung führen. Allerdings läuft es in Phasen der Stagnation genau umgekehrt – die Beschäftigung nimmt ab. Zwischen Wachstum und Beschäftigung besteht also ein positiver Zusammenhang. Die Beschäftigung kann aber erst zunehmen, wenn das Wachstum des realen Bruttoinlandsproduktes den Zuwachs der Arbeitsproduktivität überschreitet. Nach den empirischen Befunden ist aufgefallen, dass die Beschäftigungsschwelle innerhalb der letzten Dekaden immer wieder gesunken ist. Trotzdem war die Beschäftigungselastizität von ca. 0,5 nahezu konstant. Im internationalen Vergleich liegt Deutschland mit diesen Werten im unteren Bereich.

Die Niederlande zum Beispiel können mit einer niedrigen Beschäftigungsschwelle ein sehr hohes Wachstum vorweisen. Dieses liegt zum einen an der Flexibilität des holländischen Arbeitsmarktes und zum anderen daran, dass sie Vorreiter bei der Teilzeitarbeit sind. Ein weiterer Grund, warum bei einer niedrigen Beschäftigungsschwelle hohes Wachstum entstehen kann, ist der, dass gering qualifizierte Arbeitnehmer einen geringeren Kündigungsschutz haben.

Aus Sicht der Wirtschaftspolitik sollte die Beschäftigungsschwelle in der kurzen Frist gesenkt werden, denn durch eine niedrige Beschäftigungsschwelle ist es leichter möglich, geringes Wachstum zu verkraften. Wenn das Wachstum die Beschäftigungsschwelle überschreiten würde, dann würden dadurch neue Arbeitsplätze entstehen. Langfristig sollten die Innovationsförderung sowie die Bildungs- und Forschungspolitik und die Bedingungen für Humankapital verbessert werden. Die EU-Kommission hat bereits Zeichen gesetzt, indem sie eine Strategie für mehr Wachstum und Beschäftigung entwickelt hat.

Man sollte jedoch beachten, dass die Beschäftigungsschwelle dem Zuwachs der Produktivität entspricht. Demzufolge bedeuten sinkende Beschäftigungsschwellen eine Abnahme des Produktivitätszuwachses. Durch sinkende Produktivitätszuwächse ist es für andere Länder möglich, im Vergleich zu Deutschland im Wettbewerb aufholen. Bei diesen Ländern handelt es sich vor allem um Länder, deren Produktivität derzeit noch weit unter dem Niveau Deutschlands liegt. Bei einem niedrigen Produktivitätswert ist angesichts der enger werdenden internationalen Zusammenarbeit ein hoher Zuwachs praktisch vorprogrammiert. Der Austausch von Wissen, Know-how und Synergien sorgt dafür, dass die Produktivität rasend schnell wächst. Vermutlich wird sich das Produktivitätsniveau dem von Deutschland und anderen hoch industrialisierten Ländern annähern.

In den letzten Jahren hat sich besonders stark gezeigt, dass es schwer ist, mit Niedriglohnländern bei arbeitsintensiven Tätigkeiten zu konkurrieren. Ziel sollte sein, Bereiche zu fördern, in denen Spitzenkräfte benötigt werden, wie z.B.

Forschung und Entwicklung. Wissen ist der wichtigste Rohstoff, den Deutschland hat. Um den deutschen Standort wettbewerbsfähig zu machen, ohne den hart erarbeiteten Wohlstand aufzugeben, sollte nicht nur ein Auge auf mögliche Senkungen von Beschäftigungsschwellen geworfen werden, es sollte auch versucht werden, einen Wettbewerbsvorteil und damit eine hohe Standortattraktivität in den wissensintensiven Bereichen zu erzielen.

Literatur

Clement/Terlau/Kiy (2004): Grundlagen der angewandten Makroökonomie, 3. Auflage, München.

Neumann: Wettbewerbspolitik, Geschichte, Theorie und Praxis, Wiesbaden 2000.

Samuelson/Nordhaus: Volkswirtschaftslehre, 15. Auflage, Frankfurt am Main, Wien 1998.

Schumpeter: Theorie der wirtschaftlichen Entwicklung, Berlin 1997.

Welfens: Grundlagen der Wirtschaftspolitik, 2. Auflage, Berlin u.a., 2005

Internetquellen

www.chancenfueralle.de/Arbeit/Arbeitsmarkt/Jobbremse_Kuendigungsschutz.html
www.destatis.de
www.europa.eu.int/rapid/pressReleasesAction.do?reference=IP/05/130&format=HTML&
    aged=0&language=de&guiLanguage=en
www.wiwo.de/pswiwo/fn/ww2/sfn/buildww/id/125/id/54493/SH/0/depot/0/
www.wiwo.de/pswiwo/fn/ww2/sfn/buildww/cn/cn_artikel/cn/bm_morecontent/artpage/0/i
    d/125/id/54493/fm/0/fl/0/bt/2/SH/0/depot/0/
www.wiwo.de/pswiwo/fn/ww2/sfn/buildww/id/125/id/54493/SH/0/depot/0/

Sonstige

Bonin: Lockerung des Kündigungsschutzes: Ein Weg zu mehr Beschäftigung?, opus.zbw-
    kiel.de/volltexte/2004/1773/pdf/dp1106.pdf
Flaig/Rottmann: Erhöht der Kündigungsschutz die Beschäftigungsschwelle? Ifo Schnell-
    dienst 17/2004.
Löbbe u.a. (1993): Strukturwandel in der Krise. Untersuchungen des Rheinisch-
    Westfälischen Instituts für Wirtschaftsforschung, Heft 9, Essen.
Microsoft Encarta Enzyklopädie Professional, 2004.
Pätzold: Das Beschäftigungsproblem – Ursachen und Strategien, www.juergen-paetzold.
    de/stabpol/BG+Infl/Beschaeftigung.html.

Pusse: Die Beschäftigungsschwelle als zentrale Determinante der Erwerbstätigkeit, IAB-Kompendium Arbeitsmarkt und Berufsforschung, Beiträge zur Arbeitsmarkt- und Berufsforschung Nr. 250.

Sachverständigenrat Wirtschaft (2004): Jahresgutachten 2004/04, Wiesbaden

Technologischer Fortschritt, die Signalwirkung von Bildungsabschlüssen und die Dynamik der Lohnstruktur

Oliver Nikutowski

Zusammenfassung

Von der Bildungsoffensive der 1960/70er-Jahre versprach man sich vor allem ein Mehr an sozialer Mobilität, Chancen- und Einkommensgleichheit. Die Entwicklung in den darauffolgenden Jahrzehnten verlief jedoch in vielen Ländern genau entgegengesetzt. Insbesondere in den angelsächsischen Ländern stieg mit der Akademikerquote auch die Lohnspreizung. Dieser Trend wird bis heute von realen Einkommenseinbußen der am geringsten qualifizierten Arbeitnehmer begleitet.

Eine Reihe von Theorien versucht, die erhöhte Spreizung der Einkommen über *skill-biased technological change* zu erklären. Ansätze dieser Art sind allerdings nur bedingt in der Lage, die fallenden Löhne geringqualifizierter mit technologischem Fortschritt in Einklang zu bringen.

Das folgende Modell ergänzt die Literatur zu diesem Problemfeld um einen *Gruppierungseffekt:* In unserem Modell weisen Akteure mit höherer Qualifikation tendenziell auch eine größere Begabung auf. Zu diesem Talent komplementärer Fortschritt erhöht c.p. das Lohndifferenzial zwischen den Qualifikationsgruppen und steigert dadurch die Bildungsanreize. Die resultierende Erhöhung der Akademikerquote senkt sowohl bei den Gering- als auch bei den Hochqualifizierten die durchschnittliche Begabung, wirkt sich aber stärker auf die Produktivität der Geringqualifizierten aus. Hierdurch kommt es zu steigender Lohnspreizung, die von fallenden Löhnen der Geringqualifizierten begleitet werden kann. Technologischer Fortschritt führt über diesen Mechanismus kurzfristig zwar zu mehr Wachstum, eine Erhöhung der Ineffizienz des Bildungssystems kann dabei jedoch nicht ausgeschlossen werden.

1   Einleitung

Von der Bildungsoffensive der 1960/70er-Jahre versprach man sich vor allem ein Mehr an sozialer Mobilität, Chancen- und Einkommensgleichheit. Die Entwicklung in den darauffolgenden Jahrzehnten verlief jedoch in vielen Ländern genau entgegengesetzt. Insbesondere in den angelsächsischen Ländern stieg mit der Akademikerquote auch die Lohnspreizung: Während die Arbeitseinkommen der Geringqualifizierten noch bis zum Ende der 1960er-Jahre gemeinsam mit denen der Hochqualifizierten stiegen, kam es in den 1970er-Jahren zu einem offensichtlichen Bruch. Seither fallen die Reallöhne der Geringverdiener und steigen die Einkommensunterschiede zwischen den Qualifikationsgruppen (Abbildung 1 veranschaulicht die Entwicklung für die USA im Zeitraum von 1963 bis 1990[1]). In den 1990er-Jahren verlangsamte sich diese Entwicklung zwar, eine Trendwende ist jedoch nicht in Sicht (vgl. Card/DiNardo 2002). Die beschriebene Dynamik geht mit einer stark zyklischen, prinzipiell aber steigenden Bildungsrendite einher.[2] Aus ökonomischer Perspektive ist an dieser Entwicklung insbesondere bemerkenswert, dass sie von einem Anstieg des Angebots an Hochqualifizierten begleitet wird. Schließlich sollte eine Erhöhung des Angebots an Akademikern eigentlich eine relative Lohnsenkung dieser Gruppe nach sich ziehen. Das Gegenteil ist jedoch offensichtlich der Fall.

Eine Vielzahl von Theorien wurde entwickelt, um diese Trends verständlich zu machen. Die Ansätze lassen sich dabei grob drei Kategorien zuordnen: Globalisierungstheorien, Ansätze zum institutionellen Wandel und Hypothesen zum *skill-biased technological change*. Theorien der ersten Art argumentieren, dass die zunehmende Bedeutung des Außenhandels mit Schwellenländern zu einer Angleichung der Faktorpreise führt (Stolper-Samuelson-Theorem). Da das relative Angebot an Hochqualifizierten in den Schwellenländern gering, in den Industrienationen aber groß ist, schlussfolgert man, dass die Nachfrage nach Hochqualifizierten in den entwickelten Ländern zunehmen und deshalb deren Relativlohn steigen wird. Ansätze dieser Art sind theoretisch zwar plausibel, empirisch aber widersprüchlich: Zum einen ist der auf die besagten Länder entfallende Außenhandelsbeitrag viel zu gering, um größere Bewegungen im Lohngefüge erklären zu können (Krugman 1995). Zum anderen sagen die Theorien auch voraus, dass der relative Preis skill-intensiver Güter steigen sollte – für die 1980er-Jahre lässt sich aber sogar das Gegenteil beobachten (Lawrence *et al.* 1993).

---

1   Aktuellere Daten sind leider nicht unmittelbar vergleichbar, da das U.S. Census Bureau seit 1991 mit einer anderen Abgrenzung der Qualifikationsgruppen arbeitet.
2   Vgl. z.B. Acemoglu (2002) für die USA oder O'Leary/Sloane (2005) für Großbritannien.

Der zweite Ansatz versucht, die Dynamik der Lohnstruktur auf fallende Gewerkschaftsmacht und reduzierte Mindestlöhne zurückzuführen. Ersteres erscheint jedoch wenig überzeugend, da die Schwächung der Gewerkschaften viel früher einsetzte als die Lohnspreizung. Aber auch gesenkte Mindestlöhne können die zunehmende Lohnspreizung nicht befriedigend erklären. Ein nicht unerheblicher Teil hieran geht schließlich auf Veränderungen in den höheren Einkommensklassen zurück, die wohl kaum maßgeblich durch Mindestlöhne beeinflusst sein dürften (vgl. Smeeding/Gottschalk 1997).

Abbildung 1:   Lohnentwicklung in den USA: College vs. Non-College (eigene Berechnungen auf Grundlage von Daten des U.S. Census Bureau; Historical Income Tables – People; Table P-17. Median-Einkommen der Männer älter als 25 Jahre). Löhne in 1963 auf 1 normiert.

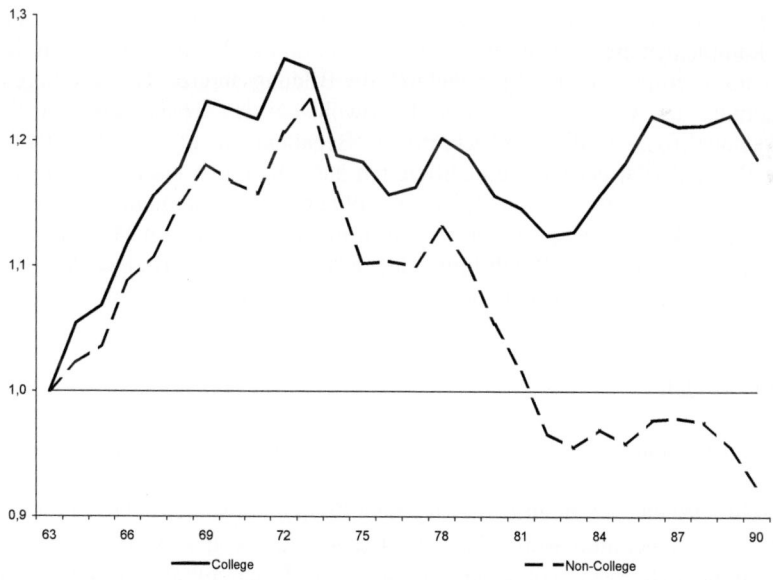

Der dritte Ansatz bezieht sich auf die These vom *skill-biased technological change*. In ihrem Kern besagt diese, dass die relative Nachfrage nach Hochquali-fizierten aufgrund des technologischen Fortschritts steigen wird. Dass diese Theorie heute von vielen Ökonomen favorisiert wird, liegt wohl insbesondere an der begrenzten Erklärungsmacht der alternativen Ansätze. Lawrence *et al.* (1993, S. 218) bringen dies anschaulich zum Ausdruck:

> „The argument for the skill-biased technological change hypothesis is a bit like inferring the existence of Pluto, because Neptune's orbit does not otherwise fit the predictions of theory."

Erklärungsversuchen dieser Art wird deshalb häufig vorgeworfen, einen skill-bias eher zu unterstellen, als ihn plausibel zu begründen. Neben der Begegnung dieser Kritik besteht die größte Herausforderung für diese Theorien aber wohl darin, technologischen Fortschritt mit sinkenden Löhnen der Geringqualifizierten in Einklang zu bringen.

Das folgende Modell leistet eben dies und liefert insofern eine „natürliche" Erklärung für den beobachteten skill-bias, als dass der technologische Fortschritt hier keinen direkten Einfluss auf die Lohnstruktur nimmt, sondern nur indirekt über einen *Gruppierungseffekt* wirkt: In unserem Modell weisen Akteure mit höherer Qualifikation tendenziell auch eine größere Begabung auf. Zu diesem Talent komplementärer Fortschritt erhöht c.p. das Lohndifferenzial zwischen den Qualifikationsgruppen und steigert dadurch die Bildungsanreize. Die resultierende Erhöhung der Akademikerquote senkt sowohl bei den Gering- als auch bei den Hochqualifizierten die durchschnittliche Begabung, wirkt sich aber stärker auf die Produktivität der Geringqualifizierten aus. Hierdurch kommt es zu steigender Lohnspreizung, die von fallenden Löhnen der Geringqualifizierten begleitet werden kann. Technologischer Fortschritt führt über diesen Mechanismus kurzfristig zwar zu mehr Wachstum, eine Erhöhung der Ineffizienz des Bildungssystems kann dabei jedoch nicht ausgeschlossen werden.

2   Das Modell

2.1   Generationenfolge, zeitliche Struktur und Ausbildungsentscheidung

Unterstellt wird eine Ökonomie, die zu jedem Zeitpunkt s aus zwei Generationen besteht. Jede Generation weist also eine Lebensdauer von zwei Perioden auf, sodass mit dem Übergang von einer Periode zur nächsten immer eine Generation ausscheidet und eine neue erscheint. In ihren grundlegenden Charakteristiken sind alle Generationen identisch, weshalb auf eine zeitliche Indexierung weitestgehend verzichtet werden kann. Selbige erfolgt nur, wenn dies für das Verständnis erforderlich erscheint.

In der ersten Periode sind die Akteure noch nicht am Produktionsprozess beteiligt. Vielmehr qualifizieren sie sich zunächst für selbigen, indem sie eine Ausbildungsentscheidung $e_i \in \{L, H\}$ treffen. Während der Abschluss H mit individuell variierenden Kosten c_i verbunden ist, steht die Qualifikation L allen Akteuren ohne zusätzliche Aufwendungen zur Verfügung.[3] Entsprechend entscheidet man sich nur dann für die kostspielige Variante, wenn damit eine hinreichende Kompensation in der zweiten Periode – der Erwerbsphase – verbunden ist. In der zweiten Periode bietet jeder Akteur seine Qualifikation völlig unelastisch an; von Arbeitsleid oder etwaigen Shirking-Problemen sei also abstrahiert. Heutiger und morgiger Nutzen sei gleich gewichtet, d.h., die Zeitpräferenzrate und der Zinssatz betragen null.

Die Ausbildungsentscheidung findet somit ausschließlich als Abwägung zwischen Qualifikationskosten und Entlohnung statt:

$$\max_{e_i} U(e_i) = \begin{cases} w_H - c_i, & \text{wenn } e_i = H \\ w_L, & \text{wenn } e_i = L \end{cases},$$

wobei w_H den Lohn der Hoch- und w_L den Lohn der Geringqualifizierten angibt. Wenn die Kosten das Lohndifferenzial $w_H - w_L$ nicht übersteigen, wird man sich folglich für die Bildungsmaßnahme H, sonst für L entscheiden:

$$\Delta w \equiv w_H - w_L \begin{cases} \geq \\ < \end{cases} c_i \Rightarrow e_i = \begin{cases} H \\ L \end{cases}. \tag{1}$$

Die Lohnstruktur und somit auch die Ausbildungsentscheidung werden in unserem Modell endogen bestimmt. Da aber die Ausbildungsentscheidung eines einzelnen Akteurs nur einen vernachlässigbar geringen Einfluss auf die Lohnstruktur hat, wird diese von den Akteuren als exogen betrachtet.

Tatsächlich bestimmt in unserem Modell jedoch die durchschnittliche Befähigung der Akteure in den beiden Qualifikationsgruppen über ein für alle Akteure identisches Lohndifferenzial (vgl. Abschnitt 2.3).

---

3   Diese Annahme dient lediglich der Vereinfachung. Auch allgemeinere Formulierungen sind mit den Ergebnissen kompatibel. An späterer Stelle wird auf den Kostenbegriff noch ausführlicher eingegangen.

2.2 Befähigung und Ausbildungskosten

Jede Generation besteht aus einem Kontinuum von Individuen der Masse 1. Die Akteure unterscheiden sich dabei vor allem durch ihre Begabung a_i, die innerhalb einer jeden Generation identisch, nämlich auf einem Intervall $a_i \in [0,1]$ gleich verteilt sei. Es wird angenommen, dass diese Begabung Ausdruck eines generellen Talentes ist, welches sowohl mit einer größeren individuellen Produktivität einhergeht als auch niedrigere Kosten beim Erwerb der höheren Qualifikation mit sich bringt.

Der somit unterstellte negative Zusammenhang von Bildungskosten und „intrinsischer" Produktivität ist eine Standardannahme in der Literatur zur Signaling-Problematik. Nur unter dieser Bedingung kann schließlich der Bildungsabschluss eine Information über das eigene Talent transportieren (vgl. z.B. Spence 1973). Der Erwerb einer höheren Qualifikation kann im Rahmen unseres Modells deshalb auch als Signalerzeugung gedeutet werden. Entsprechend dieser Annahme und gemäß Gleichung (1) lohnt es sich bei einem niedrigen Lohndifferential nur für die begabtesten Akteure, die Kosten der höheren Qualifikation auf sich zu nehmen. Je höher das Lohndifferenzial allerdings ausfällt, je größer ist auch der Anteil $\alpha(\Delta w)$ der Akteure, der sich für die Signalproduktion entscheidet, und je geringer ist entsprechend das Talent des marginalen Akteurs, der den beiden Ausbildungen gerade indifferent gegenübersteht.

Wegen der Gleichverteilung der Begabung auf dem Intervall $a_i \in [0,1]$ entspricht die Befähigung des marginalen Akteurs $(1-\alpha)$, woraus sich die durchschnittliche Befähigung innerhalb der beiden Qualifikationsgruppen DA wie folgt ergibt:

$$DA_L = \frac{0+[1-a(\Delta w)]}{2} = \frac{1}{2} - \frac{\alpha(\Delta w)}{2} \qquad (2)$$

$$DA_H = \frac{[1-\alpha(\Delta w)]+1}{2} = 1 - \frac{\alpha(\Delta w)}{2} \qquad (3)$$

Um die negative Korrelation von Kosten und Befähigung zu gewährleisten und um sicherzustellen, dass sich immer sowohl einige Akteure für die Ausbildung L als auch einige Akteure für die Ausbildung H entscheiden, wird für die Ausbildungskosten des marginalen Akteurs, $C(\alpha)$, Folgendes unterstellt: $C'(\alpha) > 0$, $C(0) = 0$ und $\lim_{\alpha \to 1} C = \infty$. Diese Kostenfunktion definiert zusammen mit Gleichung (1) unmittelbar einen Zusammenhang zwischen dem Lohndifferential und dem Anteil Hochqualifizierter, d.h. eine Funktion $\alpha(\Delta w)$ mit den Eigenschaften $\alpha(0) = 0$, $\alpha' > 0$ und $\lim_{\Delta w \to \infty} \alpha = 1$ (vgl. die beispielhafte Abbildung 2).

Abbildung 2:   Lohndifferenzial und Akademikerquote

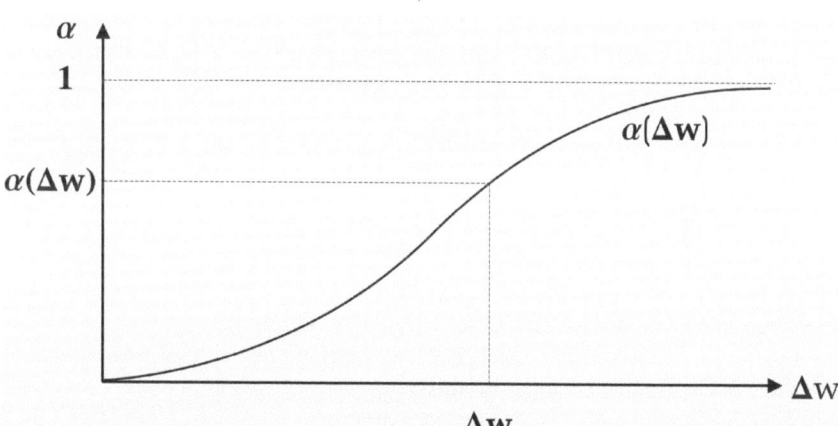

Die somit explizit formulierten Kosten repräsentieren eine variierende Befähigung und ein variierendes Interesse der Individuen, sich Wissen anzueignen, sowie die unterschiedliche Präferenz dafür, einer qualifizierten Tätigkeit nachzugehen. Schon Spence (1973, S. 359) beurteilt solche Kosten als relevant für die Ausbildungsentscheidung:

> „Signaling Costs are to be interpreted broadly to include psychic and other costs, as well as the direct monetary ones. One element of costs, for example, is time."

In unserem Modell sind mit der Entscheidung für die höhere Qualifikation allerdings keinerlei Opportunitätskosten verbunden, da die beiden alternativlosen Ausbildungen den gleichen Zeitraum umfassen und von Freizeit abstrahiert werden. Die Ausbildungskosten sind hier deshalb unabhängig vom Stand der Technologie.[4]

Diese Annahme ist für das Modell von zentraler Bedeutung. An den Ergebnissen würde sich aber qualitativ nichts ändern, ginge man lediglich von unterproportional zum technologischen Fortschritt steigenden Qualifikationskosten aus. Dies erscheint allerdings weit weniger restriktiv, da es hierzu nur einer Kostenkomponente bedarf, die durch den technologischen Fortschritt gesenkt wird bzw. von selbigem unberührt bleibt.[5]

---

4   Zeitkosten hingegen sind vor allem entgangene Arbeitseinkommen, von denen man ad hoc erwarten würde, dass sie sich proportional zum technologischen Fortschritt entwickeln.

5   Aber selbst wenn die Ausbildungskosten mit der Rate des technologischen Fortschritts steigen, kann es zu den im Folgenden dargelegten Konsequenzen für die Lohnentwicklung kommen: Führt der Anstieg der Akademikerquote nämlich zu einer (endogenen) Erhöhung der *Ge-*

Psychische Kosten – hier in Form unterschiedlicher Lernbereitschaft – weisen genau diese Eigenschaft auf und haben sich auch empirisch als bedeutsamer Faktor bei der Ausbildungsentscheidung erwiesen. In einer sehr detaillierten Studie kommen beispielsweise Heckman *et al.* (2005, S. 121) zu eben diesem Ergebnis und bestätigen die hier getroffene Annahme:

> „Psychic costs play a very important role. More able people have lower psychic costs of attending college."

2.3 Technologie und Lohnbildung

Bezüglich der Produktivität der Beschäftigten sei unterstellt, dass sie neben der Befähigung a_i auch von der Qualifikationsentscheidung e_i und dem aktuellen Stand der Technologie t abhängt. Produktivität bezieht sich hierbei auf die Erstellung eines einzigen in der Ökonomie konsumierten Gutes y, dessen Preis auf 1 normiert sei. Der vom einzelnen Akteur (in einer repräsentativen Firma) zu dieser Gütermenge geleistete Beitrag entspricht[6]

$$y_i = \begin{cases} t \cdot a_i & \text{für } e_i = L \\ q \cdot t \cdot a_i & \text{für } e_i = H \end{cases} \quad \text{mit } q > 1,\, t > 0 \qquad (4)$$

Die multiplikative Verknüpfung der Größen a_i und q bringt zum Ausdruck, dass Bildung einen stärkeren absoluten Einfluss auf die Produktivität der Begabteren hat, während deren relativer Produktivitätsvorsprung unabhängig vom Bildungsstatus ist. D.h., das Produktivitäts*verhältnis* von zwei beliebigen Akteuren ist unabhängig von der Bildungsentscheidung, solange sie die *gleiche* Ausbildungsentscheidung treffen. Die alternative Formulierung einer additiven Verknüpfung erscheint weniger realistisch, da Bildung dadurch per se als ein egalisierendes Moment beschrieben würde (vgl. hierzu Booth/Zoega 2000).

Für die Interpretation des Technologieparameters gilt Ähnliches: Technologischer Fortschritt steigert die individuelle Produktivität unabhängig vom Bildungsstatus und unabhängig von der intrinsischen Befähigung in gleichem rela-

---

schwindigkeit des technologischen Fortschritts (wie beispielsweise in Galor/Moav 2000), so erhöht dies die Ausbildungsanreize der nachfolgenden Generation. Es entsteht ein positiver Regelkreis aus Akademikerquote und Rate des technologischen Fortschritts, der vom weiter unten beschriebenen Gruppierungseffekt begleitet wird.

6   Aber auch substitutionale Produktionsfunktionen (hinsichtlich hoch und niedrig qualifizierter Arbeit) sind durchaus mit dem beschriebenen Mechanismus vereinbar.

tiven Ausmaß. Allerdings führt dies in absoluten Größen zu einem Anstieg der Produktivitätsunterschiede zwischen mehr und weniger qualifizierten (bzw. befähigten) Akteuren.

Wäre die individuelle Produktivität y_i beobachtbar, so würde die Entlohnung gemäß dem Wertgrenzprodukt erfolgen, und die Ausbildungsanreize wären effizient. Hier wird allerdings unterstellt, dass dies nicht möglich ist, da Unternehmen keinerlei Information über die Befähigung ihrer Angestellten besitzen. Arbeitgeber kennen lediglich den Qualifikationsstatus ihrer Beschäftigten und beobachten den Output der beiden Qualifikationsgruppen. Folglich findet die Entlohnung hier ausschließlich auf der Basis des Bildungssignals statt, d.h., es kommt zu (Pooling-)Löhnen w_H und w_L. Bis auf diese Intransparenz seien die Arbeitsmärkte jedoch kompetitiv, weshalb innerhalb der Qualifikationsgruppen nach den Durchschnittsprodukten DP entlohnt wird.

Die durchschnittliche Produktivität innerhalb der Qualifikationsgruppen ergibt sich gemäß (2), (3) und (4) als

$$DP_L \quad = t \cdot DA_L \quad = t \cdot \left(\frac{1}{2} - \frac{\alpha(\Delta w)}{2} \right) \tag{5}$$

$$DP_H \quad = q \cdot t \cdot DA_H \quad = q \cdot t \cdot \left(1 - \frac{\alpha(\Delta w)}{2} \right) \tag{6}$$

Eine so spezifische Formulierung der Lohnbildung bedarf einer näheren Erläuterung: Rein „technisch" lassen sich Poolinglöhne gemäß dem Qualifikationsstatus rechtfertigen, indem man eine zur höheren Qualifikation komplementäre Technologie unterstellt, mit der (perfekte) Substitute zu den Produkten der anderen Technologie erstellt werden (so lässt sich die gruppenspezifische Leistungserfassung erklären). Außerdem muss die *individuelle* Leistungserfassung in beiden Gruppen prohibitiv teuer sein (hierdurch lässt sich die Einheitlichkeit des Lohnes innerhalb einer Qualifikationsgruppe erklären).

Der so zu verteidigende, aber unrealistisch niedrige Informationsstand bezüglich der Befähigung der Arbeitnehmer wird hier allerdings nur aus Vereinfachungsgründen unterstellt. Für das vorgetragene Argument wäre es ausreichend, *einen Teil* der Entlohnung als von der durchschnittlichen Qualität der Beschäftigten abhängig zu modellieren. Von (einer solchen) Lohnkompression auszugehen, erscheint kaum restriktiv, sondern

„... arises quite naturally in market economies and does not depend on the existence of ad-hoc institutional structures such as minimum wages and unions."
(Booth/Zoega 2003, S. 1)

Entsprechend dieser Auffassung existiert eine Vielzahl theoretischer Ansätze, die Lohnkompression als rationales Entlohnungsschema der Unternehmungen deuten. Der Vorteil von egalitäreren Lohnstrukturen (bzw. auch von Gruppenentlohnung) ergibt sich diesen Theorien zufolge aus einer Reduzierung der Kosten, die durch *influence activity* (Milgrom/Roberts 1992) bzw. *sabotage* (Lazear 1989) der Belegschaft verursacht werden.

Auch die Tatsache, dass die Entlohnung von Personen mit gleichem Beruf sowie ähnlicher Ausbildung als Orientierungsgröße für die Zufriedenheit mit der eigenen Entlohnung verwendet wird (vgl. Frey/Benz 2001), kann Anlass dazu geben, in Abhängigkeit von der Durchschnittsproduktivität zu entlohnen.

Des Weiteren wird häufig argumentiert, dass Lohnkompression die Kooperation der Mitarbeiter sicherstellt, deren Fairnessvorstellungen entgegenkommt und über diese Kanäle die Produktivität erhöht (vgl. Levine 1991). Außerdem kann mittels Gruppenentlohnung ein effizienteres Monitoring erreicht werden. Schließlich kann Angestellten einer Firma ein Informationsvorsprung bezüglich der Einsatzbereitschaft ihrer Mitarbeiter unterstellt werden, welchen sie bei Gruppenentlohnung nutzen werden, um *shirking* der Kollegen zu unterbinden (Kandel/Lazear 1992). Der letzte Punkt macht auch plausibel, warum es insbesondere sinnvoll erscheint, Gruppenentlohnung auf verschiedenen Qualifikationsniveaus zu unterstellen. Akteure von besonders großer Homogenität werden schließlich die Fähigkeiten und den Einsatz ihrer Kollegen am besten beurteilen können.

2.4 Gleichgewicht und Dynamik der Lohnstruktur

Unabhängig von den möglichen Ursachen wird hier von qualifikationsgruppenspezifischer Entlohnung ausgegangen, wodurch sich das Lohndifferential einer Periode als die Differenz der Durchschnittsprodukte, $\Delta DP \equiv DP_H - DP_L$, ergibt:

$$\Delta DP = t \cdot \left(q - \frac{1}{2} - \frac{q-1}{2} \cdot \alpha(\Delta w) \right). \tag{7}$$

Die Differenz der Durchschnittsprodukte definiert zwar so das Lohndifferenzial und bestimmt darüber die Ausbildungsanreize, hängt aber gleichzeitig selbst auch von der Ausbildungsentscheidung der Akteure ab. Ein gleichgewichtiges Lohndifferenzial ergibt sich deshalb nur dann, wenn selbiges zu einer Ausbildungsstruktur führt, die wiederum genau dieses Lohndifferenzial erzeugt – d.h. im Gleichgewicht muss $\Delta DP = \Delta w$ gelten.

Das gleichgewichtige Lohndifferenzial Δw^* ist somit implizit durch Gleichung (7) definiert und ist insofern „stabil", als dass eine Abweichung von $\Delta DP = \Delta w$ eine Bewegung des Lohndifferentials in Richtung des Gleichgewichtes hervorrufen sollte:

$$\frac{\partial \Delta DP}{\partial \Delta w} = -\frac{q-1}{2} \cdot \frac{\partial \alpha}{\partial \Delta w} < 0. \tag{8}$$

Aus $\Delta DP(\Delta w = 0) = t \cdot (q - \frac{1}{2}) > 0$ folgt dann offensichtlich auch die Eindeutigkeit und Existenz dieses Gleichgewichtes (vgl. Abbildung 3).

Abbildung 3:   Das gleichgewichtige Lohndifferenzial

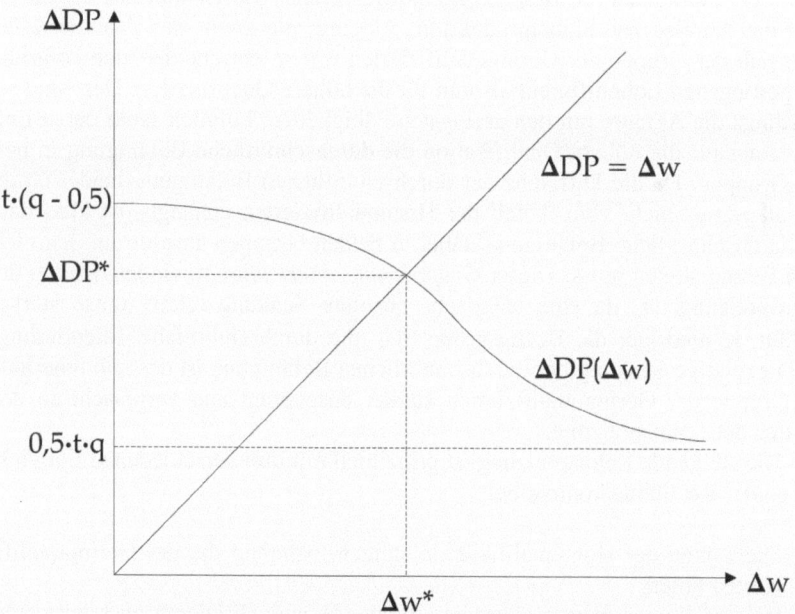

Ohne eine konkrete Funktion $\alpha(\Delta w)$ unterstellen zu müssen, lässt sich zeigen, dass das gleichgewichtige Lohndifferenzial mit dem technologischen Fortschritt steigt. Einsetzen von $\Delta DP = \Delta w$ in (7) und implizite Differenziation nach t liefert

$$\frac{\partial \Delta w^*}{\partial t} = \frac{(2 \cdot q - 1) - (q-1) \cdot \alpha(\Delta w)}{t \cdot (q-1) \cdot \alpha'(\Delta w)} > 0. \tag{9}$$

Hieraus folgt unmittelbar auch ein Anstieg der (gleichgewichtigen) Lohnspreizung $\omega \equiv \frac{DP_H}{DP_L}$ bei technologischem Fortschritt:

$$\frac{\partial \omega}{\partial t} = \frac{q}{(1-\alpha)^2} \cdot \frac{\partial \alpha}{\partial \Delta w} \cdot \frac{\partial \Delta w}{\partial t} > 0. \qquad (10)$$

Die Intuition hierzu ist die Folgende: Durch technologischen Fortschritt kommt
es zu einer Erhöhung der durchschnittlichen Produktivität in beiden Qualifkationsgruppen. Dieser direkte *Produktivitätseffekt* lässt die Lohnspreizung ω jedoch
unberührt, da er gemäß (4) bzw. (5) und (6) zu einer identischen relativen Erhöhung beider Größen führt. Allerdings verursacht der technologische Fortschritt
hierdurch auch einen Anstieg des Lohndifferentials. Dieser indirekte Effekt erhöht die Anreize zur Signalproduktion. Akteure, die zuvor die Talentiertesten
innerhalb der Gruppe der Geringqualifizierten waren, entscheiden sich aufgrund
des gestiegenen Lohndifferentials nun für die höhere Qualifikation. Dort sind sie
allerdings die Akteure mit den geringsten Fähigkeiten. Folglich senkt deren Entscheidung für die höhere Qualifikation die durchschnittliche Befähigung in beiden Gruppen. Da die Differenz der durchschnittlichen Befähigung beider Gruppen allerdings nicht vom Anteil der Hochqualifizierten abhängt[7], ist klar, dass
die durchschnittliche Befähigung dabei in beiden Gruppen absolut um den gleichen Betrag sinken muss. Dieser *Gruppierungseffekt* führt zu einem Anstieg der
Lohnspreizung ω, da eine identische absolute Senkung relativ umso stärker
ausfällt, je niedriger die Bezugsgröße (d.h. die durchschnittliche Talentierung)
ist. Die relative Senkung der durchschnittlichen Befähigung ist deshalb innerhalb
der Gruppe der Geringqualifizierten stärker ausgeprägt und verursacht so den
Anstieg der Lohnspreizung.
    Die steigende Lohnspreizung ist prinzipiell mit drei verschiedenen Entwicklungen der Reallöhne kompatibel:

1. Die Löhne der Hochqualifizierten steigen, während die der Geringqualifizierten fallen.
2. Beide Löhne steigen – allerdings die der Hochqualifizierten in relativ stärkerem Umfang.
3. Beide Löhne fallen – allerdings die der Geringqualifizierten in relativ stärkerem Umfang.

---

7   Die Differenz dieser Größen ergibt sich schließlich aus (2) und (3) als

$$DA_H - DA_L = (1 - \frac{\alpha}{2}) - (\frac{1}{2} - \frac{\alpha}{2}) = \frac{1}{2}$$

Zu diesen Varianten kommt es durch den entgegengesetzten Einfluss von Produktivitäts- und Gruppierungseffekt. Der erste wirkt lohnsteigernd, der zweite lohnmindernd. Algebraisch kommt dies in den Ableitungen von (5) und (6) nach t zum Ausdruck:

$$\frac{\partial DP_L}{\partial t} = \underbrace{DA_L}_{} - \underbrace{t \cdot \left| \frac{\partial DA_L}{\partial t} \right|}_{} \tag{11}$$

$$\text{Produktivitätseffekt} \qquad \text{Gruppierungseffekt}$$

$$\frac{\partial DP_H}{\partial t} = \underbrace{DA_H}_{} - \underbrace{q \cdot t \cdot \left| \frac{\partial DA_H}{\partial t} \right|}_{} \tag{12}$$

$$\text{Produktivitätseffekt} \qquad \text{Gruppierungseffekt}$$

Welcher Effekt überwiegt, hängt von den Parametern, insbesondere aber von der konkreten Funktion $\alpha(\Delta w)$ ab. Anhand des Beispiels $\alpha = 1 - \exp\{-\Delta w^b\}$ lässt sich die in Abbildung 1 dargestellte Lohnentwicklung im Rahmen des präsentierten Modells nachvollziehen. Hierzu sei eine konstante (exogene) Rate des technischen Fortschritts $g > 0$ und ein Wert $t_0 > 0$ für den Technologieparameter in Periode $s = 0$ unterstellt, so dass sich der Technologieparameter t in Periode $s \in \mathbb{Z}$ als $t_s = t_0 \cdot (1 + g)^s$ ergibt. Da das gewählte Beispiel keine explizite Formulierung des gleichgewichtigen Lohndifferenzials erlaubt, kann die Lohnentwicklung nur durch eine numerische Annäherung bestimmt werden – Abbildung 4 (S. 174) skizziert den Verlauf für die Werte $q = 2$, $b = 4$, $g = 4\%$, $t_0 \approx 0,2$ im Zeithorizont $s \in [0;80]$, wobei die Löhne in Periode $s = 0$ auf 1 normiert sind.

Das dargestellte Muster ist charakteristisch für alle mit $\alpha = 1 - \exp\{-\Delta w^b\}$ durchgeführten Simulationen: In frühen Stadien der Entwicklung kommt es zu einem gemeinsamen Lohnanstieg, da der Produktivitätseffekt in beiden Qualifikationsgruppen dominiert. Der Gruppierungseffekt gewinnt jedoch in beiden Gruppen an Bedeutung und bremst dadurch das Lohnwachstum. Für die Hochqualifizierten dominiert ab einem bestimmten Punkt allerdings wieder der Produktivitätseffekt, sodass deren Lohnwachstum langfristig gegen die Rate des technologischen Fortschritts strebt. Für die Gruppe der Geringqualifizierten hingegen überwiegt auch langfristig der Gruppierungseffekt, weshalb deren Lohn einen maximalen Wert erreicht und ab dann stetig fällt. Für hinreichend hohe Werte b können kurzfristig aber auch die Löhne der Hochqualifizierten fallen.

Abbildung 4:   Lohnsimulation nach Qualifikation

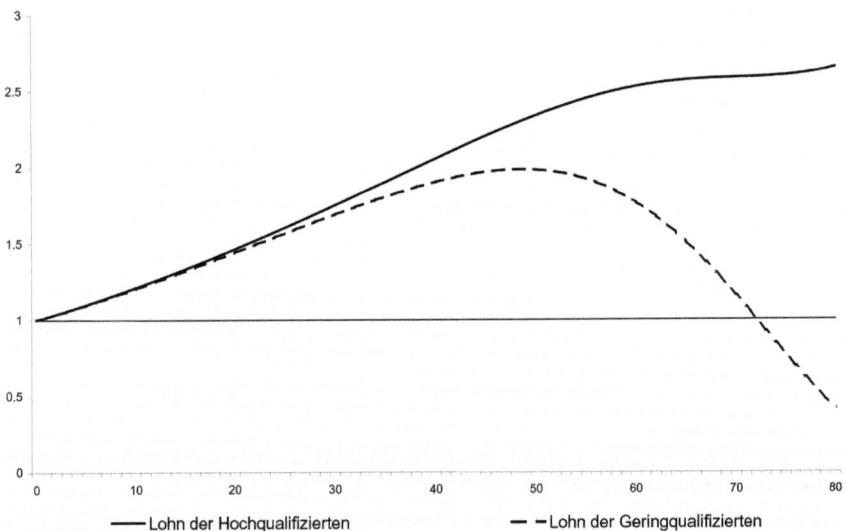

——Lohn der Hochqualifizierten   — —Lohn der Geringqualifizierten

2.5   Wohlfahrt, Wachstum und Politikimplikationen

Aus wohlfahrtsökonomischer Perspektive sollte man sich nur dann für die höhere Ausbildung entscheiden, wenn die hierdurch ermöglichte Produktivitätssteigerung Δy_i mindestens die zusätzlichen Kosten deckt. Der kritische Wert c_i^*, ab dem sich Akteure für $e_i = H$ entscheiden sollten, ergibt sich deshalb als

$$c_i^* \equiv \Delta y_i = (q-1) \cdot t \cdot \left(1 - \alpha(\Delta w)\right).$$ (13)

Ein sozialer Planer würde das Lohndifferenzial folglich auf $\Delta w^{SP} = c_i^*$ festlegen, um eine effiziente Bildungsallokation zu gewährleisten. Tatsächlich ergibt sich das Lohndifferenzial aber gemäß Gleichung (7). Hieraus und unter Verwendung von (13), $\Delta DP = \Delta w$ und $\Delta w^{SP} = c_i^*$ lässt sich die folgende Gleichung ermitteln

$$\frac{t}{2} = (q-1) \cdot t \cdot \left[\frac{1}{2} \cdot \alpha\left(\Delta w^*\right) - \alpha\left(\Delta w^{SP}\right)\right] + \Delta w^* - \Delta w^{SP}.$$ (14)

Es gilt offensichtlich

$$\Delta w^* > \Delta w^{SP}.$$

Das realisierte Lohndifferenzial, die Lohnspreizung und die Akademikerquote liegen also über dem effizienten Niveau. Dies erklärt sich wie folgt: In beiden Gruppen profitieren die unterdurchschnittlich befähigten Akteure von der Durchschnittsentlohnung. Hierdurch reduziert sich zugleich auch der Lohn für die überdurchschnittlich Produktiven. Neben der tatsächlichen Bildungsrendite wird den Akteuren deshalb noch ein zusätzlicher Anreiz gegeben, sich für die höhere Qualifikation zu entscheiden. Schließlich können sie sich hierdurch der negativen Einkommensexternalität durch die am wenigsten Befähigten entziehen. Da diese Externalität jedoch nur umverteilenden Charakter hat, ist es aus volkswirtschaftlicher Perspektive ineffizient, Kosten zu ihrer Vermeidung auf sich zu nehmen – auch wenn dies aus individuellem Kalkül gerechtfertigt erscheint.

Abbildung 5:   Gleichgewichtige und sozialoptimale Akademikerquote im Zeitablauf

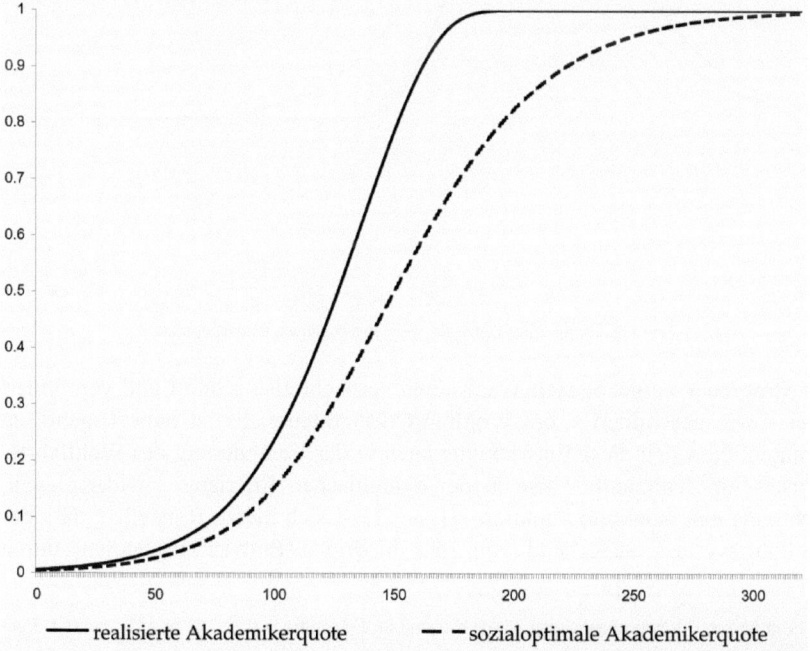

realisierte Akademikerquote   – –sozialoptimale Akademikerquote

Da die Kosten hier aber nicht in Form unrealisierter Produktion vorliegen und die höhere Qualifikation die Produktivität der Akteure steigert, ist der schnellere Anstieg der Akademikerquote mit einer kurzfristigen Erhöhung des Wachstums verbunden. Bei unbeschränkt wachsender Technologie t konvergieren die tatsächliche und die sozialoptimale Akademikerquote allerdings langfristig, d.h., es gilt $\lim_{s \to \pm\infty} \left(\alpha^* - \alpha^{SP} \right) = 0$ - und zwar unabhängig von der konkreten Funktion $\alpha(\Delta w)$. Abbildung 5 veranschaulicht dies am Beispiel unserer Funktion $\alpha = 1 - \exp\left\{ -\Delta w^b \right\}$.[8] Der sozialoptimale Wachstumspfad liegt deshalb zunächst unterhalb, später jedoch oberhalb der tatsächlichen Entwicklung (vgl. Abbildung 6).

Abbildung 6:   Realisierte und soziale Wachstumsrate

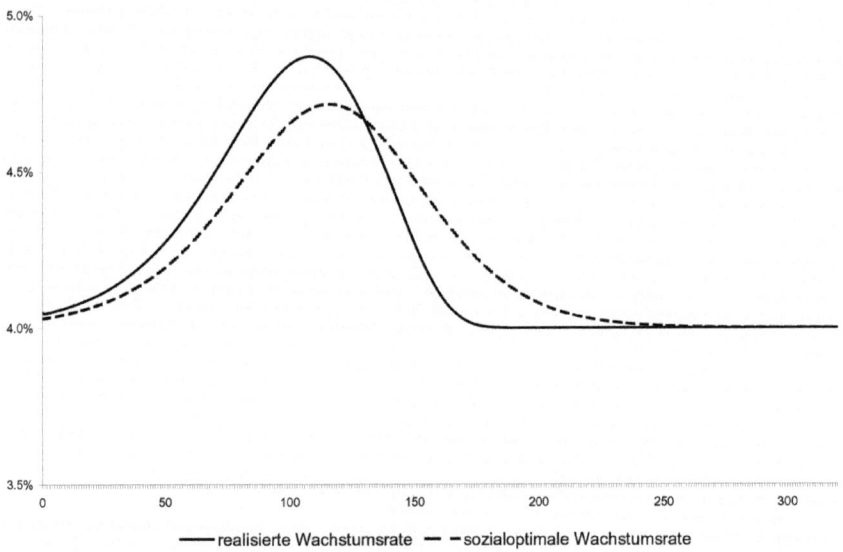

——realisierte Wachstumsrate — —sozialoptimale Wachstumsrate

Das Strohfeuer vorgezogenen Wachstums verlischt also schnell und vermindert dabei – wie geschildert – die Wohlfahrt der Akteure. Es ist nahe liegend, zu vermuten, dass sich diese Entwicklung auch in der Veränderung des Wohlfahrtsverlustes im Zeitablauf – also in der dynamischen Effizienz – widerspiegelt. Auch ohne eine konkrete Funktion $\alpha(\Delta w)$ lässt sich hierzu feststellen, dass der Wohlfahrtsverlust, ausgehend von sehr niedrigen Entwicklungsstufen, durch

---

8   Zur besseren Veranschaulichung wurde hier und im Folgenden $q = 2$, $g = 4\%$ und $b = 1$ gewählt.

technologischen Fortschritt steigen wird. Schließlich wächst das Problem zunächst sowohl quantitativ (durch die ansteigende Differenz $\alpha^* - \alpha^{SP}$ als auch qualitativ (steigende Bildungskosten des marginalen Akteurs). Da die realisierte und sozialoptimale Akademikerquote jedoch konvergieren, sollte man erwarten, dass der Wohlfahrtsverlust langfristig verschwindet. „Overeducation als Phänomen des technologischen Übergangs" erscheint deshalb als das plausibelste Szenario.

Die maßgebliche Größe ist hierbei jedoch der *relative* Wohlfahrtsverlust, also der Saldo aus zusätzlichen Bildungskosten und zusätzlicher Produktion in Relation zur effizienten Rentensumme (also dem gesamtwirtschaftlichen Output abzüglich der effizienten Bildungskosten)

$$\text{WFV}^{\text{rel}} = \frac{\int_{\alpha^{SP}}^{\alpha^*} C(\alpha)\, d\alpha - (q-1) \cdot \left(1 - \frac{\alpha^* + \alpha^{SP}}{2}\right) \cdot \left(\alpha^* - \alpha^{SP}\right)}{t \cdot \left[q \cdot \left(1 - \frac{\alpha^*}{2}\right) \cdot \left(\alpha^*\right) + \left(\frac{1}{2} - \frac{\alpha^*}{2}\right) \cdot \left(1 - \alpha^*\right)\right] - \int_0^{\alpha^{SP}} C(\alpha)\, d\alpha}.$$

Simulationen (mit $\alpha = 1 - \exp\left\{-\Delta w^b\right\}$) bestätigen die Vermutung, dass Overeducation vor allem ein Problem der mittleren Frist darstellt. Abbildung 7 (S. 178) veranschaulicht den zeitweiligen Anstieg des Wohlfahrtsverlustes auf 10 Prozent der effizienten Rentensumme für $q = 2$, $g = 4\%$ und $b = 1$.[9]

Allgemeingültige Aussagen über die dynamische Effizienz lassen sich allerdings nicht treffen. Es kann schließlich nicht ausgeschlossen werden, dass Kostenfunktionen existieren, die zu einer generellen Linderung oder aber zu einer dauerhaften Verschärfung des Problems führen. Qualitativ lässt sich aber (auch ohne genaue Kenntnisse über den Zusammenhang von Produktivität und Bildungskosten) eine simple Politikimplikation ableiten: Alle Maßnahmen, die zu einer Reduktion der Akademikerquote führen, sind potenziell geeignet, die Ineffizienz des Bildungssystems zu reduzieren. Neben Studiengebühren sind hier vor allem auch progressive Steuern naheliegend.

---

9   Die *prinzipielle* Entwicklung des relativen Wohlfahrtsverlustes ist aber im Grunde unabhängig von der Rate des technologischen Fortschritts g, da WFV^{rel} nur von q, t und der Kostenfunktion abhängt.

Abbildung 7:   Relativer Wohlfahrtsverlust

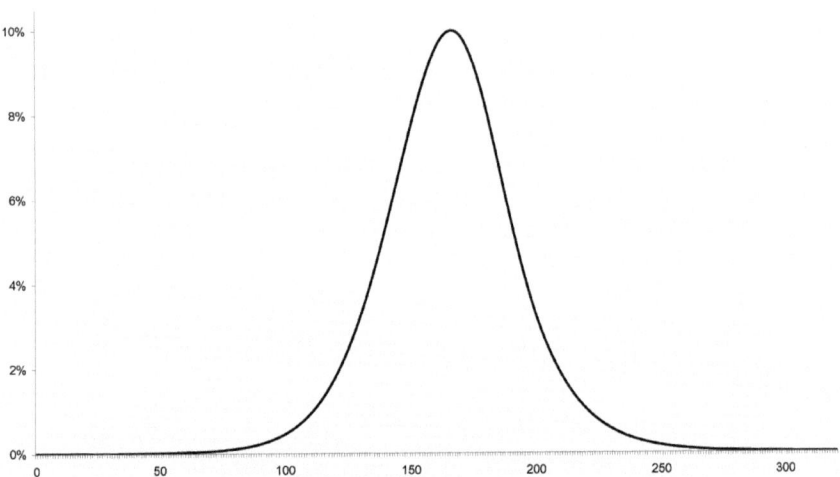

Aus einer Vielzahl von Gründen sind diese Medikationen jedoch mit Vorsicht zu genießen. Zum einen ist die quantitative Dimension des Problems nur schwer zu messen. Die Dosierung der Maßnahmen ist also außerordentlich problematisch. Zum anderen führt eine Erhöhung des Preises höherer Bildungsabschlüsse zu Substitutionseffekten, d.h. zu einer Steigerung der Attraktivität alternativer Kanäle zur Signalisierung der eigenen Fähigkeiten. Die Alternativen können jedoch durchaus ineffizienter sein als das existierende Bildungssystem. Drittens – und dies ist vielleicht der gewichtigste Einwand – besteht die Möglichkeit, dass Bildung über die „privaten" Erträge hinaus produktiven Charakter besitzt. Letzteres wird in vielen Theorien zum endogenen technologischen Fortschritt unterstellt, indem man die Wachstumsrate als von der Humankapitalakkumulation abhängig modelliert. Ergänzt man das vorliegende Modell um diese Komponente, so steht der negativen Signaling-Externalität eine positive Wachs-tumsexternalität gegenüber. In einem solchen Szenario eine eindeutige Aussage über die Effizienz der kollektiven Bildungsentscheidung treffen zu wollen, erscheint in diesem Szenario äußerst ambitioniert. Der vorliegende Aufsatz will zu dieser Frage keine Stellung beziehen. Vielmehr ergänzt er die in der öffentlichen Diskussion häufig dominierende Bildungs-, Fortschritts- und Wachstumseuphorie um eine kritischere Perspektive.

3   Zusammenfassung

In vielen Ländern lässt sich seit Beginn der 1970er-Jahre eine paradoxe Lohn-entwicklung beobachten: Trotz wachsenden Angebots an Hochqualifizierten erhöht sich die Bildungsrendite, steigt die Lohnspreizung und fallen die Reallöh-ne der Geringqualifizierten. Dabei hatte man sich von der Bildungsexpansion eigentlich sogar eine Reduktion der Einkommensunterschiede erhofft.

Der vorliegende Aufsatz entwickelt eine mögliche Erklärung für diesen scheinbaren Widerspruch und betont dabei die Bedeutung des technologischen Fortschritts für die Lohndynamik. Die in der Realität beobachtete Entwicklung ergibt sich im Rahmen des Modells jedoch nicht als direkte Konsequenz dieses Fortschritts, sondern folgt indirekt über verstärkte Anreize zur höheren Qualifi-kation. Die steigende Akademikerquote führt über einen Gruppierungseffekt zu stärkerer Lohnspreizung, und obwohl der technologische Fortschritt die Produk-tivität aller Akteure erhöht, kann es zu sinkenden Einkommen in beiden Qualifi-kationsgruppen kommen. Während der Effekt für die Gruppe der Hochqualifi-zierten mit zunehmendem Fortschritt an Bedeutung verliert, kann er für die Akteure mit der geringsten Befähigung zu einer stetigen Verschlechterung ihrer ökonomischen Position führen. Die wachsenden Einkommensunterschiede kön-nen dabei die Fehlanreize im Bildungssystem verstärken, weshalb nicht auszu-schließen ist, dass technologischer Fortschritt die Ineffizienz des Bildungssys-tems zeitweilig erhöht.

Auch wenn der vorliegende Ansatz in erster Linie einen Beitrag zum Ver-ständnis der angelsächsischen Erfahrungen liefert, ist der beschriebene Mecha-nismus vielleicht auch hierzulande von Bedeutung. Das relativ egalitäre Ein-kommensgefüge Deutschlands bei gleichzeitig niedriger Akademikerquote widerspricht dem genauso wenig wie die Wachstumsschwäche der 1990er-Jahre bei zugleich nur langsam ansteigender Akademikerquote.

Literatur

Acemoglu, Daron. 2002. Technical Change, Inequality, and the Labor Market. *Journal of Economic Literature*, 40 (März), 7-72.

Booth, Alison L./Zoega, Gylfi. 2000. Is Wage Compression a Necessary Condition for Firm-financed General Training? A Comment on Acemoglu and Pischke. *Discussi-on Paper No. 2/00 Birbeck College, University of London.*

Booth, Alison L./Zoega, Gylfi. 2003. *A Theory of Natural Wage Compression.*

Card, David/Dinardo, John E. 2002. Skill-Biased Technological Change and Rising Wage Inequality: Some Problems and Puzzles. *Journal of Labor Economics*, 20 (4), 733-783.

Frey, Bruno S./Benz, Matthias. 2001. Ökonomie und Psychologie: Eine Übersicht. *Institute for Empirical Research in Economics Working Paper Series (ISSN 1424-0459)*, Oktober.

Galor, Oded/Moav, Omer. 2000. Ability Biased Technological Transition, Wage Inequality, and Economic Growth. *Quarterly Journal of Economics*, 115, 469-498.

Heckman, James J./Lochner, Lance J./Todd, Petra E. 2005. Earnings Functions, Rates of Return, and Treatment Effects: The Mincer Equation and Beyond. *NBERWorking Paper 11544*.

Kandel, Eugene/Lazear, Edward P. 1992. Peer Pressure and Partnerships. *Journal of Political Economy*, 100 (4), 801-817.

Krugman, Paul R. 1995. Growing World Trade: Causes and Consequences. *Brookings Papers on Economic Activity*, 1, 327- 377.

Lawrence, Robert Z./Slaughter, Matthew J./Hall, Robert E./Davis, Steven J./Topel, Robert H. 1993. International Trade and American Wages in the 1980s: Giant Sucking Sound or Small Hiccup? *Brookings Papers of Economic Activity, Microeconomics*, 1993 (2), 161-226.

Lazear, Edward P. 1989. Pay Equality and Industrial Politics. *Journal of Political Economy*, 97, 561-580.

Levine, David. 1991. Cohesiveness, Productivity and Wage Compression. *Journal of Economic Behavior and Organization*, 15, 237-255.

Milgrom, Paul/Roberts, John. 1992. *Economics, Organization and Management*. New Jersey.

O'Leary, N.C./Sloane, P. J. 2005. The Changing Wage Return to an Undergraduate Education. *IZAWorking Paper 1549*.

Smeeding, Timothy M./Gottschalk, Peter. 1997. Cross-National Comparisons of Earnings and Income Inequality. *Journal of Economic Literature*, 35 (June), 633-687.

Spence, Michael. 1973. Job Market Signaling. *The Quarterly Journal of Economics*, 87 (August), 355-374.

Bedingungsloses Grundeinkommen und Agent-Based Computational Economics – Eine Synthese

Tobias Lorenz

Beim Stellen der Frage „Ausweg Wachstum?" klingt ein ganzer Themenkomplex von Fragen an. Sowohl die Wörter der Fragestellung als auch die Art der Verknüpfung der beiden Nomen bleibt dunkel. Die dunkle Formulierung der Frage ermöglicht eine Fülle von Interpretationen. So bleibt fraglich, was denn ein Ausweg sei. Ein Weg verbindet bekanntermaßen zwei Orte, wobei ‚Ort' hier metaphorisch zu verstehen ist. Man fragt sich, von wo derjenige, der diesen Weg zu beschreiten hat, ausgehen soll. Zudem fragt sich, wohin er gelangen soll und wer denn das Subjekt dieses ‚Bewegungsvorgangs' ist. An diese Fragen, die eher technischer Natur sind, schließt sich eine Frage an, die man als normativ bezeichnen könnte und danach fragt, was den Ausgangszustand als auswegsbedürftig auszeichnet.

Ebenfalls dunkel bleibt das ‚Wachstum'. Gemeinhin wird wirtschaftliches Wachstum angenommen, normalerweise gemessen anhand des BIP. Eine mögliche Alternative hierzu wäre der HDI. Es scheint allerdings lohnenswert, sich den Suchraum offenzuhalten und nicht vorschnell auf eine bestimmte Ausformulierung des Wachstumsbegriffs einzuschwenken. Grundsätzlich scheint Wachstum zwei Komponenten zu haben, eine Größe, die wächst, und eine Hinsicht – die gleichzeitig ein Telos impliziert –, in der diese Größe wächst. Anschließend stellt sich die Frage, warum die zugrunde liegende Größe wachse, und erwartet wird auf diese Frage eine kausale Erklärung – teleologische Erklärungen werden gemeinhin nicht akzeptiert.[1]

Unter der Voraussetzung von Wachstum als sinnvollem Ziel (allerdings unspezifiziert in seiner Ausprägung[2]) soll ein bedingungsloses Grundeinkommen im Rahmen einer konsequenzialistischen Rechtfertigungsstrategie als geeignetes Mittel begründet werden. Die Arbeit gliedert sich in drei Teile: In einem ersten Schritt soll eine normative Basis durch die Reflexion auf das bedingungslose

---

1   Anders noch bei Aristoteles: „Das endliche Zur-Wirklichkeit-Kommen eines bloß der Möglichkeit nach Vorhandenen, insofern es eben ein solches ist – das ist (entwickelnde) Veränderung." Zekl (Hrsg.), Aristoteles' Physik, Hamburg, 1987, S. 103.

2   Z.B. quantitativ oder qualitativ.

Grundeinkommen gelegt werden. Ergebnis dieses Teils ist die Notwendigkeit konsequenzialistischer Argumentationen. In einem nächsten Schritt wird auf die Methode, mittels derer sich der Effekt eines bedingungslosen Grundeinkommens abschätzen ließe, reflektiert. Hierbei erweist sich die junge Disziplin der Agent-Based Computational Economics als geeignet. Im letzten Teil soll die Anwendbarkeit der Methode auf den Problembereich im Rahmen eines ersten „Grundeinkommens-Simulators" überprüft werden.

1   Normative Vorüberlegungen

Ein bedingungsloses[3] Grundeinkommen stellt ein Transfersystem dar, welches Ressourcen, anders als in bestehenden Sicherungssystemen, unabhängig von Faktoren wie Alter, Gesundheitszustand, Arbeitshistorie und auch Arbeitswilligkeit alloziiert. Insbesondere die letzte Forderung – die Unabhängigkeit von der Arbeitswilligkeit – ist sehr umstritten. Kritisiert wird dann zumeist mit einem Gerechtigkeitsgrundsatz, der sich mit „Wer nicht arbeiten will, soll auch nicht essen"[4] fassen lässt. Insbesondere die Motivation zu arbeiten wird somit als Voraussetzung für den Empfang von sozialem Ausgleich vorausgesetzt. Bei gegebener Motivation und unzureichender Verfügbarkeit von Arbeitsplätzen wird die Verantwortung dafür dem Individuum zumeist nicht angelastet. Hauptkritikpunkt am bedingungslosen Grundeinkommen ist, dass durch die grundsätzliche Ablehnung eines erwerbsbringenden Arbeitsplatzes der Anspruch verloren wird, Ressourcen der Sozialgemeinschaft zu erhalten.

Ein derartiges Grundeinkommen kann mittels zweier Strategien begründet werden. Eine deontologische Strategie argumentiert, dass ein Grundeinkommen in sich selbst wertvoll wäre, eine konsequenzialistische, dass ein Grundeinkommen ein geeignetes Mittel zu einem anderen Zweck wäre. Die konsequentialistischen Überlegungen, die ich entfalten möchte, tragen den gegenwärtig anstehenden Umbrüchen in der Arbeitsgesellschaft Rechnung und vermindern als Klugheitsüberlegungen die normative Begründungslast, schaffen aber gleichzeitig empirische Begründungslasten, denen in einem ersten Schritt durch ein konzeptionelles Simulations-Modell entgegengetreten werden soll.

---

3   Im Folgenden wird das Adjektiv „bedingungslos" des Öfteren fallen gelassen. Grundeinkommen und bedingungsloses Grundeinkommen sind allerdings synonym zu verstehen.
4   Neues Testament, 2 Thess 3, 10b.

1.1 Deontologisch

Eine der prominentesten deontologischen Rechtfertigungen wird von van Parijs[5] vertreten. Seine Argumentationsstrategie nennt sich realliberal, weil sie einen Freiheitsbegriff verwendet, der gehaltvoller ist als der bei klassischen Liberalen verwendete und zusätzlich zu Grundrechten, insbesondere Eigentumsrechten, die Möglichkeit umfasst, einem selbst gewählten Lebenszweck nachzugehen. Letzteres wird in seiner Konzeption durch das Grundeinkommen ermöglicht. Im Gegensatz zu einer humanistischen Argumentation kommt der Liberalismus aus der politischen Philosophie und ist dadurch gekennzeichnet, dass der Staat neutral gegenüber Konzeptionen des guten Lebens sein solle.[6]

Van Parijs' Argumentation verläuft dergestalt, dass die unverdienten Ressourcen einer Gesellschaft leximin (eine Variante der Rawls'schen Maximin-Verteilung) zu verteilen seien, um unterschiedliche Lebensführungen zu ermöglichen. Die unverdienten Ressourcen umfassen natürliche Ressourcen sowie bestehende Technologien und sogenannte Arbeitsplatzrenditen. Arbeitsplatzrenditen sind Renditen, die die Inhaber eines Arbeitsplatzes daraus beziehen, dass Arbeitgeber mehr als markträumende Löhne zahlen. Voraussetzung für Letzteres ist, dass weniger Arbeitsplätze vorhanden sind, als nachgefragt werden, sprich, dass ungewollte Arbeitslosigkeit existiert. Unter dieser Voraussetzung kommen Effekte zum Tragen, die von zwei Theorien beleuchtet werden: die Insider-Outsider-Theorie und die Efficiency-Wage-Theorie. Erstere besagt, dass Arbeitnehmer einen höheren als den Gleichgewichtslohn erzielen können aufgrund von Einstellungs-, Trainings- und Entlassungskosten. Letztere erklärt, dass es auch im Interesse der Arbeitgeber ist, höhere Löhne zu zahlen, da dies zu höherer Produktivität führe.

Der deontologischen Argumentation van Parjis' soll nun eine konsequenzialistische Betrachtung zur Seite gestellt werden. Diese erhebt den Anspruch, die Pareto-Superiorität eines bedingungslosen Grundeinkommens begründen zu können. Hier werden jedoch lediglich die Prämissen gerechtfertigt und methodische Überlegungen angestellt. Diese sollen zu einem späteren Zeitpunkt detailliert ausgeführt werden.

---

5   Vgl. Van Parijs, Real Freedom for All, Oxford, 2003.
6   Vgl. Larmore, Politischer Liberalismus. In: Honneth, Kommunitarismus, Frankfurt am Main/New York, 1993

1.2 Konsequenzialistisch

Innovativität ist eine zentrale Voraussetzung für weiteres Wirtschaftswachstum in westlichen Gesellschaften. Innovativität meint dabei das Finden immer neuer Möglichkeiten für bestehende Probleme. Dies wiederum beruht auf der menschlichen Fähigkeit der Kreativität. Kreativität ist für den Einzelnen allerdings immer ein risikobehaftetes Unterfangen. Neue Lösungen müssen getestet werden und können dabei scheitern. Dieses Risiko schreckt den Einzelnen davon ab, seiner Kreativität nachzugehen. Um diesen innovationsfeindlichen und damit gesamtwirtschaftlich negativen Effekt abzumildern, sollte dieses Risiko mittels eines Grundeinkommens von der Sozialgemeinschaft mitgetragen werden.

Fraglich bei derartigen Analysen ist offensichtlicherweise die Abschätzung der Folgen, die die Einführung eines Grundeinkommens zeitigen würde. Dies macht die Herausarbeitung der zugrunde liegenden Annahmen zur zentralen Aufgabe.

Der Gedankengang beruht auf drei Säulen:
a.   einer humanistischen Konzeption der wirtschaftlichen Akteure
b.   einer uniformierenden Kraft des Marktes
c.   einer Korrelation von Originalität und Kreativität.

a) Es erscheint heute auf den ersten Blick schwierig, ein weniger zweckorientiertes Bild von wirtschaftlichen Akteuren aufrechtzuerhalten. Die Argumentation verläuft hier zweistufig: Einerseits soll die Spekulativität des in der neoklassischen Theorie vorausgesetzten Menschenbildes postuliert und ein alternatives Menschenbild referiert werden. In einem nächsten Schritt soll auf Phänomene verwiesen werden, die das hier entwickelte Menschenbild nahelegen. Die vorherrschende Zweckorientierung wird als kontingentes Phänomen verstanden, das von der Rahmenordnung einer Gesellschaft abgängig ist.

Dem soll nun eine Modellierung entgegengestellt werden, die im Rahmen der sogenannten humanistic economics[7] entwickelt wurde. Dort wird eine hierarchische Abfolge menschlicher Bedürfnisse modelliert. Auf der ersten Stufe stehen dabei physiologische Bedürfnisse, auf der zweiten Stufe steht ein unspezifiziertes Sicherheitsbedürfnis –, daran schließen sich soziale Bedürfnisse wie Zugehörigkeit und Selbstwertgefühl an –, und auf der höchsten Stufe stehen schließlich Bedürfnisse der Selbstverwirklichung und Kreativität. Die Erfüllung der vorangegangenen Stufen ist dabei jeweils Bedingung für die Erfüllung der nächsten Stufe. So tritt den Autoren nach z.B. kein Bedürfnis nach Zugehörigkeit auf, solange ein Individuum Hunger, also ein Bedürfnis der untersten Stufe, verspürt.

---

7   Lutz/Lux, Humanistic Economics – The new challenge, New York, 1988.

Zwei Eigenschaften der dortigen Konzeption wirtschaftlicher Akteure sollen besonders hervorgehoben werden: einmal ein sehr hohes Bedürfnis nach Sicherheit und ein sehr hohes Maß an intrinsischer Motivation sowie Kreativität. Beispiele für Individuen dieser Art lassen sich beispielsweise in Kunst, Sport und Wissenschaft finden. In Anbetracht der unzureichenden Fundierung der Grundlagen der neoklassischen Theorie lässt sich eine alternative Konzeption dieser Art einfach rechtfertigen. Neuere Ansätze der Behavioral oder Experimental economics können hier u. U. mit empirischen Daten aufwarten. Schritte in diese Richtung geht eine Studie, welche sich mit Lotteriegewinnern befasst.[8]

„Obschon jeder Marktteilnehmer nur an seiner ‚privaten' Wettbewerbsposition interessiert ist, übt er durch seine Erfolgsstrategien unweigerlich einen wenn auch u. U. fast unmerklichen, bloß marginalen Zwang auf seine Mitbewerber aus, und zwar ganz ohne dass er mit ihnen persönlich in Interaktion tritt."[9]

b) Problematisch an der marktwirtschaftlichen Ausgestaltung der Güteraustauschbeziehungen erscheint somit das uniformierende Setzen von Anreizen. Während nicht marktvermittelte Beziehungen von Kommunikation und gegenseitigem Verständnis (in dem schwächstmöglichen Sinne von Verständnis) geprägt sind, nehmen in marktvermittelten Austauschbeziehungen Preise einen erhöhten Stellenwert ein. Diese verweisen in der direkten Kommunikation immer auch auf die Präferenzen anderer Gesellschaftsmitglieder, da Preise durch Nachfrage und Angebot gebildet werden. Diese Preise bilden nun im nächsten Schritt vielfach die Grundlage für die eigene Präferenzenbildung. Man spricht dann auch von der Anreizfunktion von Preisen. Marktvermittelte Interaktion tendiert dadurch zu einer Homogenisierung von Präferenzen, welche Innovativität entgegensteht.

c) Die Kernproblematik der hier zu entwickelnden Argumentation liegt sicherlich in der Begründung des folgenden Schritts, der darin besteht, einen Zusammenhang zwischen Originalität, verstanden als das „Verfolgen selbst gewählter Lebensziele", sprich, der Tendenz, dass vermehrt divergierende Lebensstile geführt würden, und Kreativität, verstanden als die vom Markt nachgefragte Fähigkeit, für bestehende Problemstellungen neuartige Lösungen mit Effizienzvorteilen zu finden. Hier lässt sich ein Zusammenhang begründen, da sowohl Originalität als auch Kreativität die Fähigkeit erfordern, selbstständig zu denken und zu handeln, sprich, Kreativität nicht ohne Originalität zu haben ist, denn beide erfor-

---

8   Marx/Peeters, An unconditional basic income and labor supply results from a survey of lottery winners; Aufsatz zum 10ten BIEN-Kongress, abgerufen von http://www.usbig.net/papers/106-Peters-Marx-LaborSupply.pdf am 6.12.2006.

9   Ulrich, Integrative Wirtschaftsethik, 2001, S. 138.

dern den Mut, sich vom Gängigen zu lösen. Dies erfordert jedoch der humanistischen Konzeption des Menschen gemäß, dass ein gewisses Sicherheitsbedürfnis erfüllt ist, bevor im Menschen der Drang zur Kreativität erwacht. Im Markttreiben wird nun Kreativität verlangt, aber Originalität negativ sanktioniert.

1.3 Exkurs

Der Ansatz gewinnt an Plausibilität, wenn man das antike Griechenland betrachtet, wo das Gegebensein materieller Voraussetzungen (wiewohl auf anderer, inakzeptabler Basis) ebenfalls nicht zum Erliegen des öffentlichen Lebens geführt hat, sondern dies überhaupt ermöglicht hat.

Die Studie „Wirtschaftliche Leistungsfähigkeit, sozialer Zusammenhalt, ökologische Nachhaltigkeit"[10] der Zukunftskommission der Friedrich-Ebert-Stiftung sieht gleichfalls die Kernproblematik der deutschen Entwicklung weniger in der Kostensenkung, als vielmehr in der Bereitstellung der Rahmenbedingungen, unter denen Innovation geschehen kann. Wie diese Rahmenbedingungen letztendlich ermöglicht werden, kann man anhand Hannah Arendts Klassifizierung menschlicher Tätigkeiten näher betrachten. Sie differenziert Arbeiten, Herstellen und Handeln.[11] Während der Zweck des Arbeitens ist, das Lebensnotwendige bereitzustellen und das Individuum zu regenerieren, zielt das Herstellen darauf ab, eine Welt dauerhafter Dinge bereitzustellen. Das Handeln schließlich bezeichnet die Interaktion der Individuen, das gegenseitige Verstehen und Positionieren im sozialen Leben. Die These Hannah Arendts ist, dass das Handeln an Bedeutung zugunsten der Arbeit verloren hätte, was dazu führt, dass die Gemeinschaft an Bedeutung verliert und der Einzelne zunehmend auf sich selbst zurückgeworfen ist. Die folgenden Überlegungen schließen sich Arendt an, stellen ihr jedoch den Gedankengang zur Seite, dass das Handeln zusätzlich an praktischer Notwendigkeit gewonnen hat, da die zentrale Ressource der heutigen Wirtschaft, Wissen, nur in einem geeigneten sozialen Raum entfaltet werden kann. Zu fragen ist nun, inwiefern ein bedingungsloses Grundeinkommen die unterschiedlichen Tätigkeitsarten unterschiedlich stark beeinflusst. Zu vermuten wäre, dass primär das Handeln gestärkt würde. Die Frage soll hier jedoch offenbleiben. Die Idee eines Grundeinkommens soll nun anhand des Konzepts der Wissensgesellschaft diskutiert werden.

---

10 Zukunftskommission der Friedrich-Ebert-Stiftung (Hrsg.), Wirtschaftliche Leistungsfähigkeit, sozialer Zusammenhalt, ökologische Nachhaltigkeit, Bonn, 1998.
11 Arendt, Vita Activa, München/Zürich, 2003.

2   Implikationen der Wissensgesellschaft

Die immer wieder zitierte Wissensgesellschaft bringt einen Umbruch in der Arbeitswelt mit sich. Die klassischen Arbeitsplätze im primären Sektor gehen zugunsten von einem stärker werdenden Dienstleistungssektor verloren. Dieser Wandel geht einher mit veränderten Anreizstrukturen, denen mit einem Grundeinkommen Rechnung getragen werden könnte. Merkmale dieser veränderten Arbeitswelt sind unter anderem

d.   Arbeitsplätze werden wissensintensiver[12]
e.   durch diese Wissensintensität steigt die Anzahl der Arbeitsplätze mit intrinsischer Motivation (Professoren, Künstler usw. als neue Leitbilder), und Kreativität wird zur zentralen Ressource (im Gegensatz zur physischen Produktivität in der industriellen Gesellschaft)
f.   Märkte werden flexibler und Arbeitsplätze damit prekärer[13]

Mit der erhöhten Flexibilität und der damit verbundenen Prekarisierung von Arbeitsplätzen ergibt sich der humanistischen Konzeption des Menschen nach ein verringertes Maß an Kreativität. Die physische Produktion verliert immer mehr an Bedeutung, und die zentrale Aufgabe wird die Neuorganisation von Wissen. Gleichzeitig wird Kreativität jedoch zur zentralen Ressource und conditio sine qua non für wirtschaftliches Wachstum. Wie oben festgestellt, setzt der Markt mittels Preisinformationen Signale für die Präferenzenbildung und beeinflusst diese damit. Dadurch entwickelt der Markt eine uniformierende Kraft und wirkt damit der Ausbeutung der zentralen Ressource – Kreativität – entgegen. Wenn Industrienationen als Wissensstandorte oder sogar als Wissensgesellschaften bestehen wollen, ist als deren Grundlage Kreativität notwendig. Kreativität als Fähigkeit, neuartige Mittel für bestehende Probleme zu finden, korreliert mit Originalität, der Fähigkeit, sich selbstständig Zwecke zu setzen. Kreativität besteht aber zu einem großen Teil in dem Mut, Versuche zu wagen und damit Risiken einzugehen. Da dies aber positive Externalitäten für das Innovationsgeschehen mit sich bringt, liegt der Benefit nicht nur beim Einzelnen, sondern die Gesellschaft als Ganze profitiert, und der Einzelne gewinnt damit einen Anspruch auf Entlohnung. Zudem sind Tätigkeiten in der Wissensgesellschaft durch ein höheres Maß an intrinsischer Motivation gekennzeichnet und bedürfen deswegen weniger der externen Motivation durch monetäre Anreizstrukturen. Ein bedingungsloses Grundeinkommen würde also einerseits Sicherheitsbedürfnisse stillen, welche die Voraussetzung für kreatives Handeln sind. Auf der anderen

---

12   Vgl. Bell, Die nachindustrielle Gesellschaft, Frankfurt am Main, 1976.
13   Vgl. Beck, Schöne neue Arbeitswelt, Frankfurt am Main/New York, 1999.

Seite wäre aber aufgrund veränderter Anreizstrukturen Motivationslosigkeit
nicht zu befürchten.

Eine Variante des hier entwickelten Arguments findet sich auch in der Or-
ganisationstheorie der Betriebswirtschaftslehre. Dort wird die Vorteilhaftigkeit
von sogenannten slack resources[14] diskutiert, also das Vorhalten von Ressourcen
– in der Regel Humankapital – im Unternehmen, welche nicht direkt produktiv
sind, aber als kreatives Potenzial für Veränderung in den Anforderungen an das
Unternehmen und als Sicherheit gegen sich wandelnde Umweltbedingungen
beibehalten werden. Interpretiert man nun in diesem Sinne die Tätigkeiten nicht
arbeitstätiger Individuen als Vorhalten ebendieser kreativen slack ressources, so
wird das selbstständige Nachgehen wieder in den gesellschaftlichen Leistungs-
austausch eingebunden und damit Arbeit im Sinne von Krebs.[15] Nichtsdestotrotz
stellt sich im Anschluss daran die Frage, wie diese slack resources zu bewerten
seien. Ich schlage hier vor, aufgrund des Mangels an Bewertungsmaßstäben und
insbesondere der Gefahr der Anreizsetzung diese slack resources gleich zu bewerten, sprich, mit einem Grundeinkommen.

Neben dem hier entwickelten konsequenzialistischen Gedankengang und
dem referierten realliberalen Argumentationsgang gibt es eine Reihe von prag-
matischen Gründen, die für die Einführung eines bedingungslosen Grundeinkommens sprechen. Zum einen ließe sich die Bürokratie im öffentlichen Sektor
verschlanken. Sozial- und Arbeitslosenhilfe ließen sich zu einem Satz zusammenfassen, der u. U. sogar aufgrund der einfachen Zuweisung vom Finanzamt
verwaltet werden könnte. Besondere Härten müssten selbstverständlich jedoch
auch weiterhin gesondert ausgeglichen werden.

Zusammenfassend halte ich drei Punkte für wichtig:

- Extrinsische Motivation wird zunehmend durch intrinsische ersetzt.
- Mit zunehmend dynamischer Umwelt gewinnen slack resources an Bedeutung.[16]
- Aufgrund der Abhängigkeit der Innovativität von den gegebenen Rahmenbedingungen wird die Befähigung zum politischen Handeln zentral.

Klassische monetäre Anreizmechanismen verlieren damit an Bedeutung, und um
der Gefahr einer einseitigen Anreizsetzung zu entgehen, schlage ich eine Gleich-
bewertung mittels eines Grundeinkommens vor. Ein weiteres Argument lässt
sich daraus entwickeln, dass, ausgehend von der Annahme einer mit steigendem

---

14   Vgl. Cyert/March, A behavioral theory of the firm, Englewood Cliffs, 1963, S. 37f.
15   Krebs, Arbeit und Liebe, Frankfurt am Main, 2002, S. 35
16   Vgl. Auch Ashby ‚Law of requiste variety'. In: Ashby, An introduction to cybernetics, 1956

Einkommen zunehmenden Neigung zum Sparen, sich durch die höhere Gleich-verteilung mittels eines Grundeinkommens die Binnennachfrage erhöhen würde.

3   Methodik

Im folgenden Abschnitt soll überlegt werden, wie sich Veränderungsprozesse, insbesondere Wachstumsprozesse in sozialen Systemen, theoretisch fassen las-sen. Der erste Schritt besteht darin, die Angebote computerunterstützter Simula-tion[17] sowie der Wirtschaftswissenschaften zum Thema zu begutachten. Im nächsten Schritt sollen diese in der jungen Disziplin der Agent-Based Computa-tional Economics zusammengeführt werden.

3.1   Ansätze der Computersimulation sozialer Systeme

In der neueren Debatte werden vor allem drei Simulations-Ansätze als geeignet für die Analyse sozialer Systeme erachtet[18]:

- Spieltheorie
- Agentenbasierte Simulation
- System Dynamics

Während die Spieltheorie bereits fest im methodischen Kanon der Wirtschafts-wissenschaften verankert ist, haben die beiden Letzteren eine geringere Nachfrage erfahren, was an der etwas schwereren Zugänglichkeit liegen mag. Insbesondere für die Agentenbasierte Simulation sind grundlegende Programmierkenntnisse vonnöten. Während die ersten beiden Ansätze sich dynamischen Problemstellun-gen widmen, eignet sich die Spieltheorie vorwiegend für statische Probleme. Die Rolle zeitlicher Entwicklung von Systemen wird im Normalfall ausgeblendet. Im Falle von Spielen mit mehreren Zügen umgeht sie diese Limitation, kann sich aufgrund der analytischen Herangehensweise jedoch nur mit Systemen mit einer sehr überschaubaren Anzahl an Variablen auseinandersetzen. Dies scheint mir bei einem komplexen Phänomen wie Wachstum jedoch zu kurz zu greifen. System

---

17   Zur Wahl adäquater Simulationsmethoden vgl. auch Lorenz/Jost, Towards an orientation-framework for multi-paradigm modelling, in: Größler et al., Proceedings of the 24th Internatio-nal Conference of the System Dynamics Society, Nijmegen, 2006.
18   Prasad/Chartier, Modeling Organizations Using Agent-Based Simulations, Paper presented at „A Workshop on Agent Simulation: Applications, Models & Tools (Chicago, October 1999)", abgerufen von http://www.accenture.com/xdoc/en/services/technology/publications/talentsim-as99.pdf am 25.09.2005.

Dynamics – die moderne Ausprägung der den „Grenzen des Wachstums"[19] zugrunde liegenden Methodologie[20] – wiederum liefert durch die strikte Orientierung an Aggregationen, sogenannten stocks, lediglich *beschreibende* Modelle. Die Heterogenität der Akteure eines sozialen Wachstumssystems bleibt allerdings eine zentrale Hürde. Für ein *erklärendes* Wachstumsmodell ist eine höhere Auflösung vonnöten, die der System-Dynamics-Ansatz nicht liefern kann.

Eine Einsicht, die sich nichtsdestotrotz dort gewinnen lässt, ist das Konzept der S-Kurve. Dieses Konzept besagt, dass jegliches Wachstum durch eine Ressource ermöglicht wird, die sich im Wachstumsprozess selbst verbraucht. Wie jede Methodologie, die sich der Modellierung verschrieben hat, bringt auch dieser Ansatz ein Set von Axiomen mit sich, die die Antworten, die die Methodologie geben kann, mitprägen. Die Auswahl einer geeigneten Herangehensweise zur Modellierung bedarf deswegen einer Herausarbeitung der Axiome, um deren Angemessenheit in einer konkreten Situation zu überprüfen.

Als geeignete Simulationsmethodologie zur Erklärung des Wachstumsphänomens auf sozialer Ebene soll hier die Agentenbasierte Simulation herausgestellt werden. Diese zeichnet sich dadurch aus, dass keine globale Systemkontrolle vorliegt, dass Daten und Informationen dezentralisiert vorliegen und jeder Agent eine eingeschränkte Perspektive hat.[21] Kriterien für den Einsatz von Agentenbasierter Simulation sind insbesondere, dass die Interaktionen der Agenten komplex und nicht linear sind, dass die räumliche Verteilung bedeutsam ist, dass die Agenten heterogen sind, dass die Interaktionen zwischen den Agenten heterogen sind und dass die Agenten komplexe Verhaltensweisen wie Lern- und Anpassungseffekte aufweisen.[22] Gegenüber System Dynamics zeichnet sie sich insbesondere durch ihre Bottom-up-Perspektive sowie durch die Modellierung auf der Mikroebene aus.[23]

19   Meadows et al., Die Grenzen des Wachtums, Stuttgart, 1972.
20   Forrester, Industrial Dynamics, Cambridge, 1961; Sterman, Business Dynamics: Systems Thinking and Modeling for a Complex World, Boston, 2000.
21   Jennings et al., A Roadmap of Agent Research and Development, in: Autonomous Agents and Multi-Agent Systems 1 (1998), S. 17.
22   Bonabeau, Agent-based modeling: Methods and techniques for simulating human systems, in: PNAS 99, 2002, S. 7287
23   Vgl. Schieritz/Milling, Modeling the Forest or Modeling the Trees – A Comparison of System Dynamics and Agent-Based Simulation, in: Eberlein et al. (Hrsg.), Proceedings of the 21 th International Conference of the System Dynamics Society, New York, 2003..

3.2 Wirtschaftswissenschaftliche Erklärungsansätze

Nach diesen Überlegungen zur Simulationsmethodologie soll nun auf die Wachstumstheorie in der Wirtschaftswissenschaft eingegangen werden. Als Ausgangspunkt soll eines der gängigen Lehrbücher der Wirtschaftswissenschaften, Mankiws „Grundzüge der Volkswirtschaftslehre"[24], dienen. Wachstum wird dort auf Produktivität und Produktivität auf Realkapital, Humankapital, natürliche Ressourcen und technologisches Wissen zurückgeführt. Spannend sind an diesem Katalog vor allem die natürlichen Ressourcen und das technologische Wissen, da die „Grenzen des Wachstums"[25] für natürliche Ressourcen feststellen, dass diese endlich sind und Wachstum, das auf diesen beruht, deswegen zwangsläufig stagnieren muss. Verfechter technologischen Wissens auf der anderen Seite postulieren, dass der Ressource des technologischen Wissens keine Grenzen gesetzt sind, sodass Wachstum keine Grenzen auferlegt sind. Als Verfechter letzterer Position soll hier Romer mit der Analyse von nicht rivalisierenden Gütern stehen, für welche insbesondere F&E relevant ist.

> „It seems clear that nonrival goods exist, that they are important for aggregate growth, and that they create nonconvexities that matter for aggregate level analysis."[26]

Wie für die Spieltheorie weiter oben soll hier nun auch für die neoklassische Wirtschaftstheorie postuliert werden, dass sie dynamische Vorgänge nur unzureichend in mathematischen Modellen abbilden kann.

Nicholas Kaldor hat die Abhängigkeit der Wirtschaftstheorie von einer zentralen Annahme, der des Gleichgewichts, umfassend herausgearbeitet:

> „It is generally taken for granted by the great majority of academic economists that the economy always approaches, or is near to, a state of ‚equilibrium'; that equilibrium, and hence the near-actual state of the world, provides goods and services to the maximum degree consistent with available ressources, that there is full and efficient utilisation of every kind of ‚ressource'; that the wage of every kind and quality of labour is a measure of the net contribution (per unit) of these varying kinds and qualities of labour to the total product; that the rate of profits reflects the net advantage of substituting capital for labour in production, etc., etc. all propositions which the pure mathematical economist has shown to be valid only on assumptions that are

---

24   Mankiw, Grundzüge der Volkswirtschaftslehre, Stuttgart, 2001, insbesondere Kapitel 24.

25   Meadows et al., Die Grenzen des Wachtums, Stuttgart, 1972.

26   Romer, Are Nonconvexities Important for Understanding Growth?, in: The American Economic Review, Vol. 80, No. 2, S. 102.

manifestly unreal – that is to say, directly contrary to experience and not just ‚abstract'."[27]

Übereinstimmend mit Kaldor wird hier die Dynamik realer Wirtschaftsprozesse als zentral angenommen.

Weitere empirisch fundierte Kritik an den Grundlagen der Wirtschaftswissenschaften, insbesondere an der Konzeption des Homo oeconomicus, leistet Ernst Fehr und kommt zu folgenden zwei Resultaten:

> „First, the canonical model of the self-interested material payoff-maximizing actor is systematically violated. [...] Second, preferences over economic choices are not exogenous as the canonical model would have it, but rather are shaped by the economic and social interactions of everyday life. This result implies that judgments in welfare economics that assume exogenous preferences are questionable, as are predictions of the effects of changing economic policies and institutions that fail to take account of behavioral change."[28]

Der Studie ließe sich nun entgegenhalten, dass sie in kleinen Gemeinschaften durchgeführt wurde, die – da die Anonymität geringer ist – ein sehr hohes Maß an sozialer Kontrolle erlauben. Ich denke allerdings – wiewohl die Größe einer Gesellschaft und die damit einhergehende Anonymität m. E. selbstverständlich ein bedeutender Einflussfaktor auf das Verhalten in dieser Gesellschaft ist –, dass hier überzeugend nachgewiesen wurde, dass das Menschenbild der Ökonomie kein empirisches Faktum, sondern Teil eines wissenschaftlichen Kalküls ist, welches nun aufgrund seines fiktiven Ansatzes mittels Vaihingers Theorie des Als-ob weiter beleuchtet werden soll. Dieser hat die oben bereits verwendete Unterscheidung zwischen der prognostischen und der erklärenden Funktion der Wissenschaft genauer herausgearbeitet. In seinem Ansatz wird infrage gestellt, dass Wissenschaft reine Beschreibung der Wirklichkeit sei. Vielmehr steht sie unter der Zwecksetzung, Ereignisse zu prognostizieren, wobei die Übereinstimmung der zu diesen Prognosen führenden Modelle mit der Wirklichkeit in den Hintergrund rückt:

> „Nicht die Übereinstimmung mit einem angenommenen ‚objektiven Sein', das uns doch niemals unmittelbar zugänglich sein soll, also nicht die theoretische Abbildung einer Außenwelt im Spiegel des Bewusstseins und also auch nicht eine theoretische

---

27 Kaldor, The Irrelevance of Equilibrium Economics, in: The Economic Journal, Volume 82, Issue 328, S. 1239f.

28 Henrich/Boyd/Bowles/Camerer/Fehr/Gintis/McElreath, In Search of Homo Economicus: Behavioral Experiments in 15 Small-Scale Societies, abgerufen von http://www.iew.unizh.ch/home/fehr/papers/insearch.pdf am 20.05.2004, S. 77.

Vergleichung der logischen Produkte mit objektiven Dingen scheint uns die Bürgschaft dafür zu bieten, dass das Denken seinen Zweck erfüllt habe, sondern die praktische Erprobung, ob es möglich sei, mit Hilfe jener logischen Produkte die ohne unser Zutun geschehenden Ereignisse zu berechnen und unsere Willensimpulse nach den Direktiven der logischen Gebilde zweckentsprechend auszuführen."[29]

Die Kluft zwischen den beiden divergierenden Aufgaben der Wissenschaft kann jedoch mit der Leistungsfähigkeit moderner computerunterstützter Simulation überbrückt werden. Dazu soll die oben hergeleitete Agentenbasierte Simulation fruchtbar gemacht werden. Die Wahl basiert auf der These, dass wirtschaftliches Wachstum ein Phänomen ist, das auf der Mikroebene verursacht wird. Mit anderen Worten, dass „Economic growth can be described at the macro level but never explained at that level".[30]

3.3 Agent-Based Computational Economics

Nelson und Winter legen in ihrem Wachstumsmodell die Betonung auf die R&D-Mechanismen auf der Mikroebene, sprich, auf der Ebene der individuellen Firmen. Deren F&E policies, die explizit keine global maximierenden policies, sondern „bounded rational" policies sind, sind als wissenschaftliche Betrachtungsgegenstände immanent wichtig zum Verständnis von wirtschaftlichem Wachstum.

„It is not possible to reconcile what is known about the phenomena at a micro level with the intellectual structure used to model technical advance at the macro or sectoral level by arguing that the macro model deals with the average or the modal firm. The differences among firms and the disequilibrium in the system appear to be an essential feature of growth driven by technical change. Neoclassical modeling cannot avail itself of that insight."[31]

In die gleiche Richtung gehen Schumpeters[32] Analysen: Die mittelfristige Monopolstellung, die durch die Patentierung von Innovationen erreicht wird, ist der incentive, um überhaupt in Forschung zu investieren, und dadurch auch in der Industriepolitik bedeutsam. Während sich Nelson und Winter allerdings auch der quantitativ korrekten Prognose von Wirtschaftsentwicklungen mit ihrem Modell

29   Vaihinger, Die Philosophie des Als-Ob, Leipzig, 1924 (Volksausgabe), S. 4.
30   Carlsson/Eliasson, Industrial Dynamics and Endogenous Growth, Working Paper, abgerufen von http://www.econ.iastate.edu/tesfatsi/ExperOrgEconomy.carlsson_eliasson.pdf am 25.09.2005.
31   Nelson/Winter, An evolutionary theory of economic change, Cambridge, 1982, S. 203.
32   Vgl. Schumpeter, Theorie der wirtschaftlichen Entwicklung, Berlin, 1997, insbesondere Kapitel II.

verschreiben, bleibt Schumpeter explikativ. Nelson und Winter argumentieren, dass ihr Ansatz orthodoxe/neoklassische Theorie plus einen Schuss mehr Realismus sei.

„The quantitative reliability of models drawn from orthodox theory is not high. Since an evolutionary theory contains all the elements of an orthodox theory and more, presumably the econometric equations consistent with an evolutionary approach should predict at least as well as more narrowly based predictive equations."[33]

Während nun sogenannte White-Box- oder transparente Modelle gegenüber Black-Box-Modellen, die lediglich Formeln sind, einen deutlichen Erklärungsvorteil haben und auch bei der qualitativen Prognose Trendwechsel besser erklären können, haben Black-Box-Modelle den Vorteil, einfacher kalibrierbar und damit besser an gegebene Datensätze anpassbar zu sein. Damit bleibt, zumindest zurzeit, noch ein Vorteil bei der quantitativen Prognose bestehen. Mit weiter steigender Rechnerleistung und vertiefter Forschung im Bereich transparenter Modelle, wird sich dieser Vorsprung jedoch reduzieren.

Der von Nelson und Winter gelegte Grundstein für den Übergang zur Agent-Based Computational Economics bringt wie jeder andere Modellierungsansatz ein Bündel an Axiomen mit sich. Die Grundlagen der ACE sollen hier kurz angeschnitten werden, um den Ansatz plausibel zu machen[34]:

- Bottom-up
- Evolving Complex System Approach
- Heterogeneity
- Bounded Rationality
- „True" Dynamics
- Direct (Endogenous) Interactions
- Endogenous and persistent novelty
- Selection-based market mechanisms

---

33   Nelson/Winter, An evolutionary theory of economic change, Cambridge, 1982, S. 184. Die gleiche Thematik wird später etwas vorsichtiger erneut angeschnitten: „The challenge to an evolutionary formulation then is this: it must provide an analysis that at least comes close to matching the power of neoclassical theory to predict and illuminate the macroeconomic patterns of growth. And it must provide a significantly stronger vehicle for analysis of the processes involved in technical change, and in particular enable a fruitful integration of understanding of what goes on at a more aggregated level." Ebenda. S. 206

34   Pyka/Fagiolo, Agent-based Modelling: A Methodology for Neo-Schumpeterian Economics, Beitrag 272, Februar 2005, abgerufen von http://www.wiwi.uni-augsburg.de/vwl/institut/paper/272.pdf am 25.09.2005.

Die Charakteristika, die diese Liste aufzeigt, lassen sich wohl am besten durch Gegenüberstellung des jeweiligen Gegenteils verstehen. So steht dem Bottom-Up-Approach der Top-Down-Approach der neoklassischen Wachstumserklärung gegenüber. Dieser versucht, Wachstum durch Gleichungssysteme der aggregierten Ebene abzubilden, während ein Agentenbasierter Ansatz einen Level unterhalb des zu erklärenden Phänomens ansetzt. Mittels dieses Zwei-Level-Ansatzes wird m. E. ein höheres Erklärungspotenzial erzielt, während die Neoklassik in ihren mathematischen Formulierungen eher deskriptiv denn erklärend ist. Der Evolving Complex Systems Approach könnte einem Non-Evolving Simple Systems Approach in der Neoklassik gegenübergestellt werden. Während in einem Agentenbasierten Modell die „Umwelt" der Agenten sich selbst aufgrund der Interaktion der Agenten verändert, werden in der Neoklassik normalerweise Axiome gesetzt, und die Umwelt wird als unveränderlich angenommen. Heterogeneity steht Homogeneity gegenüber; die Agenten in einer solchen Simulation können unterschiedlich parametrisiert werden, um dadurch reale Systeme besser abzubilden. Bounded Rationality wird vollständiger Rationalität (und vollständiger Information) entgegengestellt. Agenten werden normalerweise mit Algorithmen ausgestattet, die eher an satisficing erinnern denn an Analysieren eines globalen Optimums.

„True" Dynamics soll die Pfadabhängigkeit und damit die Nichtreversibilität des Ansatzes bezeichnen. Direct Interaction stellt die Bedeutung von Räumlichkeit, sei sie nun physisch oder sozial, heraus. Endogen sind diese Interaktionen zusätzlich deswegen, weil sie aufgrund ebenfalls gebunden rationaler Überlegungen ausgeführt werden. Endogenous and persistent novelty würde den Gleichgewichtsbestrebungen der Neoklassik gegenüberstehen.

Ein weiterer Vorteil der Agent-Based Computational Economics liegt in der Integration verschiedener anderer Disziplinen. Die Agentenbasierte Modellierung könnte dann die Plattform bilden, innerhalb derer die verschiedenen Sozialwissenschaften auf gleicher Basis ihre jeweiligen Problemstellungen formalisieren und von gegenseitiger Befruchtung profitieren können:

„[...] the defining characteristic of ACE model economies is their constructive grounding in the interactions of autonomous adaptive agents, broadly defined to include economic, social and environmental entities. ACE agents are necessarily constraint by the initial conditions set by the modeler. However, the dynamics of ensuing economic processes are governed by agent-agent interactions, not by exogenously imposed systems of equations, and the state of the economy at each point in time is given by the internal attributes of the individual agents that currently populate the economy. This type of dynamical description should have direct meaning for economists and other social scientists, thus increasing the transparency and clarity of the modelling process."[35]

Weiterhin stellen sich der hohe Abstraktionsgrad sowie die starre Formalisierung der Neoklassik bei der Analyse realer Probleme als eher unhandlich dar. Notwendig ist hier das Herangehen mit einem höheren Auflösungsgrad, sprich, mit einer vermehrten Einbeziehung unterschiedlicher Interessen der Akteure. Dies trifft in besonderem Maße auf die Analyse von transitorischen Aspekten bei einer mittelfristigen Perspektive zu. Für die Betrachtung langfristiger Gleichgewichtspunkte erscheint die formale Einfachheit neoklassischer Wirtschaftstheorie als Vorteil. Bei der konkreten politischen Policy-Entwicklung ist deswegen ACE-Modellen der Vorrang zu geben.

„While sympathetic with the older tradition and with contemporary informal normative discussion, we diverge from these in at least three respects. First, we think that the advocates of free enterprise have been to facile in arguing the merits of the stylized system in a stylized dynamic environment. The issue here is theoretical. Second, there is inadequate recognition of the extent to which some of the most fundamental problems of economic organization are either dispatched by assumption in those stylized arguments or are subsumed in a ‚minimal‘ list of governmental functions – the implication being that they could be easily handeled if only the government would mind its own business. Here, the problem involves the dubious linkage between the institutional assumptions of theory and the range of institutions that could conceivably exist in a real system. Third, we note that these advocates often have had a tendency to apply general stylized argument to real policy issues and hence to neglect the fact that the actual economic system is much more complicated than the stylized model. The issue here is that in real policy analysis the details of the situation and of the specific organizational alternatives under consideration often are of central importance."[36]

4   Agentenbasierte Analyse eines bedingungslosen Grundeinkommens

Bei der Agentenbasierten Simulation werden Agenten vorwiegend durch sogenannte statecharts, Methoden und Variablen dargestellt. Diese sollen nun für das erstellte Simulations-Tool zur Abschätzung der Auswirkungen eines Grundeinkommens expliziert werden. Dabei ist zu beachten, dass das Tool rein konzeptionell ist und keinerlei Daten erhoben wurden. Lediglich die grundsätzliche

---

35   Tesfatsion, Agent-Based Computational Economics: Growing Economies From the Bottom Up, Artificial Life, Volume 8, No. 1, 2002, S. 22, abgerufen von http://www.econ.iastate.edu/ tesfatsi/acealife.pdf am 25.09.2005.
36   Nelson/Winter, An evolutionary theory of economic change, Cambridge, 1982, S. 362.

Struktur eines derartigen Tools sowie die Möglichkeit der Erstellung eines solchen Tools sollen aufgezeigt werden.

Das statechart für die hier implementierten Agenten enthält lediglich zwei mögliche states: „Arbeitstätig" oder „Nicht Arbeitstätig".

Abbildung 1:

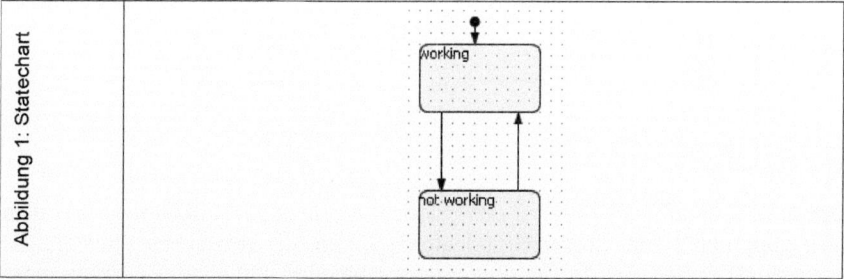

Zentral zum Verständnis des Modells sind die Übergänge zwischen diesen beiden states. Der Ausstieg aus der Arbeitstätigkeit wird hier vollzogen, wenn das erhältliche Grundeinkommen höher ist als das Zieleinkommen (das Zieleinkommen[37] ist einer der Parameter, die von Agent zu Agent divergieren, und bezeichnet das für den Agenten wünschenswerte Einkommen). Der Wechsel zurück in die Arbeitstätigkeit erfolgt, wenn das Grundeinkommen unter das Zieleinkommen fällt.

Die Gesamtheit der die Agenten bestimmenden Elemente ist in der folgenden Grafik zu sehen.

---

37   Vgl. Schumpeter, Theorie der wirtschaftlichen Entwicklung, Berlin, 1997, S. 135: „Für jede Kulturstufe und für jedes konkrete Milieu lässt sich, wenn auch nur in roher Schätzung, eine Einkommenssumme angeben, über die hinaus der Wert der Einkommenseinheit sich der Null annähert."

Abbildung 2:

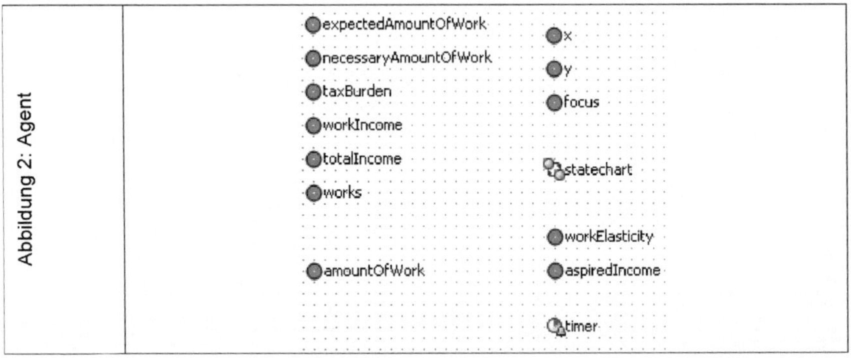

Der *expectedAmountOfWork* ist der Quotient aus dem Zieleinkommen und dem im Hauptmodell festgelegten Stundenlohn, sprich, die Anzahl an Stunden, die der Agent arbeiten müsste, um ohne Steuerzahlungen und ohne den Erhalt eines Grundeinkommens sein Zieleinkommen zu erwirtschaften. Der *necessary-AmountOfWork* ist demgegenüber diejenige Arbeitsleistung, welche unter Berücksichtigung von Steuerzahlungen und Grundeinkommenserhalt notwendig ist, um das Zieleinkommen zu erzielen. Der *taxBurden* berechnet sich aus dem Steuersatz des Hauptmodells und dem Arbeitseinkommen des Agenten. Das Grundeinkommen wird hierbei nicht besteuert. *WorkIncome* ist das Produkt aus Arbeitsleistung und Stundenlohn, welcher ebenfalls im Hauptmodell festgelegt ist. Im Gegensatz dazu stellt das *TotalIncome* das Einkommen nach Steuern und Erhalt des Grundeinkommens dar. Die *workElasticity* ist ein Parameter, anhand dessen die Neigung des Agenten bestimmt werden kann, bei steigendem Steuersatz mehr zu arbeiten, um weiterhin das gewünschte Zieleinkommen (*aspiredIncome*, ebenfalls ein Parameter) zu erreichen.

Deutlicher wird dies vielleicht bei der Erklärung der Bestimmung der Arbeitsleistung des Agenten.

```
public void work()
{
if (expectedAmountOfWork>necessaryAmountOfWork)
{
amountOfWork=min(16,necessaryAmountOfWork);
}
else
{
```

```
    amountOf-
Work=min(16,expectedAmountOfWork+pow(max(0,(necessaryAmountOf-
Work-expectedAmountOfWork)), workElasticity));
    }
    }
```

Diese Methode überprüft, ob die erwartete Arbeitsleistung höher ist als die notwendige Arbeitsleistung. Ist dies der Fall, so erbringt der Agent die notwendige Arbeit, jedoch nicht mehr als 16 Stunden, d.h., in diesem Modell wird die Tageshöchstleistung mit 16 Stunden angenommen. (Die Arbeitsleistung wird im Modell pro Tag kalkuliert, die Berechnungseinheit ist jedoch irrelevant.) Ist die notwendige Arbeitsleistung auf der anderen Seite höher als die erwartete, so erbringt der Agent die erwartete Arbeitsleistung plus die mit der *workElasticity* potenzierte Differenz aus notwendiger und erwarteter Arbeitsleistung.

Die restlichen Elemente der Grafik stellen für die Programmierung notwendige Variablen dar, die für die konzeptionelle Struktur des Modells keine Bedeutung haben.

Das bereits erwähnte Hauptmodell stellt die Umwelt dar, innerhalb derer die Agenten agieren. In dieser wird der eben beschriebene Agent 100-mal repliziert, wobei aggregierte Variablen erhoben werden. Zentrale Inputgrößen des Modells sind das erwünschte Grundeinkommen und der maximale Steuersatz. Aus dem erwünschten Grundeinkommen und der Anzahl der Individuen wird das benötigte Budget berechnet und der Summe der Arbeitseinkommen gegenübergestellt, um den Steuersatz zu berechnen. Das verfügbare Budget ist die Summe der Steuerzahlungen der Agenten. Dieses wird im Anschluss durch die Anzahl der Agenten geteilt und als Grundeinkommen an die Agenten ausgezahlt. Der maximale Steuersatz stellt das Maximum dar, welches der Steuersatz annehmen kann.

Das Tool selbst sieht wie folgt aus:

Abbildung 3:

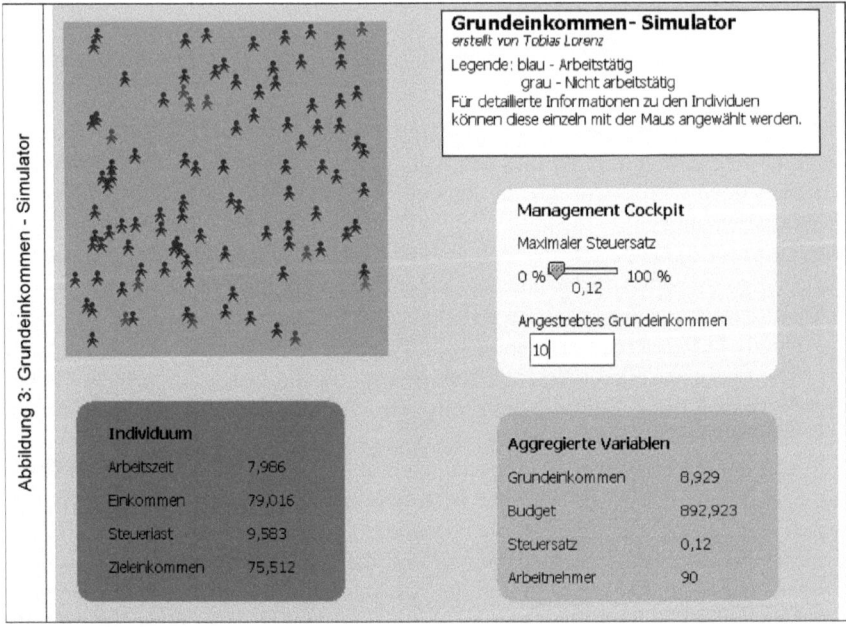

Über das Management Cockpit lassen sich die beiden Führungsgrößen eingeben, während die Felder „Individuum" und „Aggregierte Variablen" Ausgangsgrößen anzeigen.

Das Modell stellt, wie oben bereits erwähnt, lediglich einen ersten konzeptionellen Schritt in die Richtung eines Tools dar, welches die Auswirkungen eines bedingungslosen Grundeinkommens abschätzen würde. Denkbar wäre die Clusterung der Gesellschaft in Blöcke mit jeweils einem Zieleinkommen und einer Elastizität, die bestimmt, in welchem Maße bei erhöhtem Steuersatz auch tatsächlich mehr oder weniger gearbeitet würde. Diese Werte könnten empirisch ermittelt werden, um dem Modell wirkliche Aussagekraft zu verleihen. Die zentralen und eigentlich interessanten Effekte, die positiven Auswirkungen eines Grundeinkommens, namentlich die soft variables im Umkreis der Kreativität, müssten in einer nächsten Version integriert werden.

Wachstum und Märkte

Schnittstelle

Elena Kikina

Dieser Beitrag ist eine schriftliche Zusammenfassung einer praktischen gestalterischen Arbeit aus dem Bereich Modedesign. Eine der Besonderheiten dieses Projekts ist die für die Modebranche untypische Arbeitsmethode, welche aus der Praxis der industriellen Gestaltung stammt. Der Schwerpunkt des Entwurfs ist vom Gegenstand auf den Prozess verlagert. Ein Bekleidungsstück wird bei dieser Kollektion als Schnittstelle diverser zeitlicher Abläufe, wie Herstellung, Vertrieb und Gebrauch, betrachtet. Daher ist auch der Titel der Arbeit abgeleitet. Gestaltungsziel ist, eine optimale Lösung unter Berücksichtigung unterschiedlicher Parameter zu erreichen. Relevant sind in diesem Fall technologische, logistische, ökonomische, ökologische, ethische, bekleidungsphysiologische und soziokulturelle Komponenten.

Das zum Deutschen Studienpreis eingereichte Konzept wurde unter Berücksichtigung der aktuellen Situation in der Bekleidungsbranche erarbeitet. Diese wird weitgehend durch rein wirtschaftlich motivierte, wachstumsorientierte Großunternehmen geprägt. Die Fertigung großer Stückzahlen in den sogenannten „Niedriglohnländern" ermöglicht es, ein niedriges Preisniveau zu erzielen. Die Verlegung der Produktion ins Ausland führt zu einem Verlust der Kontrolle über die Herstellung. Die Folgen sind eine zunehmende Vereinheitlichung der Bekleidung und eine sinkende Produktqualität. Ferner entstehen ökologische und arbeitsethische Probleme.

Somit sind Produkte global agierender Unternehmen bestens für den Massenmarkt mit relativ niedrigen Ansprüchen an das Produkt geeignet, wobei der Preis einer der wichtigsten Parameter ist.

Die Wachstumsorientierung der Großunternehmen führt dazu, dass sie sich für kleinere Verbrauchergruppen mit spezifischen Anforderungen an das Produkt wenig interessieren, da infolge der beschränkten Größe dieser Konsumentengruppen der Expansion ein Limit gesetzt wird und eine Stagnierung des Umsatzes zu erwarten ist. Hierdurch öffnen sich Nischen für kleinere Marken. Da diese Nischenprodukte per Definition in kleineren Serien hergestellt werden, werden aus ökonomischen und logistischen Gründen in der Regel regionale Produktionskapazitäten genutzt. In Ländern mit höherem Lohnniveau funktioniert dieses Konzept bereits sehr gut im hochpreisigen Segment. Die Qualität der Bekleidung, unter anderem auch in gestalterischer Hinsicht, lässt sich hier unter genannten Umständen ohne große Probleme sichern. Ein weiterer Vorteil kleiner Marken ist ihre Flexibilität, bezogen auf die unternehmerischen Strukturen, auf die Produktionswege sowie auf die Nachfrage.

Auch im mittelpreisigen Segment steigen die Ansprüche der Konsumenten. Die fortschreitende Differenzierung der Gesellschaft fördert ein steigendes Bedürfnis nach Ausdruck der eigenen kulturellen Identität und somit nach einer Individualisierung der Bekleidung. Da aber in diesem Segment der Preisdruck eine größere Rolle spielt als im Luxusbereich, entsteht für einen kleineren Hersteller das Problem, ein akzeptables Preis-Leistungs-Verhältnis zu erreichen.

Die zentrale Frage dieser Studie ist, welche Konsequenzen die erläuterten Rahmenbedingungen auf die Produktgestaltung haben. Es wurde somit nach gestalterischen Lösungen für die Bekleidung gesucht, welche es ermöglichen, die Konkurrenzfähigkeit einer kleinen, lokal agierenden Modemarke im mittelpreisigen Segment zu sichern. Die Erhaltung einer Vielzahl von solchen Modeunternehmen ist durchaus von gesellschaftlichem Nutzen:

- Eine hohe Flexibilität und ein engerer Kontakt zum Verbraucher führen dazu, dass das Produkt einer kleinen Marke sich durch einen höheren Authentizitätsgrad und einen erhöhten kulturellen Mehrwert auszeichnet.
- Durch die lokale Produktion bleiben Arbeitsplätze in der Region erhalten. Die positiven Auswirkungen auf die Infrastruktur gehen über die Branchengrenzen hinaus, so hat zum Beispiel die Entwicklung der Berliner Modeszene bereits positive Auswirkungen auf die Hotel- und Tourismusbranche in der Region.
- Eine Vielzahl kleiner Marken trägt zur Erhaltung einer Produktvielfalt bei.
- Die Umweltbelastung bleibt gering, da unter anderem Produkttransportwege kurz sind.
- Die „marginalen" Konsumentengruppen sind durch kleine Marken erschließbar, diese Gruppen können bei einer Massenproduktion nicht berücksichtigt werden.

Die Voraussetzungen für die Gestaltung eines Kleinserienprodukts sind andere als die für ein Massenprodukt. Für die Entwicklung von Kleinserienprodukten steht die Berücksichtigung des Arbeits- und Materialaufwands im Vordergrund. Auch die Qualitätssicherung und die Unverwechselbarkeit des Produkts ist für den langfristigen Bestand der Marke von Bedeutung.

Deswegen wurde nach gestalterischen Lösungen gesucht, die den Herstellungsaufwand minimieren. Die Herstellung von Bekleidung wird dadurch weniger arbeitsintensiv und dementsprechend weniger kostenintensiv gehalten. Die

Qualitätssicherung eines solchen Bekleidungsstücks ist ebenso vereinfacht, da potenzielle Fehlerquellen minimiert werden.

Ferner wurden aus ökologischen und ökonomischen Gründen ein geringer Materialverbrauch und Flexibilität in Relation zum menschlichen Körper angestrebt. Sich dem Körper anpassende Kleidung verfügt nicht nur über eine bessere formale Wirkung und eine bessere Passform. Auch der Größenspiegel kann umstrukturiert werden: Bei gleicher Größenspiegelbreite kann die Anzahl der Größen reduziert werden. Einer der positiven Nebeneffekte ist die Verringerung unverkaufter Reste.

Die Originalität der formalen Lösungen ist ebenso wichtig, da sie den Wiedererkennungswert der Bekleidung erhöht und dem Wunsch des Verbrauchers nach Darstellung einer eigenen kulturellen Identität entspricht.

Entsprechend diesen Voraussetzungen wurden die einzelnen gestalterischen und technologischen Vorschläge erarbeitet. Eine praktische Anwendung dieser gestalterischen Lösungen führt dazu, dass alle Bekleidungsstücke durch einige gemeinsame Merkmale gekennzeichnet sind:

- Alle vorgestellten Produkte sind in nur wenigen Produktionsschritten reproduzierbar. Somit bleibt ihre Herstellung wenig arbeitsintensiv.
- Die Teile sind einfach zu verarbeiten und zeichnen sich durch einen geringen Herstellungsaufwand aus, die Qualität kann leichter gesichert werden.
- Der Materialverbrauch ist gering, es entsteht wenig Materialausschuss.
- Die Bekleidungsstücke verhalten sich flexibel zur Körperform. Es entstehen weniger Passformprobleme. Einige Teile entsprechen den Maßen von zwei im Größenspiegel nebeneinander liegenden Körpergrößen.

Das Endprodukt stellt meistens eine Kombination aus mehreren der weiter beschriebenen gestalterischen Ansätze dar. Unten werden die einzelnen vorgeschlagenen Teillösungen detailliert erläutert und mit einigen Beispielen illustriert.

1 Verbindungen

Die hohe Arbeitsintensität der Bekleidungsherstellung ist in erster Linie dadurch verursacht, dass die Bekleidung mithilfe von Nahtverbindungen gefertigt wird. Die Näharbeiten sind aufwendig und verlangen hoch qualifiziertes Personal. Es wurde nach den alternativen Verbindungsarten für textile Materialien gesucht. So wurden die Möglichkeiten des Thermoklebens für die Saumversäuberung ausgelotet. Darüber hinaus wurden Lösungen vorgestellt, die auf feste Verbindungen völlig verzichten. Ersetzt werden diese durch Stoffüberlappungen und Verschlüsse. Somit benötigt die Herstellung eines Bekleidungsstücks nur wenige Produktionsschritte. Dies ermöglicht eine Neustrukturierung der gesamten Vertriebskette. Produktions- und Verkaufsstätte können partiell zusammengelegt werden und der Träger an der Gestaltung des Endprodukts partizipieren.

Dieses Gestaltungsprinzip wird im folgenden Beispiel illustriert. Das auf der Abbildung 1 dargestellte Top besteht aus einem einzigen Schnittteil. Die Kanten sind im Thermoklebeverfahren und nicht durch Vernähen versäubert. Dabei werden spezielle Folien mithilfe einer Fixierpresse an den Kanten thermisch befestigt. Um den Verbrauch der aufgebrachten Folien niedrig zu halten, werden die Kanten nach Möglichkeit geradlinig gestaltet. Das Top wird mithilfe eines Halsreifens am Körper fixiert.

Abbildung 1:   Beispiel: Verbindungen

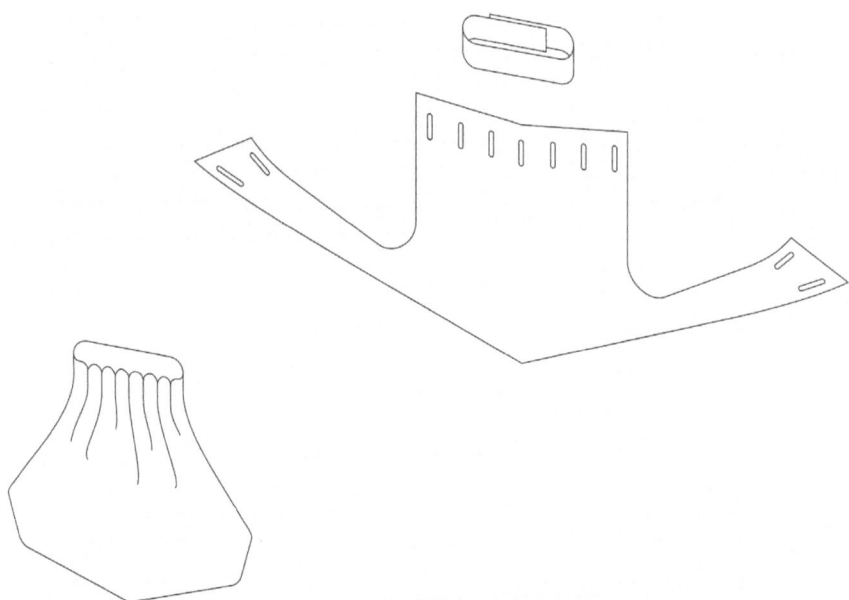

Das Top und weitere ähnlich aufgebaute Bekleidungsstücke aus der Kollektion sind in wenigen Produktionsschritten hergestellt. Näharbeiten, welche sich durch eine hohe Arbeitsintensität auszeichnen, entfallen bei ihrer Produktion. Außerdem können Zuschnitt, Kantenversäuberung und Befestigung der Verschlüsse maschinell erfolgen.

Da nur wenige Produktionsschritte und dementsprechend wenige Spezial-
maschinen für die Produktion dieser Bekleidungsstücke erforderlich sind, ist ein
neuartiges Verkaufsszenario vorstellbar. Die Produktions- und die Verkaufsstätte
werden hierbei partiell zusammengelegt. Somit können die Teile unmittelbar
nach Bedarf nachproduziert werden, was ökonomische und ökologische Vorteile
mit sich bringt. Darüber hinaus ermöglicht dieses Konzept das Serviceniveau,
welches dem hochpreisigen Segment entspricht: Die Produkte werden nach Maß
mit Berücksichtigung individueller Vorstellungen im direkten Kontakt zwischen
dem Hersteller und dem Kunden gefertigt. Die Desintermediation des Kontakts
hat zusätzliche positive Auswirkungen auf die Preisgestaltung, während die direkte Kommunikation die Bindung eines Kunden an die Marke fördert. Die
Transparenz eines Werkstattladens begünstigt den Aufbau einer Stammkunden-
gruppe mit hoher Markentreue, da das Bedürfnis der Zielgruppe nach individueller Kleidung befriedigt wird und die Wünsche des einzelnen Kunden berücksichtigt werden.

2   Flächen- und Formbildung

Der konventionelle Weg, Bekleidung herzustellen, führt vom Garn über die textile
Fläche zum dreidimensionalen Bekleidungsstück. Bei der vorgestellten Kollektion
erhält die textile Fläche unmittelbar bei ihrer Entstehung ihre dreidimensionale
Form. Dies erfolgt durch die Kombination mehrerer einfach umzusetzender
Stricktechniken. Dadurch steht die Form der Bekleidungsstücke in Relation zum
menschlichen Körper, obwohl sie aus viereckigen Schnittteilen zusammengesetzt
sind. Der Herstellungsaufwand bleibt hierbei gering. Eine alternative Möglichkeit
der Flächenbildung bietet das sogenannte Formstricken. Dabei werden Bekleidungsstücke unmittelbar aus dem Garn in ihrer dreidimensionalen Form gestrickt.
Nachteilig hierbei sind der hohe Entwicklungsaufwand für ein derart gefertigtes
Bekleidungsstück und die sich erhöhende Fehlerrate bei der Produktion. Zudem
erfordert das Formstricken spezielle kostspielige Maschinen. Daher ist der für die
Herstellung dieser Kollektion verwendete Produktionsweg besser geeignet für das
mittlere Preissegment.
      Die Strickoberteile aus der Kollektion bestehen aus viereckigen Schnitttei-
len. Diese Schnittführung ermöglicht es, fest eingestrickte Kanten zu benutzen
und auf eine zusätzliche Versäuberung zu verzichten. Das Stricken der Teile
erfolgt automatisch und erfordert einen vergleichsweise geringen Aufwand. Um
den Teilen eine plastische Form zu verleihen, welche dem menschlichen Körper
entspricht, werden in entsprechenden Bereichen sogenannte „Rippen" bzw. „Spi-
ckel" eingestrickt. Durch diese Vorgehensweise werden Nahtstellen weitgehend

reduziert und der Zuschnitt der Teile vermieden. Das bringt zwei Vorteile mit sich. Zum einen entsteht kein Materialausschuss. Darüber hinaus werden die arbeitsintensiven Näharbeiten für die Zusammensetzung der einzelnen gestrickten Schnittteile vermieden.

Abbildung 2 zeigt den Aufbau eines Plisseerocks, bei dem ein ähnliches Gestaltungsprinzip verwendet wurde. Viereckige Schnittteile aus zwei unterschiedlichen Materialien werden miteinander vernäht und anschließend plissiert. Plissieren ist ein Verfahren, bei dem Falten in das Material eingebrannt werden. Nach dem Plissiervorgang wird der Rock gewaschen. Als Ergebnis des Waschvorgangs behält nur eines der beiden Materialien die Falten, wodurch der Rock seine endgültige Form erhält. Der Rock verhält sich flexibel zur menschlichen Körperform, was durch die Faltung erzielt wird. Damit der Plissiervorgang erleichtert wird, werden die Nähte nach Möglichkeit flach gestaltet. Die Kanten bleiben entweder offen, oder sie werden thermisch versäubert, um ein Ausfransen der Ränder zu verhindern.

3   Schnittführung

Bei der Entwicklung dieser Kollektion wurde das Potenzial einfachster geometrischer Formen für die Schnittführung ausgelotet. Diese Schnittführung entspricht dem Raster des Gewebes, was die Verarbeitung der Bekleidung erleichtert. Zusätzlich bleibt bei der Auslage des Schnittmusters der Materialausschuss minimal. Da die Teile die Körperform nicht direkt nachbilden, entstehen auch weniger Passformprobleme.

Das Strickoberteil, dessen Aufbauprinzip Abbildung 3 illustriert, besteht aus viereckigen Strickteilen mit fest eingestrickten Kanten und ist damit leicht industriell reproduzierbar, wenig arbeitsintensiv und materialsparend. Die notwendige plastische Form wird in diesem Fall durch die Überlappungen an der Armkugel gewährleistet.

Abbildung 2: Beispiel: Flächen- und Formbildung

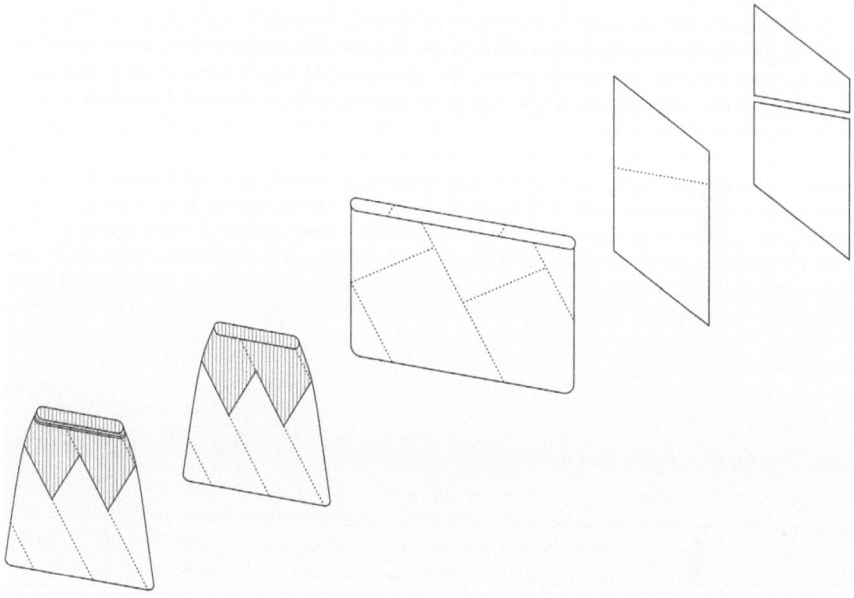

Abbildung 3:   Beispiel: Schnittführung der Strickteile

Ein weiteres Bild zeigt eine Jacke aus einem Gewebe, bei der die Nähte parallel bzw. im rechten Winkel zum Fadenlauf ausgerichtet sind. Somit ist die Verarbeitung der Jacke sehr einfach. Die Nähte sind nach Möglichkeit ausgelassen, das bedeutet, dass unnötige Produktionsschritte vermieden werden.

Außerdem bringt die vorgeschlagene Schnittführung Vorteile beim Zuschnitt. Die einzelnen Schnittteile können ohne Abstände zueinander ausgelegt und das Material optimal genutzt werden. Da die Jacke die Körperform nicht direkt nachbildet und nur wenige Körpermaße für einen korrekten Sitz relevant sind, sind die Toleranzen in Relation zu den Besonderheiten einer konkreten Körperform höher.

Abbildung 4:   Beispiel: Schnittführung der Teile aus gewebten Materialien

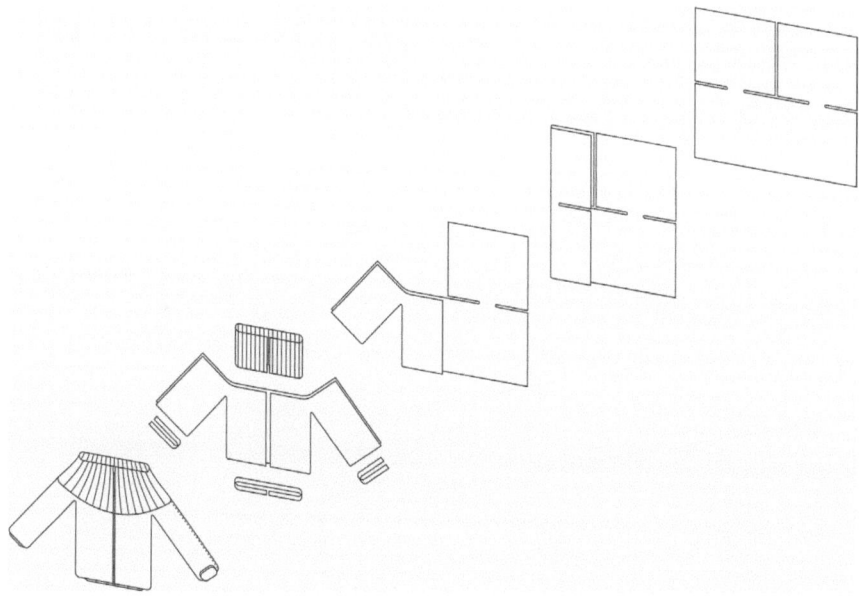

4   Details

Herkömmlicherweise weisen die Details eines Bekleidungsstücks oft einen additiven Charakter auf: Taschen oder Patten werden in zusätzlichen Produktionsschritten auf die Kleidung aufgebracht. Jedes derartige Detail bedeutet einen zusätzlichen Herstellungsaufwand. In der vorgestellten Kollektion sind solche Details nach Möglichkeit bereits in die Form integriert.

Der in Abbildung 5 dargestellte Minirock wird aus einem annähernd viereckigen, um den Körper gewickelten Streifen Textil geformt. Die Taschen an der Vorderseite entstehen durch das Umschlagen des Stoffes auf die „linke" Seite.

Das nächste Beispiel (Abbildung 6) ist ein Rock mit integrierten Beuteltaschen. Er besteht aus einem viereckigen Schnittteil mit einem Schlitz in der Mitte. Die Stoffbahnen an den beiden Schlitzseiten werden um die Taille gelegt. Durch das Aufdrehen des Schlitzes entstehen seitlich zwei Stoffvolumen. Aus diesen Volumen werden die Taschen gebildet. In den Schlitz wird ein Reißverschluss eingearbeitet, mit dessen Hilfe die Taillenbreite variiert werden kann.

Abbildung 5:   Beispiel: integrierte Taschen

Abbildung 6:   Beispiel: integrierte Beuteltaschen

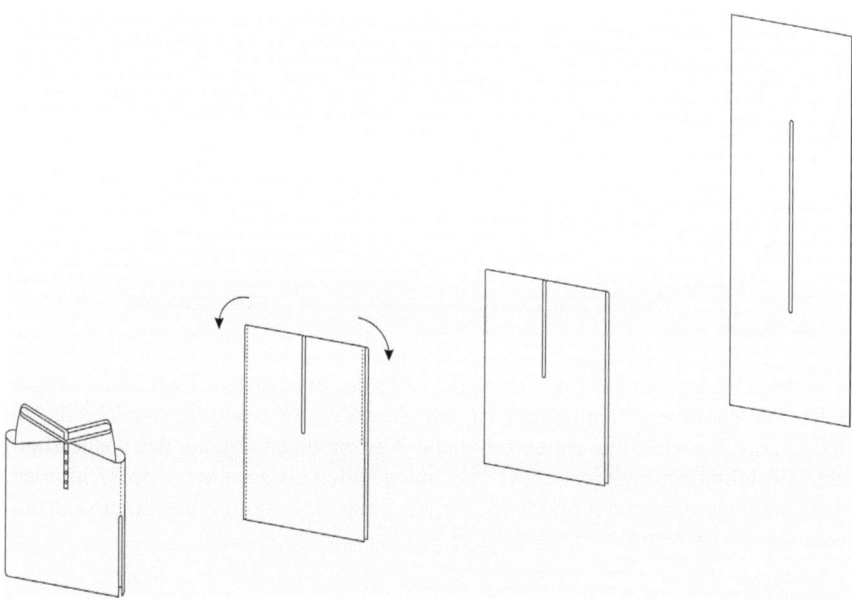

Das letzte Bild (Abbildung 7) zeigt die Entstehung der Taschen bei einem Filz-rock. Der Rock ist aus einem Filzschlauch geformt und mit einem elastischen Sattel versehen, wodurch eine aufwendige Verschlusseinarbeitung vermieden werden kann. Die Taschen werden bereits bei der Entstehung der textilen Fläche gebildet, indem das Verfilzen zweier Wolllagen mithilfe von Kunststoffeinlagen gezielt in bestimmten Bereichen verhindert wird. Wolle wird beim Filzen in Schichten ausgelegt und anschließend mit einer warmen Seifenlösung behandelt und so lange gewalkt, bis eine feste textile Fläche entsteht. Dort, wo zwischen den einzelnen Wolllagen eine Kunststoff-Folieneinlage platziert ist, wird deren Verfilzen verhindert. Als Ergebnis bilden die beiden abgetrennten Schichten eine Tasche.

Abbildung 7:   Beispiel: Entstehung eingefilzter Taschen

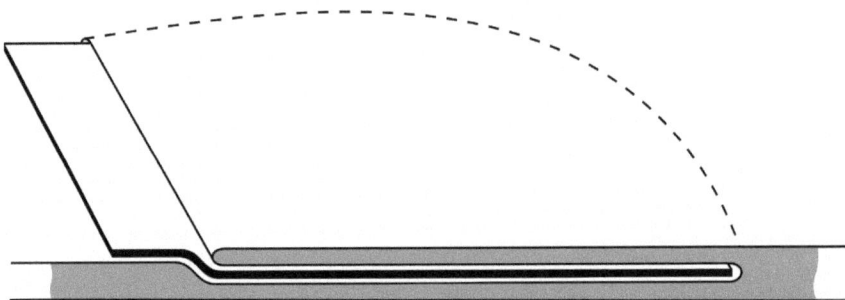

In diesem Beitrag wurden nur einzelne Teile der erarbeiteten Kollektion vorgestellt. Die komplette Kollektion ist auf der Website www.elena-kikina.de zu
finden und illustriert nur einige mögliche Anwendungsbeispiele der ausgearbei-
teten Gestaltungsprinzipien. Diese Prinzipien sollen als gestalterische Richtlinien
verstanden werden, deren praktische Anwendung eine enorme Vielfalt an Einzel-
lösungen für diverse Konsumentengruppen hervorbringen kann.

5   Fazit

Ziel dieser Arbeit ist, die Konkurrenzfähigkeit einer kleinen, lokal agierenden
Modemarke im mittelpreisigen Segment durch die Produktgestaltung zu erhöhen.
Lokale kleinere Hersteller produzieren in der Regel in kleinen Serien in ihrer
Region. Kostenfaktoren wie Arbeits- und Materialaufwand gewinnen dabei an
Bedeutung. Sie müssen nach Möglichkeit niedrig gehalten werden. Das vorge-
schlagene Konzept beinhaltet vier gestalterisch-technologische Teillösungen:

- Verzicht auf Nähverbindungen, welche den größten Arbeitsaufwand verursachen
- Formgebung durch diverse Material- und Technikkombinationen
- Viereckige Schnittteile in Einklang mit dem Geweberaster
- in die Form eines Bekleidungsstücks integrierte Details

Eine praktische Anwendung dieser gestalterischen Prinzipien hat folgende Auswirkungen auf das Endprodukt:

- Die Bekleidung lässt sich in wenigen Produktionsschritten mit geringer Arbeitsintensität fertigen.
- Die Verarbeitung ist äußerst einfach, somit lässt sich die Qualität mit geringem Aufwand sichern.
- Der Materialausschuss kann erheblich verringert werden.
- Es entstehen weniger Passformprobleme, da die Bekleidung sich flexibel zur Körperform verhält.

All das führt dazu, dass unter Berücksichtigung ökonomischer und ökologischer Aspekte eine zielgruppenorientierte Kollektion für einen Nischenmarkt angeboten wird. Dieser Markt kann von den großen Produzenten nicht bedient werden. Es entstehen neue Perspektiven für kleinere Mode-Labels, insbesondere, weil die Konkurrenz ausschließlich innerhalb einer Nische erfolgt. Es handelt sich hierbei nicht um eine direkte Konkurrenz, da das individuelle Angebot die Vergleichbarkeit unterschiedlicher Anbieter ausschließt. Die Kundennähe und die flexiblen Produktionsmöglichkeiten ermöglichen ein auf die Konsumentenbedürfnisse abgestimmtes Angebot. Die demografischen und ökonomischen Entwicklungen begünstigen eine fortdauernde Existenz und sogar ein Wachstum und eine Diversifizierung dieser Nischen.

Auswirkungen des europäischen Emissionsrechtehandels auf den Strommarkt und wachstumsfreundliche Alternativen

Pieter De Vos

„Ut enim leges omnium salutem singulorum saluti anteponunt, sic vir bonus et sapiens et legibus parens et civilis officii non ignarus utilitati omnium plus quam unius alicuius aut suae consulit." (Cicero „De Finibus Bonorum et Malorum")

1   Einleitung

Im 20. Jahrhundert hat sich die Durchschnittstemperatur um 0,6 °C erhöht. Der anthropogene Treibhauseffekt könnte die Ursache sein. Da der Bestand an Treibhausgasen ständig wächst, müsste dann mit weiteren Temperatursteigerungen gerechnet werden. Selbst wenn die Emissionen auf null gesenkt würden, würde der aufgebaute Bestand in der Atmosphäre weiterhin den irreversiblen Treibhauseffekt bewirken. Beim G8-Gipfel in Gleneagles im Juni 2005 haben die Teilnehmer – erstmalig auch die USA – bekräftigt, dass sie die wissenschaftlichen Ergebnisse für richtig und hinreichend gesichert erachten. Die führenden Industrienationen haben sich entschieden, Treibhausgase zu reduzieren.

Grundlage der industriellen Revolution war die Kohleverbrennung. Dampfmaschinen und Dampflokomotiven produzierten CO_2. Adam Smith erkannte in „The Wealth of Nations", dass unser Wohlstand entscheidend von der Arbeitsteilung abhängt, die gute Transportmöglichkeiten als Voraussetzung hat. Er sah in der Einschränkung dieser Transportmöglichkeiten eine obere Schranke für den Wohlstand. In einer globalisierten Welt befördern wir heutzutage Waren und Menschen mit Schiffen, Flugzeugen, Lkw und Pkw. In den meisten Fällen entsteht dabei CO_2. Der CO_2-Ausstoß einer Gesellschaft könnte geradezu ein Wohlfahrtsmaß sein.

Wachstum geht zulasten der Umwelt, und Umweltziele lassen sich nur mit gewissen Wachstumseinbußen erreichen. Um Wohlstand und Arbeitsplätze zu sichern, brauchen wir Wachstum. Aber was ist dieses Wachstum wert, wenn wir unsere Wirtschaftsleistung immer mehr zur Bekämpfung von Umweltkatastrophen verwenden müssen? Wenn das Wachstum der Wirtschaft und Bevölkerung auf der Verbrennung fossiler Rohstoffe beruht, führt dies zum Kollaps, wenn diese Rohstoffe ausgehen. Wenn Wachstum ein Ausweg für unsere Probleme ist, dann soll es nachhaltig sein und nicht zu einer Klimakatastrophe führen. Wirtschaftswachstum unter dem buchstäblichen Motto *Nach mir die Sintflut* kann kein Ausweg sein.

Dieser Aufsatz ist aus einer eingereichten Arbeit für die Körber-Stiftung entstanden. Da diese Veröffentlichung im Gegensatz zur ursprünglichen Arbeit an ein breites Publikum gerichtet ist, verzichte ich auf eine mathematische Schreibweise und vermeide nach Möglichkeit ökonomische Fachbegriffe. Um eine bessere Lesbarkeit zu erreichen, versuche ich, die Argumente intuitiv darzulegen. Ziel der ursprünglichen Arbeit war eine ökonomische Analyse des europäischen Emissionsrechtehandels. Das Ziel dieses Aufsatzes ist dagegen eine verständliche Darstellung der Ergebnisse.

2   Entstehung des EU ETS

2.1 *International Panel on Climate Change (IPCC)*

Das *International Panel on Climate Change* besteht aus Hunderten von Wissenschaftlern, die die globale Erwärmung untersuchen. Ihre Ergebnisse sind eindeutig: Die Erde erwärmt sich aufgrund anthropogener Emissionen.

2.2 *United Nations Framework Convention on Climate Change (UNFCCC)*

Am 9. Mai 1992 implementiert die UN ein Regelwerk namens „United Nations Framework Convention on Climate Change" (UNFCCC) mit dem übergeordneten Ziel einer Stabilisierung von Treibhausgasen auf einem Niveau, auf dem eine Anpassung an höhere Temperaturen möglich ist. Die UNFCCC legt fest, wie und in welchem Maße Klimaforschung betrieben werden soll. Im Mittelpunkt steht die internationale Koordination. Die Mitglieder verpflichten sich, zu forschen und über mögliche Maßnahmen nachzudenken und, falls möglich, sie umzusetzen. Die Industriestaaten verpflichten sich, den Entwicklungsländern Know-how zu sauberen und effizienten Produktionsweisen bereitzustellen. Die Verpflichtungen sind zunächst noch vage und mehr als Absichtserklärungen aufzufassen.

2.3 Kyoto Protocol

Das „Kyoto Protocol" entsteht als Baustein des UNFCCC am 11.12.1997 und bestimmt maximale Treibhausgasmengen für die Periode 2008-2012. *Annex A* des Protokolls legt die betroffenen Treibhausgase fest, die in CO_2-Äquivalente umgerechnet werden. *Annex B* legt Minderungsziele fest. Die EU-Staaten haben ein Reduktionsziel von 8 Prozent gegenüber der Basisperiode 1990. Das Protokoll erlaubt eine *Bubble* über der EU. Intern darf die EU Reduktionsziele neu verteilen, solange die Summe der Minderungen dem Protokoll entspricht. Scheitert sie, so gelten die Einzelverpflichtungen.

Darüber hinaus können Industriestaaten in gemeinsamen Projekten „Joint Implementation" Emissionen reduzieren. In *Clean Development Mechanisms (CDM)* können Industriestaaten zusammen mit einem Entwicklungsland Projekte durchführen und *Certified Emissions Reductions (CER)* erhalten. Diese Projekte sind ökonomisch sinnvoll, weil Reduktionen kostengünstig vorgenommen werden.

2.4 Grünbuch zum Handel mit Treibhausgasemissionen in der Europäischen Union

Das Grünbuch KOM/2000/87 der EU stellt die Prinzipien eines europaweiten Emissionshandels vor. Die EU bildet eine *Bubble*. Nach der *Lastenteilungsvereinbarung* haben die Mitgliedsstaaten neue Zielvorgaben, die durch das Marktinstrument Emissionshandel kostengünstig erreicht werden sollen. Die EU schätzt einen jährlichen Kostenvorteil von 1,7 Mrd. € gegenüber einzelstaatlichen Maßnahmen.

2.5 EU-Direktive und Funktionsweise des EU ETS

Die Direktive 2003/87/EC legt die Regeln des European Emission Trading Scheme (EU ETS) endgültig fest. In der ersten Handelsphase 2005-2007 müssen Anlagen an einem festen Ort ab einer gewissen Größe für ihre CO_2-Emissionen Rechte halten. Jeder Mitgliedsstaat wird verpflichtet, einen *Nationalen Allokationsplan* (NAP) zu veröffentlichen, ein nationales Register zu implementieren und die Einhaltung der Emissionsmengen zu überwachen. Für jedes der drei Jahre werden *European Emission Allowances* (EUA) emittiert. Da die Rechte einerseits von einem späteren in ein früheres Jahr „*Borrowing*" und von einem früheren in ein späteres Jahr „*Banking*" übertragen werden dürfen, sind die drei Rechte im Prinzip gleich. Die zweite Handelsperiode 2008-2012 deckt die Kyoto-Periode ab. *Banking* und *Borrowing* zwischen den beiden Handelsperioden ist nicht erlaubt. Laut der *Linking Directive 2004/101/EC* dürfen auch Emissionsreduktionen aus CDM und JI zur Erfüllung eingesetzt werden.

3   Energiewirtschaft

3.1 Bedeutung

Ein Großteil der betroffenen Anlagen (60-70 Prozent) des EU ETS dient der Stromerzeugung. Während sich in der Industrie CO_2 prozessbedingt kaum vermeiden lässt, erhofft man sich insbesondere von der Energiewirtschaft Reduktionen. Um zu verstehen, wie das EU ETS auf diesen Sektor wirkt, werden zunächst die Grundprinzipien der Energiebranche erläutert. Da die Energiewirtschaft vom EU ETS am stärksten betroffen ist, konzentriert sich die gesamte Arbeit auf diesen Sektor.

3.2 Nachfrage

Die Nachfrage nach Strom ist unelastisch. Im täglichen Leben ist Strom eine Selbstverständlichkeit. Kaum jemand überlegt beim Einschalten des Lichts, wie viel das wohl kostet. In fast jeden Produktionsprozess fließt Strom mit ein. Die Stromkosten sind im Verhältnis zu den anderen Kosten meist gering, sodass selbst eine kräftige Strompreissteigerung die Gesamtkosten nur geringfügig erhöht. Die Stromnachfrage bleibt so gut wie unverändert. Die unelastische Nachfrage macht sich in einer steilen Nachfragekurve bemerkbar.

3.3 Angebot

Obwohl in Deutschland die vier größten Anbieter 80-90 Prozent Marktanteil haben, liegt zumindest bei der Stromerzeugung kein Oligopol vor. (Dies gilt nicht für die Netze.) In Europa wird Strom über Landesgrenzen hinweg gehandelt und geliefert. An verschiedenen Börsen findet Stromhandel statt. Der Preiswettbewerb ist eher hart, da eine Produktdifferenzierung nicht möglich ist. Strom hat keine Farbe. Das Stromangebot, also die Erzeugung, wird wie in jedem kompetitiven Markt durch die Grenzkosten (GK) bestimmt. Die GK sind für jeden Kraftwerkstyp unterschiedlich. Laufwasserkraftwerke haben beispielsweise GK nahe null, da das Wasser kostenlos zur Verfügung steht. Bei einem Kohlekraftwerk geht der Kohlepreis, sowie neuerdings der Emissionspreis, in die GK ein. Die einzelnen GK ergeben eine Angebotskurve in Form einer Treppenfunktion, die *Merit Order* genannt wird. Der Kraftwerkstyp, der als letzter eingesetzt wird, bestimmt den Strompreis.

Typischerweise ist dies ein Kraftwerk, das mit einem fossilen Brennstoff betrieben wird. Die Höhe der Stufen der Treppenfunktion wird vor allem durch die Brennstoffpreise bestimmt. Normalerweise ist Braunkohle billiger als Steinkohle und Steinkohle wiederum billiger als Gas. Zunächst werden die billigen Kraftwerke, also Atom- und Wasserkraftwerke, eingesetzt, und während der Spitzenlast werden auch Gaskraftwerke gefahren. Bei geringer Nachfrage laufen nur die billigen Kraftwerke. Die Fixkosten werden mit dem Gewinn aus den zuerst gefahrenen Kraftwerken gedeckt.

3.4 Auswirkung des EU ETS auf den Strommarkt

Bei der Gasverbrennung entsteht weniger Kohlendioxid als bei der Kohleverbrennung. Darüber hinaus liegt technisch bedingt der Wirkungsgrad moderner Gas- und Dampfturbinen (GuD) deutlich höher als bei festen Brennstoffen.

Pro MWh erhöhen sich also die GK der Kraftwerke, die im Bereich des Schnittpunkts mit der Nachfragekurve liegen. Daher erhöht sich der Strompreis exakt um die gestiegenen GK. Verbrennt das zuletzt gefahrene Kraftwerk Gas, so steigt der Strompreis leicht. Handelt es sich um ein Braun- oder Steinkohlekraftwerk, so liegt der Strompreis deutlich höher. Von der Preissteigerung profitieren alle Kraftwerkstypen gleichermaßen, egal ob Kernkraftwerk, Windpark, Laufwasserkraftwerk etc. Für jedes Kraftwerk links vom Schnittpunkt steigt der Gewinn.

Durch den Emissionsrechtehandel steigt der Strompreis deutlich an und führt zu massiven Gewinnsteigerungen für alle eingesetzten Kraftwerkstypen. In der Fachpresse spricht man von *Windfall Profits*. Die *direkten Windfall Profits* entsprechen dem tatsächlichen Wert der Emissionsrechte. Die *indirekten Windfall Profits* entstehen durch den gestiegenen Strompreis für nichtfossile Kraftwerke.

Insgesamt werden in der ersten Handelsperiode (2005-2007) etwa 6,6 Mrd. Emissionsrechte zu mindestens 95 Prozent kostenlos zugeteilt. Bei einem Börsenpreis von 20 €/t entspricht dies *direkten Windfall Profits* von 125,4 Mrd. €. Wenn man für die zweite Handelsperiode (2008-2012) den gleichen Preis und 5 Prozent weniger Rechte pro Jahr unterstellt, so belaufen sich die *direkten Windfall Profits* in dieser Periode bei 90-prozentiger freier Zuteilung auf 188,1 Mrd. €.

In Deutschland kommt gelegentlich die Frage auf, ob es legitim ist, aufgrund von kostenlos zugeteilten Emissionsrechten die Strompreise zu erhöhen. Die Antwort ist einfach: Ja, denn auf einem funktionierenden Markt sind Preis und GK grundsätzlich identisch. Ein Markt ist definitionsgemäß effizient, wenn dies der Fall ist. Emissionsrechte sind Kosten, da sie einen Marktwert besitzen und verkauft werden können. Betriebswirtschaftlich sind sie den Brennstoffen gleichzusetzen. Statt Kohle zu verbrennen, kann man sie am Markt verkaufen. Statt Emissionsrechte einzusetzen, kann man sie ebenfalls verkaufen. Ob man die Kohle bzw. Rechte geschenkt bekommen hat, spielt dabei keine Rolle. Hätte die Politik verteilungspolitisch vermeiden wollen, dass zusätzliche Gewinne in der Energiewirtschaft entstehen, hätte sie statt des EU ETS ein Besteuerungssystem implementieren müssen.

Der Emissionspreis erhöht die GK des Stroms aus Kohle stärker als aus Gas. Der Markt bewegt sich vom ursprünglichen Gleichgewicht zu einem neuen Gleichgewicht. Die Strommenge geht zurück; der Strompreis steigt. Bei einer etwaigen Versteigerung der Rechte drängt sich die Frage auf, warum man den Kohlekraftwerken keine zusätzlichen Gewinne gönnt, während man Kernkraftwerke jedoch massiv indirekt subventioniert. Mit oder ohne Versteigerung gehören die französischen Kernkraftwerke zu den ganz großen Gewinnern des EU ETS. Die indirekte Subventionierung wird mittelfristig zu einem Ausbau der Kernenergie führen.

Die Mengenreaktion verursacht volkswirtschaftliche Kosten. Diese gesamtwirtschaftlichen Kosten sind verloren und machen sich über ein geringeres Wirtschaftswachstum bemerkbar. Da die Größe der Kosten quadratisch von der Mengenreaktion abhängt und die Nachfragekurve sehr steil verläuft, kann der volkswirtschaftliche Schaden schnell ein beachtliches Ausmaß annehmen. Den volkswirtschaftlichen Kosten steht natürlich der umweltpolitische Gewinn der Treibhausgasreduktion gegenüber.

4   Weitzman-Regel

4.1 Steuern vs. Emissionsrechte

Um eine ökonomisch effiziente Umweltpolitik zu betreiben, gibt es zwei Instrumente: eine CO_2-Steuer oder einen Emissionsrechtehandel. Das Instrument der Steuer geht auf Pigou zurück und wird daher auch Pigou-Steuer genannt. Eine normale Steuer hat eine verzerrende Wirkung, z.B. senkt die Lohnsteuer das Arbeitsangebot. Bei einer Pigou-Steuer ist die Verzerrung beabsichtigt; so führt eine CO_2-Steuer zu niedrigeren Emissionen. Die *Double Dividend* besteht aus den Steuereinnahmen einerseits und dem Erreichen der Umweltziele andererseits. Der Emissionsrechtehandel geht auf Coase zurück. Coase argumentiert, dass Ineffizienzen dann auftreten, wenn Eigentumsrechte nicht klar definiert sind. Also müssen Eigentumsrechte vergeben werden, z.B. in Form von Emissionsrechten. Das ursprüngliche Beispiel handelt von Landbesitz. Die Rancher in Amerika übten eine negative Externalität auf die Farmer aus, da ihre Rinder die Felder der Farmer niedertrampelten. Als Eigentumsrechte an dem Land zugewiesen waren, konnten Rancher und Farmer miteinander handeln, und Land wurde so lange an die Rancher bzw. Farmer verpachtet oder verkauft, bis die Grenznutzen des Landgebrauchs gleich waren. Durch die Eigentumsrechte stellte sich ein effizientes Gleichgewicht ein.

Was ist nun besser: Steuern oder Emissionsrechte? Solange es keine Unsicherheit gibt, kann jedes gewünschte Marktergebnis sowohl über den Preis (Steuer) als auch über die Menge (Zertifikate) erreicht werden. Bei Unsicherheit bzgl. der Kosten der Unternehmen gilt die sogenannte Weitzman-Regel: Wenn die GK-Kurve steiler als die GV-Kurve ist, ist das Preisinstrument besser als das Mengeninstrument. Das ist etwas technisch und soll intuitiv erklärt werden: Bei einer festgelegten Emissionsmenge, wie im EU ETS, werden Umweltziele punktgenau erreicht. Die GK und somit Wachstumseinbußen sind dagegen ungewiss. Die betroffenen Unternehmen wissen ex ante nicht, wie hoch ihre Kosten sein werden. Die Planungssicherheit liegt bei der Umwelt und nicht bei der Wirtschaft. Bei einer Steuer ist es genau umgekehrt. Die Unternehmer wissen exakt, wie teuer Emissionen sind, und werden sie entsprechend reduzieren. Da nur der Unternehmer seine eigene Kostenstruktur kennt, lässt sich ex ante nicht klar sagen, um wie viel die Umwelt tatsächlich entlastet wird. Bei einer Steuer oder einem EUA-Preis gleicher Höhe ist die Umweltentlastung gleich groß.

4.2 Steigung der GV-Kurve

Der Grenzvorteil ist schwer einzuschätzen. Die Schätzungen reichen von 5 bis über 1000 €/t CO_2. Die meisten Schätzwerte liegen aber deutlich unter 100 €/t. Die größten Unterschiede können auf abweichende Zeitpräferenzraten zurückgeführt werden. Die unterschiedlichen Schätzungen kommen nicht durch eine steile GV-Kurve zustande. Im Gegenteil: Der GV wird als konstant angenommen. Für die Weitzman-Regel ist die Höhe der GV irrelevant; entscheidend ist nur die Steigung, die von den Wissenschaftlern als horizontal angenommen wird. Die Internationale Energieagentur begründet den flachen Verlauf des GV etwa wie folgt:

Der Klimawandel ist eine *Bestandsexternalität*. Die jährliche CO_2-Konzentration wächst um etwa 1 Prozent. Bei einer weltweiten Reduktion um 10 Prozent wächst der Bestand um ein Promille weniger. Es ist höchst unwahrscheinlich, dass die negativen Folgen einer Tonne CO_2 bei einer Bestandsreduktion im Promillebereich spürbar abnehmen. Mit anderen Worten: Egal, ob wir bereits geringfügig reduziert haben, Treibhausgase sind trotzdem nicht weniger schädlich.

4.3 Steigung der GK-Kurve

Die Steigung der Grenzkosten ist schwer zu ermitteln. Da Emissionen gehandelt werden, ist deren Preis ein möglicher Indikator für die GK. Rationale Firmen kaufen oder verkaufen so lange Emissionsrechte an der Börse, bis ihre GK gleich dem Preis sind.

Bis jetzt war der Emissionspreis sehr volatil. Wenn eine kleine prozentuale Änderung der Allokationsmenge den Preis so dramatisch beeinflusst, so müssen die GK der Firmen wohl sehr steil verlaufen. Gründe für diese Steilheit lassen sich leicht finden. Bei gegebenem Kraftwerkpark und Laufzeiten von 30 bis 50 Jahren kann man nicht von heute auf morgen große Mengen CO_2 einsparen, es sei denn, weniger Strom wird erzeugt. Bei einer unelastischen Nachfrage kann es deshalb zu erheblichen Strompreissteigerungen kommen, wie im Jahresverlauf 2005 bereits beobachtet werden konnte.

4.4 Ergebnis 1

Aufgrund der Weitzman-Regel ist eine Emissionssteuer dem EU ETS eindeutig überlegen. Eine Steuer minimiert die erwarteten Kosten einer Emissionsreduktion. Sind die Grenzvermeidungskosten unerwartet hoch, so erlaubt die Steuer mehr Emissionen als bei festgelegten Mengen. Sind die Grenzkosten dagegen niedrig, so wird weniger emittiert als im Referenzfall. Da es sich bei Kohlendioxid um eine Bestandsgröße handelt, muss die Reduktionsmenge nicht exakt festgelegt werden.

5 Verzerrungen

5.1 Ökonomische Effizienz

Das EU ETS wird wegen seiner angeblichen *ökonomischen Effizienz* und seiner *ökologischen Treffsicherheit* gelobt. Eine Steuer ist ebenfalls ökonomisch effizient, und nach der Weitzman-Regel sollte die „Treffsicherheit" bei den Firmen liegen und nicht bei der Umwelt. Wenn die Firmen Planungssicherheit hätten, könnte man die Umwelt noch stärker entlasten, ohne dass mit gesamtwirtschaftlichen Nachteilen zu rechnen wäre.

Ökonomische Effizienz bedeutet, dass Reduktionen dort geschehen, wo sie am billigsten sind. Voraussetzung dafür ist ein einheitlicher Preis, sei es ein Emissionsrechtepreis oder eine Steuer. Innerhalb des EU ETS gibt es diesen einheitlichen Preis. Man könnte daher meinen, dass das EU ETS also ökonomisch effizient ist. Leider stimmt das nicht.

5.2 Intersektorale Verzerrungen

In Sektoren, die nicht im EU ETS enthalten sind, gelten andere Preise. Luftverkehr und Schifffahrt haben so gut wie keinen CO_2-Preis. Die Mineralölsteuer ist fix und wäre höchstens zufällig genauso hoch wie der Emissionsrechtepreis. Da CO_2 in anderen Wirtschaftszweigen besteuert wird, im EU ETS der Preis jedoch schwankt, kommt es zwangsläufig zu intersektoralen Verzerrungen.

5.3 Internationale Verzerrungen

Außerhalb der EU herrscht ein viel niedrigerer CO_2-Preis. Russland und die Ukraine verfügen über *Hot Air*, d.h., laut Kyoto-Protokoll dürfen sie mehr emittieren, als sie tatsächlich tun. De facto haben sie also kein bindendes Reduktionsziel. Die USA haben das Kyoto-Protokoll erst gar nicht ratifiziert. Wenn die EU eine unilaterale Verteuerung von CO_2 implementiert, dann verlagert sich die Produktion in Länder, in denen der CO_2-Ausstoß nichts kostet. Betroffen sind insbesondere energieintensive Produkte wie Aluminium oder Zement. Wenn die CO_2-Reduktion in der EU hauptsächlich auf solche Verlagerungen zurückzuführen ist, bewirkt das EU ETS nicht eine Treibhausgasreduktion, sondern eine Ausweitung. Die Produktion wird nämlich in Länder verlagert, die tendenziell eine geringere Energieeffizienz besitzen. Zusätzliche Emissionen entstehen beim Transport der fertigen Produkte nach Europa. Der Transport ist verhältnismäßig billig, weil in der internationalen Schifffahrt CO_2-Emissionen nicht belastet werden. Dieser kontraproduktive Effekt ist umso stärker, je höher der CO_2-Preis ist. Damit die europäische Umweltpolitik nicht ad absurdum führt, muss der Emissionspreis eine obere Schranke haben, z.b. indem Emissionen mit einer Strafsteuer belegt werden, falls für sie keine Emissionsrechte gehalten werden. Eine Art „Zentralbank" könnte auch bei einem zu hohen Preis zusätzliche Rechte emittieren. Oder aber man führt statt Emissionsrechten gleich eine CO_2-Steuer ein, die gerade so hoch ist, dass noch keine spürbaren Verlagerungen stattfinden.

5.4 Ergebnis 2

Aufgrund der intersektoralen und internationalen Verzerrungen ist das EU ETS nicht ökonomisch effizient. In allen Sektoren sollte CO_2 gleichermaßen besteuert werden. Falls eine international abgestimmte Besteuerung nicht möglich ist, sollte wenigstens eine Preisobergrenze größere Produktionsverlagerungen verhindern.

6 Grandfathering

6.1 Das CO_2-Kartell

Das EU ETS ist in seiner ökonomischen Wirkungsweise nichts anderes als ein Kartell. Das Angebot CO_2-intensiver Produkte, z.B. Strom oder Zement, wird künstlich verknappt. Das EU ETS ist ein sehr wirksames Kartell, weil es sich um Produkte mit einer geringen Nachfrageelastizität handelt, sodass der Absatzpreis viel Potenzial nach oben hat. Im Gegensatz zu verbotenen Kartellen oder Kartellen auf freiwilliger Basis, wie die OPEC, können Abweichungen der vereinbarten Quoten gut beobachtet und bestraft werden, da die Firmen staatlich überwacht werden. Wer aber bekommt die Verknappungsgewinne?

Ein wesentlicher Bestandteil des EU ETS ist das *Grandfathering*. Mindestens 95 Prozent in der ersten und mindestens 90 Prozent in der zweiten Handelsperiode müssen laut der EU-Direktive kostenlos zugeteilt werden. Die Verknappungsgewinne fließen also nicht dem Staat zu, sondern den betroffenen Firmen. Ironischerweise hat die EU-Kommission immer wieder Kartelle in der Zementindustrie aufgedeckt und hohe Strafen verhängt, um nun selber eines der größten Kartelle weltweit zu implementieren. Dabei erhalten die beteiligten Firmen die gleichen Verknappungsgewinne wie in den Kartellen, die die EU vorher bekämpft hat. Die europäischen Konsumenten bezahlen die Verknappungsgewinne den

Firmen, ohne eine Gegenleistung zu bekommen. Diese staatlich implementierte Umverteilung ist mit einer neoliberalen Wirtschaftsordnung nicht vereinbar und steht in noch stärkerem Widerspruch zur sozialen Marktwirtschaft.

6.2 Vorteile

Grandfathering verhindert *Stranded Assets*. Der Staat sollte nicht ex post die wirtschaftlichen Rahmenbedingungen derartig verändern, dass ex ante sinnvolle Investitionen ex post unrentabel werden. Investitions- und Planungssicherheit gehören zu den großen Standortvorteilen der EU, und das ist gut so. Da die Firmen etwaige Kosten für Emissionsrechte auf ihre Kunden überwälzen können, ist Grandfathering jedoch weder notwendig noch sinnvoll. Vielmehr bekommen die Stromkonzerne z.B. durch den Mechanismus der Merit Order noch zusätzliche Gewinne aus der nicht fossilen Stromerzeugung. Der große und vielleicht einzige Vorteil des Grandfathering ist wohl, dass bei der Implementierung des EU ETS vonseiten der Firmen mit keinerlei Widerständen zu rechnen war.

6.3 Falsche Signale

Grundsätzlich hat die Art der Zuteilung keinen Einfluss auf die Funktionsweise des Marktes. So führen geschenkte Rechte genauso zu höheren Strompreisen wie gekaufte Rechte. Man könnte daher meinen, dass die Art der Zuteilung auch keinen Effekt auf die Emissionen hat. Die meisten EU-Länder haben die Rechte anhand historischer Emissionen zugeteilt. Die Referenzperiode in Deutschland war 2000-2002. Man kann darüber streiten, ob es richtig ist, Umweltverschmutzungen ex post auch noch zu belohnen. Je mehr CO_2 die Firmen in der Referenzperiode ausgestoßen haben, desto mehr geldwerte Rechte haben sie erhalten. Ökonomisch betrachtet ist das aber lediglich eine Verteilungsfrage und wirkt sich nicht auf die Effizienz aus. Das Grünbuch von 2000 erwähnt zum ersten Mal das Grandfathering. Eine rationale Firma konnte also antizipieren, dass sie für Emissionen belohnt werden würde, sodass in der Zeit zwischen 2000 und 2005 zusätzliche Emissionen entstanden sind, um bei der Zuteilung mehr Rechte zu erhalten.

Wirtschaftszweige, die später vielleicht in das EU ETS integriert werden, haben aufgrund von Grandfathering einen Anreiz, ihre Emissionen jetzt zu erhöhen, weil sie sich dadurch zukünftige Rechte sichern können. Die Fluggesellschaften haben mit der Lobby-Arbeit bereits angefangen, weil sie lieber im EU ETS integriert werden, statt eine Kerosinsteuer zu entrichten. Freilich werden sie bei einem möglichen Eintritt in das EU ETS eine Gleichbehandlung einfordern und ebenfalls auf Grandfathering bestehen.

Außereuropäische Firmen können darauf spekulieren, dass in ihrem Land auch ein Emissionshandel eingeführt wird und ebenfalls Rechte kostenlos zugeteilt werden. Wenn außerhalb Europas die Hoffnung besteht, für Emissionen in der Zukunft sogar belohnt zu werden, so schafft dies einen zusätzlichen Anreiz zur Produktionsverlagerung.

6.4 New Entrants

In jedem NAP ist ein kleiner Anteil der Rechte für neue Marktteilnehmer vorgesehen. Auch diese werden kostenlos zugeteilt. Man möchte *New Entrants* nicht zwingen, teure Emissionsrechte zu kaufen, während die *Incumbents* die Rechte geschenkt bekommen. Die Ausdehnung des Grandfathering auch auf die „Enkel" führt zu einer logischen Inkonsistenz. Wenn man richtigerweise sagt, dass die Firmen nach einer wie auch immer gearteten Zuteilung den CO_2-Preis in ihre Kosten einpreisen, dann sollen neue Investitionsentscheidungen ebenfalls den vollen CO_2-Preis berücksichtigen. Bekommen Neulinge die Rechte jedoch geschenkt, so berücksichtigen sie die negative Externalität ihrer Entscheidung überhaupt nicht. Dabei könnte man gerade bei neuen Anlagen Emissionen vermeiden.

6.5 Entgangene Staatseinnahmen

Die Lohnzusatzkosten belasten nicht nur in Deutschland den Arbeitsmarkt. Steuern und Abgaben sind ein notwendiges Übel, um den Staat zu finanzieren. Leider haben Steuern eine verzerrende Wirkung. Der Verzicht auf Staatseinnahmen aus den Verknappungsgewinnen führt zu höheren Steuern an anderen Stellen. Die damit verbundene Arbeitslosigkeit und Wachstumseinbuße misst der sogenannte *Marginal Excess Burden*. Konservative Schätzungen dieser Zusatzlast liegen bei 9 bis 16 Prozent, was bereits einen volkswirtschaftlichen Schaden in zweistelliger Milliardenhöhe impliziert. Der tatsächliche Schaden kann aber auch dreistellig sein.

6.6 Lobbying

Emissionsrechte sind knapp. Irgendjemand muss also weniger Rechte bekommen, als er braucht. Bei Grandfathering werden alle Firmen versuchen, möglichst viele Rechte zu bekommen. Es zahlt sich aus, in Lobbying zu investieren, damit der gewünschte Zuteilungsmechanismus angewandt wird. Die Referenzperiode soll eine sein, in der die eigene Firma besonders viel emittiert hat. Für die eigenen Anlagen sollen möglichst moderate Minderungsziele festgelegt werden. Bei der Anwendung von BAT-Regeln („Best available technology") soll eine günstige Referenztechnologie festgelegt werden etc. Das Lobbying kann den Kuchen, den es zu verteilen gibt, im schlimmsten Fall komplett auffressen.

6.7 Ergebnis 3

Das EU ETS ist ökonomisch gesehen ein Kartell, in dem Quoten (= Emissionsrechte) festgelegt werden. Die Firmen streichen Verknappungsgewinne ein, die ihnen das Grandfathering sichert. Diese kostenlose Zuteilung der Emissionsrechte bedeutet einen Verzicht auf potenzielle Staatseinnahmen und führt einerseits europaweit zu gesamtwirtschaftlichen Zusatzkosten in Milliardenhöhe sowie andererseits zu massiven Fehlanreizen bei den Firmen.

7 Rohstoffmärkte

7.1 Marktmacht der Rohstoffproduzenten

Beeinflusst das EU ETS die Rohstoffmärkte? Auf dem Kohlemarkt herrscht Wettbewerb. Viele Produzentenländer verkaufen ihre Kohle weltweit. Der EU-weite Emissionshandel hat daher kaum Einfluss auf den Kohlepreis. Bei Gas verhält es sich anders. Am leichtesten lassen sich Emissionen vermeiden, indem man Gas statt Kohle zur Stromerzeugung verbrennt. Man spricht von einem „Fuel Switch". Die erhöhte Nachfrage nach Gas lässt natürlich den Gaspreis steigen. Da der europäische Gasmarkt nicht allzu kompetitiv ist, streichen die Gasproduzenten Zusatzgewinne ein. Ein Großteil dieser Gewinne fällt dabei in Russland an, das erst nach der Einführung des Emissionshandels das Kyoto-Protokoll ratifiziert hat. Eine Emissionssteuer würde dagegen die Gewinnmarge der Gasproduzenten senken. Der Zusatzgewinn würde der Allgemeinheit zugutekommen und nicht einzelnen Rohstoffverkäufern.

7.2 Ergebnis 4

Bei Marktmacht eines Rohstoffproduzenten ist eine Steuer dem Emissionshandel vorzuziehen, weil eine Steuer die Gewinnmarge des Rohstoffproduzenten verringert. Steuereinnahmen werden generiert, die vorher dem Produzenten zuzuordnen waren.

8 Politikimplikationen

Aufgrund der Weitzman-Regel ist das EU ETS grundsätzlich das falsche Instrument zur Erreichung der Umweltziele und stellt somit auch die Herangehensweise des Kyoto-Protokolls infrage. Eine CO_2-Steuer ist einem Handelssystem überlegen. Dabei käme es zu geringeren Verzerrungen in der Wirtschaft. Im EU ETS führen das Grandfathering und die Behandlung der New Entrants zu massiven Fehlanreizen und sind nicht vereinbar mit den Grundprinzipien einer Marktwirtschaft. Der Verzicht auf Staatseinnahmen i. H. v. zwei- bis dreistelligen Milliardenbeträgen führt zu erheblichen volkswirtschaftlichen Kosten. Bei Marktmacht der Rohstoffländer führt das EU ETS zu einer Stärkung dieser Marktmacht. Erneut wäre ein Besteuerungssystem besser.

Die aktuelle Entwicklung in der europäischen Wirtschaftspolitik beschreitet einen anderen Weg. Während die Aufnahme weiterer Sektoren in das EU ETS diskutiert wird, wurde in Schweden beschlossen, eine bereits existierende CO_2-Steuer 2007 wieder abzuschaffen. Diese Entwicklung steht im Widerspruch zu der Lissabon-Strategie, Europa zur wirtschaftlich stärksten Region der Welt zu machen.

Eine eher juristische, aber politisch brisante Implikation ist, dass die EU-Kommission ein Emissionskartell geschmiedet hat, das wohl gegen den EG-Vertrag verstößt. Der Art. 82 EG besagt nämlich:

„Mit dem Gemeinsamen Markt unvereinbar und verboten ist die missbräuchliche Ausnutzung einer beherrschenden Stellung auf dem Gemeinsamen Markt oder auf einem wesentlichen Teil desselben durch ein oder mehrere Unternehmen, soweit dies dazu führen kann, den Handel zwischen Mitgliedstaaten zu beeinträchtigen. Dieser Missbrauch kann insbesondere in Folgendem bestehen: ... der Einschränkung der Erzeugung, des Absatzes oder der technischen Entwicklung zum Schaden der Verbraucher [...]" (Hervorhebung durch den Autor)

Die Zuteilung von Emissionsquoten schränkt die Erzeugung, z.B. von Strom, ganz massiv ein. Dadurch wird der Stromhandel zwischen den Mitgliedsstaaten beeinträchtigt. Die EU-Kommission hat mit dem Emissionshandel insgesamt und insbesondere mit dem „Grandfathering" ein Kartell geschmiedet, das mit Sicherheit dem Verbraucher schadet. Somit erfüllt die EU-Kommission den Tatbestand des Art. 82 EG und müsste gegen sich selbst eine Kartellstrafe verhängen.

Ausgewählte Quellen

Baumol, William J. und Wallace, Oates E. (1988): „The Theory of Environmental Policy", 2nd ed., Cambridge: Cambridge University Press, Cambridge

Directive 2003/87/EC of the European Parliament and of the Council of 13 October 2003

Directive 2004/101/EC of the European Parliament and of the Council of 27 October 2004

Europäische Kommission (2000): Grünbuch zum Handel mit Treibhausgasemissionen in der Europäischen Union

International Panel on Climate Change: „Climate Change 2001: The Scientific Basis"

Kyoto Protocol to the United Nations Framework Convention on Climate Change (1997)

Quirion, P. (2004): „Prices versus Quantities in a Second-Best Setting", Environmental & Resource Economics 29: 337-359

Roberts, M. J. and Spence, M. (1976): „Effluent Charges and Licenses under Uncertainty", Journal of Public Economics 58 (3-4), 193-208

Tullock, G. (1981): „Lobbying and Welfare: A Comment", in: The Journal of Public Economics 16, 391-94.

United Nations Framework Convention on Climate Change (1992)

Weitzman, Martin L. (1974): „Prices vs. Quantities", in: The Review of Economic Studies, Vol. 41, No. 4, 477-491

Neuer deutscher Film, die Zweite: Wachstum durch Mikro-Budget-Produktionen?

Till Hardy

1 Einleitung

In dieser Arbeit zeige ich Wachstumschancen für die (deutsche) Filmbranche durch neue Produktions- und Distributionstechnologien auf. Durch Innovationen im Bereich „digitales Video" entstehen Möglichkeiten, Filme außerhalb der bestehenden filmökonomischen Strukturen zu produzieren. Dies wird begleitet von Entwicklungen im Bereich der Distribution. Digitales Kino ermöglicht eine Auswertung der hergestellten Filme durch deutlich niedrigere Distributionskosten. Der Break-Even-Punkt und die finanziellen Risiken werden so erheblich gesenkt. Als Folge werden bislang als unrentabel eingestufte Projekte für etablierte Verleiher und Produzenten wirtschaftlich attraktiver, und für kleine Produzenten steigt die Motivation, auf eigenes Risiko zu produzieren, auch wenn ex ante kein Verleih gefunden wurde. Dies führt zu neuen Risiko- und Machtverteilungen im Markt sowie zu neuen Finanzierungsformen und Gewinnverteilungen und hat so erheblichen Einfluss auf existierende Berufsfelder in der Filmbranche.

Die Innovationen fördern zudem das quantitative Wachstum, das heißt die Varianz der Produktionen, da anzunehmen ist, dass sich sowohl die Themenvielfalt als auch die Möglichkeiten ästhetischer Strategien der Umsetzung erhöhen werden. Dies führt erwartungsgemäß auch zu einem qualitativen Wachstum. Insgesamt ist ein neues Segment innerhalb der Filmbranche im Entstehen begriffen: die Mikro-Budget-Produktion. Darunter sind kleine, digitale Produktionen mit einer starken Kosteninternalisierung, gesunkenem Gesamtbudget bei gestiegenem Eigenkapitalanteil und weitestgehender Unabhängigkeit zu verstehen.

Mikro-Budget-Produktionen als die – digitalen Produktions- und Distributionsmöglichkeiten entsprechende – neue Form der Filmproduktion bietet einerseits größeren, etablierten Produktionsfirmen die Möglichkeit, ein Produktionsportfolio zur Risikodiversifikation aufzubauen, und schließt somit eine strukturelle Lücke der deutschen Produktionslandschaft. Andererseits bietet sie Newcomern einen unabhängigen Einstieg und somit der Filmlandschaft insgesamt die Möglichkeit, ein nachhaltiges Wachstum durch eine breite Basis von talentierten Nachwuchsfilmern zu schaffen, die durch Mikro-Budget-Filme vermehrt Chancen zur Filmherstellung erhalten und dadurch die Möglichkeit bekommen, ihr Können zu beweisen. Das mögliche Wachstum gründet sich also auf eine vorgebliche Reduktion, die eine Umverteilung in eine breite Basis mit einigen konzentrierten Spitzen darstellt. Resultat ist eine thematische, ästhetische und zielgruppenspezifische Vielfalt statt einer Menge uniformen Mittelmaßes.

In Kapitel 2 gebe ich einen kurzen Überblick über die technischen Entwicklungen in der Produktion und zeige die resultierenden Veränderungen auf, auch in Bezug auf die Finanzierungsmodelle für Filme (Abschnitt 3). Kapitel 4 befasst sich mit den Innovationen im Bereich der Distribution. Anschließend werde ich im Abschnitt 5 resultierende Auswirkungen auf die Themenvielfalt und die ästhetischen Strategien der Themenumsetzung an ausgewählten Beispielen darstellen. Kapitel 6 zeigt kurz die strukturellen Vorteile Hollywoods, um über den Vergleich Rückschlüsse über die Situation der Filmwirtschaft in Deutschland zu ziehen. In Abschnitt 7, dem Fazit, werde ich die Wachstumschancen zusammenfassend beurteilen.

2   Veränderungen in der Produktion

2.1   Technische Einführung in wesentliche Parameter digitaler Aufnahmeverfahren

In diesem Abschnitt möchte ich kurz wesentliche Prinzipien digitaler Aufnahme erklären, um eine technische Grundlage zu schaffen.

Zunächst muss eine grundsätzliche Unterscheidung in „SD" (Standard Definition) und „HD" (High Definition) sowie in „progressiv" und „interlaced Video"[1] vorgenommen werden.

Unter SD versteht man eine Auflösung von 720 x 576 Zeilen. Fernsehen wird in Europa im PAL-Format übertragen, d. h. mit einer Auflösung von 720 x 576 Zeilen, interlaced (i) und einer Bildwiederholfrequenz von 50 Hertz. Geplant ist eine Umstellung auf HDTV, wobei die europäische Norm der 720p-Standard sein wird, also eine Auflösung von 1080 x 720 und progressiver Bildabtastung (p). Als amerikanische Norm wird sich wahrscheinlich 1080i durchsetzen, was

1   Eine Unterscheidung in verschiedene Aufnahmeformate (mini-DV, DV, DV-CAM, DVCPRO, DigiBeta etc.) ist dagegen in diesem Fall zweitrangig. Selbiges gilt für den marginalen Unterschied zwischen 24/25p, da beide Modi im Prinzip identisch sind und der Unterschied erst in der Postproduktion relevant ist. Weitere – teils wesentliche – Parameter wie Datenrate und Farbraum können an dieser Stelle auch nicht weiter behandelt werden. Hier unterscheiden sich die einzelnen Formate zwar qualitativ recht stark, aber der generelle Trend kann an anderen Parametern aufgezeigt werden.

einer Auflösung von 1920 x 1080 Zeilen im interlaced-Verfahren entspricht. Hier werden Halbbilder mit einer Auflösung von 540-vertikal-Zeilen gesendet. Als vollwertiger Ersatz für 35-mm-Filmkameras wurden die ersten Modelle mit 24/25p und einer Auflösung von 1920 x 1080 bereits wieder als unzureichend verworfen. Gefordert wird inzwischen eine Mindestauflösung von 2k (2048 x 1364) mit angestrebten 4k (4096 x 2730).[2]

Bei progressiver Bildabtastung werden pro Sekunde 25 Vollbilder aufgezeichnet und übertragen, während bei interlaced-Bildern 50 Halbbilder mit nur der halben Auflösung aufgezeichnet und übertragen werden.[3]

2.2 Zur Qualität von Prosumer-Equipment

Dass der HD-Standard als Standard für die Kinoproduktion mittlerweile verworfen wurde, bedeutet nicht, dass dieser unbrauchbar ist. Abhängig von der Art der Motive, der Leinwandgröße und der Möglichkeiten der Bildnachbearbeitung in der Postproduktion werden mittlerweile sogar Kameras aus dem Prosumer-Segment[4] mit SD-Qualität zur Herstellung von Kinofilmen verwendet, beispielsweise die DVX100 von PANASONIC, die über progressive Bildabtastung verfügt.

„Wenn man mit dieser Kamera *[DVX100]* dreht und dazu noch das Geld hat, die Bilder für die Leinwand ‚aufzublasen‘, dann bekommt man im Ergebnis eine Qualität, die sehr nahe an ein gutes 16-Millimeter-Bild herankommt – und damit kinotauglich ist. Hier liegt die große Chance für Low-Budget-Filme, für Newcomer und Filmstudenten, die endlich eine Idee umsetzen wollen, ohne auf die Gnade von Produzenten und Förderern zu warten. Ein kleiner intelligenter Film wie das deutsche Regiedebüt Muxmäuschenstill etwa, das mit einer billigen Kamera gedreht wurde, hätte nie anders entstehen können." (Ballhaus 2005, 22)

„A more immediate trend than that of 24P camera usage has been the exponential increase in the use of Digital Video (DV) and even smaller mini-DV cameras for independent and low-budget feature film and short film productions. While most of these have been made with cameras that can be bought in high-street electronics shops, the image quality generated by even the tiny mini-DV format camcorders is now remarkable." (Screen Digest Report 2002, 18)

---

2   Vgl. von Staden/Hundsdörfer 2003, S. 13. Vgl. ebenfalls den Abschnitt 4.1 dieses Textes.
3   Der progressive Vollbildmodus entspricht dem einer Filmkamera, während der Halbbildmodus eigentlich typisch für Video ist und auch im Fernsehen zur Signalübertragung genutzt wird. Progressive Bildabtastung bei Videokameras nähert diese also von der Aufnahmeästhetik an Filme an.
4   Bezeichnung des Marktsegments zwischen *Pro*fessional- und Con*sumer*equipment.

Diese 24/25p-mini-DV-Kameras werden im Independent-Bereich bereits intensiv genutzt und sind dabei, 16-mm als Standard-Produktionsformat des Segments abzulösen.[5]

> „DV has come to replace 16mm as the preferred low-budget alternative to 35mm film: at the 1999 Los Angeles Film Festival, 10 per cent of submissions were on DV. By 2000 it was 30 per cent; in 2001 it was 60 per cent." (Screen Digest Report 2002, 7)

Diese Entwicklung wird durch stark sinkende Materialkosten bei der digitalen Produktion bedingt. So liegen die Materialkosten bei einer 35-mm-Produktion für 100 Minuten Material bei ca. € 9.000,- während der Materialpreis bei HD ca. € 60,- beträgt. Diese Differenz steigt natürlich umso drastischer, je mehr das Drehverhältnis steigt. Bei ungünstigen Drehverhältnissen entstehende Materialkosten im mittleren fünfstelligen Bereich sind bei vielen Produktionen oft die prohibitiven Kosten.[6]

Festzuhalten ist: Kameras aus dem Prosumer-Segment bieten – professionelle Handhabung und Postproduktion vorausgesetzt – eine Qualität, die eine Verwertung auf allen Stufen erlaubt. War diese Qualität noch vor wenigen Jahren preislich dem Profisegment vorbehalten, sind jetzt die Anschaffungs- und Materialkosten mittlerweile preislich dem Amateursegment zuzuordnen.[7]

---

5   Z.B. Wim Wenders drehte seinen Kinofilm „Land of Plenty" mit einer DVX100, und das Hamburger Kinoprojekt „Die Eisenfresser" (zurzeit in der Postproduktion vermischt Super-16-Film mit HDV.
6   Vgl. hierzu Hahn 2005, insb. S. 54
7   Mittlerweile etabliert auf dem Markt sind Kameras von SONY und JVC im HDV-Format. Diese zeichnen auf herkömmlichen Mini-DV-Bändern auf, aber mit einer Auflösung von 720p (1080 X 720, progressiv) oder 1080i (1440 X 1080, interlaced), sodass das Material bereits über eine höhere Auflösung verfügt als herkömmliche Fernsehgeräte. Diese Kameras sind im Prosumer-Marktsegment angesiedelt und sollen HD auch auf dem Amateurmarkt etablieren. Hier ist eine ähnliche Entwicklung wie bei mini-DV zu erwarten, das auch für den Amateurmarkt konzipiert wurde, aber mittlerweile auch im Profisegment (TV, aber auch Kino) Verwendung findet. PANASONIC hat 2006 als Nachfolger für die DVX100 ebenfalls eine Kamera (HDX200) im „echten" HD-Standard (DVCPorHD) für das Prosumer-Segment auf den Markt gebracht. Der Preis liegt bei ca. € 5.000. Diese Kamera bietet somit eine Auflösung wie die Kameras, die z.B. für „Star Wars-Episode I" und „Once Upon a Time in Mexico" verwendet wurden. Dies unterstreicht die Kinotauglichkeit auch für größere Produktionen und Leinwände und zeigt die technische Entwicklung einerseits und den Preisverfall andererseits.

2.3 Zwischenfazit Produktion

Somit ist für die Filmherstellung, insbesondere im Mikro-Budget-Bereich, festzuhalten, dass es in der eigentlichen Produktions- und in der Postproduktionsphase zu einer Demokratisierung der Produktionsmittel gekommen ist.[8] Mit einer Investition von ca. € 10.000 lässt sich bereits das Equipment und Material kaufen, um qualitativ kinotaugliche Filme drehen zu können. Dies ändert aber weder etwas an den grundsätzlichen Produktionsabläufen, noch an den notwendigen Fertigkeiten[9]:

> „Lower-cost digital tools enable almost anyone to create a feature-length film. What digital will not do, however, is to replace the cornerstones of good filmmaking: talent, inspiration, knowledge, expertise and skills." (Screen Digest Report 2002, 13)

Was die digitalen Technologien allerdings leisten, ist, dass sie einer Vielzahl neuer Filmemacher ermöglichen, ihre Ideen umzusetzen, indem durch die Senkung der Produktionskosten eine wesentliche Marktzutrittsbarriere beseitigt wird. Dies soll Gegenstand des nachfolgenden Abschnitts sein.

3 Veränderte Finanzierungs- und Organisationsformen als Resultat gewandelter Produktionsbedingungen

In diesem Abschnitt möchte ich mögliche Auswirkungen der bisher vorgestellten technischen Innovationen auf die Finanzierung und Organisation zeigen.

Im Hinblick auf die Kostenstruktur eines Films ist die in der Filmbranche übliche Unterscheidung zwischen above- und below-the-line relevant. Below-the-line sind die technischen Mitarbeiter an einem Film, also die Crew, sowie die austauschbaren Charaktere des Casts. Einige wesentliche Crew-Mitglieder wie ein renommierter Kameramann sind jedoch above-the-line einzuordnen, wo auch die „key-talents", die Schlüsselpersonen, also die Hauptdarsteller (Stars), der

---

8   Der Trend in der Produktion wird begleitet von einer ähnlichen Entwicklung im Bereich der Postproduktion, wobei hier technische Entwicklung und Preisverfall noch rasanter vollzogen werden, da der Markt sowohl auf Anbieter- als auch auf Nachfragerseite ungleich größer, weil nicht so spezialisiert ist. Als Beispiel sei ein APPLE-G5-Rechner mit dem Schnittsystem FINAL CUT PRO genannt, der für ca. € 5.000,- eine professionelle Bearbeitungsqualität liefert, die vor wenigen Jahren noch das Zehnfache gekostet hätte.

9   Eine Einordnung in das Hypercube-Innovationsmodell von Afuah/Bahram (1995) ergibt, dass die Innovationen lediglich inkrementeller bis modularer Art sind. Selbiges gilt für die nachfolgend vorgestellten Veränderungen im Bereich der Distribution. Als Innovationscluster erreichen sie allerdings die Ausprägung architektonischer Innovationen und damit die Fähigkeit zu radikalen Veränderungen bei großen Diffusionschancen.

Regisseur etc., angesiedelt sind. Die Unterscheidung wird also im Wesentlichen durch die Funktion für den Film, aber auch die Reputation des Positionsinhabers bestimmt. Durch die technischen Innovationen ergeben sich gerade bei den Below-the-line-Kosten enorme Einsparpotenziale, und der Kostenschwerpunkt verlagert sich auf die Above-the-line-Kosten.

> „The revelation has come, the film makers finally own the means of production." (Peter Aalbaeck Jensen, Founder and Producer Zentropa Films, zitiert nach Screen Digest Report 2002, 18)

Dazu weiter im „Screen Digest Report":

> „What is most unique about the use of DV, however, is that – as indicated by the quote of von Trier's producer above *[Peter Aalbaeck Jensen]* – the equipment itself can be part of the film shoot budget. The filmmaker and producer no longer have to rent cameras, but can own the equipment they are working on. This holds equally true for DV as for the PCs that the film can be edited on." (Screen Digest Report 2002, 19)

Ist das Equipment einmal gekauft, muss das Kapital für die Anschaffung bzw. Miete des wesentlichen Filmequipments für Folgeproduktionen nicht mehr aufgebracht werden. Die dann anfallenden Kosten würden nur noch das Verbrauchsmaterial betreffen.

Die gesunkenen Below-the-line-Kosten erlauben es den Produzenten somit prinzipiell Produktionen auf eigenes Risiko abzuwickeln, vorausgesetzt, dass auch die Above-the-line, also vornehmlich die Personalkosten reduziert werden können. Hierzu eignen sich Gagenrückstellungsverträge[10], wie sie in der Branche auch üblich sind. Im Bereich der Mikro-Budget-Produktionen ist ein Trend zu verzeichnen, dass die klassischen Work-for-hire-Verträge tendenziell durch Beteiligungen, die über eine bloße Kreditgeberfunktion hinausgehen, ersetzt werden.[11] Dies stellt eine organisatorische Innovation dar.[12] Übrig bleibt ein reduzierter Realkapitalbedarf, der finanziert werden muss: der der nicht internalisierbaren Kosten.

---

10   Diese stellen finanztheoretisch Eigenkapital dar, da es sich um Sachleisterkredite handelt. Hier findet eine Verschiebung von Fremdfinanzierung hin zu Eigenfinanzierung statt, die den Trend innerhalb der Below-the-line-Kosten zur Realkapitalbedarfsreduzierung verstärkt. (Vgl. hierzu Eggers 1997, insb. S. 41-73).

11   Vgl. die Mikro-Budget-Produzenten-Befragung in: Hardy 2005 im Anhang.

12   Die Produzenten verlagern ihr Risiko auf ihre „Mitarbeiter" an dem Projekt. Im Bereich der freien, projektbasierten Mitarbeit führt dies zu neuen Arbeitssituationen, neuen Geschäftsmodellen und auch neuen Unternehmensformen, die in ihrem Aufbau am ehesten virtuellen Unternehmungen entsprechen.

Weiterhin ändern sich Risikoverteilung und die Marktmacht einzelner Akteursrollen dadurch, dass Eigenfinanzierungen verstärkt möglich werden. Das Risiko wird zunehmend von den Verleihen auf die Produzenten verlagert, da die Verleihe erst den fertigen Film kaufen und somit den Gewinnerwartungswert besser einschätzen können.[13] Auf der anderen Seite wird der Risikotransfer auf den Produzenten durch eine bessere Verhandlungsposition kompensiert, die es ihm ermöglicht, einen höheren Preis durchzusetzen. Gleichzeitig wird für größere Produzenten durch die gesunkenen Produktionskosten die Risikostreuung auf ein Portfolio von Filmen möglich:

> „Ein wichtiger Grund für die Produktion und Finanzierung mehrerer Filme ist die Möglichkeit, das ‚Unique Risiko' durch Diversifizierung zu reduzieren. [...] Es ist also für Investoren interessant, mehr als 10 Spielfilme pro Periode zu produzieren."
> (Lange 1999, 42)[14]

Im Bereich des Mikro-Budget-Films bringen die Innovationen die Möglichkeit, zunehmend in Eigenfinanzierung einen Film herzustellen, dessen technische Qualität hochwertig genug ist, dass er auf allen Stufen der Verwertungskette genutzt werden kann. Die bisherige Abhängigkeit von Pre-Sales bzw. Fördermitteln, um einen Film in ökonomisch nutzbarer technischer Qualität herstellen zu können, wird durch die Kombination von technischen Entwicklungen und Eigenfinanzierung über Sachleisterkredite teilweise aufgehoben.[15] Aber auch bei den so gegebenen Möglichkeiten der Produktion, also der Herstellung der Ware Film, bleibt immer noch das Problem der Distribution.

> „We foresee continued major growth in this sector of ‚micro budget' British feature films that are made for a few thousand or even hundred of pounds. These are the

---

13 Bei Fremdfinanzierungen über Pre-Sales existiert der Film beim Ankauf der Verleihoption ja noch nicht und birgt somit ein großes Risiko für den Verleih, da über die tatsächliche Qualität keine Aussage getroffen werden kann. Daher sind Verleihe auch bemüht, ihre Garantiezahlungen möglichst gering zu halten, was wiederum zur Folge hat, dass das Produktionsbudget möglichst niedrig (und damit oft suboptimal) angesetzt wird.

14 Diese Diversifikation findet in Deutschland bislang nicht statt. 2003 stellten 95 Prozent der deutschen Produktionsfirmen nur einen Film her. (Vgl. Filmstatistisches Jahrbuch 2004, 19, Tab. 8f.).

15 Förderungen nach dem gegenwärtigen System lassen sich kaum in Anspruch nehmen, da Mikro-Budget-Filme versuchen, durch die Kosteninternalisierung den (Real-)Kapitalbedarf zu senken, während Fördermittel sich an diesem orientieren. Produzenten von Mikro-Budget-Produktionen sind in Deutschland also gewissermaßen aus der Not heraus „Independents". Der UK Film Council hat im August 2005 ein Förderprogramm für Low-Budget-Filme, die den Mikro-Budget-Filmen meiner Definition entsprechen, eingerichtet, das deren Besonderheiten in Produktion und Finanzierung gerecht wird. (Quelle: http://www.ukfilmcouncil.org.uk/ filmmaking/funding/features/ncf/warpx/ abgerufen am 18.09.05)

film equivalents of the ‚garage bands' of music, the samizdat ‚fanzines'of the printed press and online publication of e-writers. While these are likely to find some au-
diences on the Internet, through self-published DVDs and even in televison chan-
nels, they face considerable problems finding distribution in cinemas." (Screen
Digest Report 2002, 21)

Nach der Herstellung muss das Produkt am Markt Käufer finden. Das war bei
Filmen bislang problematisch, wie das obige Zitat verdeutlicht. Mit dieser Problematik befasst sich das nachfolgende Kapitel zur Distribution von Filmen.

4 Wandel in der Distribution

Wenn bislang Veränderungen in der Produktion behandelt wurden, so bleibt das
bereits erwähnte Problem der Verwertung. Das (digitale) Kino, als primäre Verwertungsstufe, ist hier auch an erster Stelle zu nennen, da es einerseits immer
noch die wichtigste Verwertungsstufe ist und andererseits hier ein enormes Ver-
änderungspotenzial existiert. Nachfolgend werden die anderen Verwertungsstufen und relevante Veränderungen vorgestellt.

4.1 Digitales Kino

Die Industrie trifft eine Unterscheidung in 2k- und 4k-Projektionen[16], wobei für
Europa 2k-Systeme, die im Wesentlichen mit der HD-Auflösung von 1920 x
1080 vergleichbar sind, relevant sind, da bei 4k die Verbreitung durch sehr teure
Geräteausstattung und momentan noch fehlende Geschäftsmodelle stark behindert wird. 2k-Systeme dagegen werden bezahlbar[17], und die Verbreitung wird
vorangetrieben – auch wenn hier die Geschäftsmodelle für Europa noch erarbeitet werden.

„Diese Erkenntnisse gehen weder an den Werbetreibenden noch an den Systemliefe-
ranten vorbei. Sie bauen die Kinos zur digitalen Werbeplattform aus, die langfristig
nicht nur kostengünstiger ist, sondern auch eine Individualisierung des Vorpro-

---

16 Die genauen Spezifikationen für den 2k- und 4k-Auflösung umfassenden d-cinema-Standard
    sind erhältlich unter: http://www.dcimovies.com/DCI_Digital_Cinema_System_Spec_v1.pdf;
    abgerufen am 31.07.06.
17 Ein herkömmlicher 35-mm-Projektor kostet ca. € 50.000, bei einer Nutzungsdauer von mehre-
    ren Jahrzehnten, ein d-cinema-Projektionssystem ca. € 150.000, wobei die Technik kurz- bis
    mittelfristig wieder überholt ist. Bei e-cinema-Projektionssystemen liegen die Kosten deutlich
    unter denen herkömmlicher Projektionssysteme. Christmann/Richter nennen eine Zahl von un-
    ter € 15.000 (vgl. Christmann/Richter 2004, 296).

gramms entsprechend Kinobetrieb, Publikum und Hauptprogramm unterstützt."
(von Staden/Hundsdörfer 2003, 7)

Der angekündigte Ausbau durch die Werbeindustrie fand bislang leider nicht in dem Maße statt, wie dies erwartet wurde.[18] Trotzdem ist mittelfristig in Westeuropa mit einer weitreichenden digitalen Kinoausstattung zu rechnen, da sowohl wirtschaftliche Interessen als auch staatliche Förderprogramme diese Entwicklungen unterstützen.[19]

Digitales Kino bietet die Möglichkeit, in Kinos Programm außerhalb des klassischen Angebots von 35mm-Projektionen zu zeigen. Dies wird als „alternative content" bezeichnet und beinhaltet im Spiel- und Dokumentarfilmbereich Low- und Mikro-Budget-Produktionen.

> „Der Kinofilm tritt zunehmend in Konkurrenz zu e-cinema Content im eigenen Haus, dem Kinobetrieb. Das heißt, es werden Programme wie Konzertübertragungen, Live-Berichterstattungen und Off-Hollywood-Streifen gezeigt, die sich durchaus mit niedrigeren Auflösungen zufrieden geben. Sie stehen auch im Mittelpunkt einer Reihe europäischer Forschungsprojekte, die unter anderem alternative Nutzungsformen für die Kinobetriebe, aber auch Verbesserungsmöglichkeiten in der Verbreitung regionalen und europäischen Kulturgutes testen." (von Staden/Hundsdörfer 2003, 6)

Oftmals prohibitiv für die Kinoauswertung kleinerer Produktionen waren die Kopiekosten, welche durch die digitalen Systeme marginal werden.[20] Die entfallenden Kosten senken das Vertriebsrisiko für den Verleih, da die Kopienzahl der Nachfrage flexibel und ohne große Mehrkosten angepasst werden kann. Sie ermöglichen diesem einen Start mit einer großen „Kopienzahl" auch bei kleineren

---

18   Von Staden/Hundsdörfer sprechen zwar von e-cinema, nicht d-cinema (welches wiederum in 2k und 4k unterteilbar ist), aber der 2k-d-cinema-Standard entspricht dem e-cinema-Begriff der zitierten Autorinnen, während e-cinema mittlerweile meist als Begriff für minderwertige Projektions-Systeme verwendet wird.

19   Hundsdörfer/von Staden weisen auf staatliche Bemühungen der Etablierung hin. In England sind bereits 250 Kinosäle in 150 Kinos vom UK Film Council mit Mitteln aus dem „Distribution and Exhibition Fund" mit digitaler Projektionstechnik ausgestattet worden. Dies entspricht einem Viertel der nationalen Leinwände. (Vgl. Hundsdörfer/von Staden 2004, 227f) Am europäischen Programm „delicatessen" nehmen in Deutschland 65 Kinos teil und europaweit 120. Der größte private europäische Ausstatter xdcinema hat nach eigenen Angaben in Deutschland ebenfalls ca. 60 Kinos im d-cinema-Standard ausgestattet. (Vgl. www.xdcinema.com; abgerufen am 18.07.06)

20   Digitale Güter können ohne weitere Kosten vervielfältigt werden. Dem gegenüber stehen geschätzte Ausgaben für 35-mm-Kopien weltweit von jährlich ca. 4-5 Milliarden Dollar. Für Deutschland werden jährliche Kosten von ca. € 60 Mio. bei einem Einzelkopiepreis von ca. € 1.200,- veranschlagt. (Vgl. von Staden/Hundsdörfer in Slansky 2004, 226). Dieser Kostenblock ist ähnlich zu betrachten wie der erwähnte Kostenpunkt „Material" in der Produktion.

Produktionen[21], vorausgesetzt, dass die Kinos den Film in großer Zahl nachfragen. Weiterhin erlauben digitale Vorführtechnologien den Kinos eine flexiblere Programmgestaltung: Vorführungen desselben Films in verschiedenen Sprachversionen mit oder ohne Untertitel werden hier auf Knopfdruck realisierbar. Bislang musste dafür stets eine Extrakopie geordert werden. Weiterhin ist es Kinobetreibern mit digitalen Systemen möglich, im Hinblick auf die Auswertungszeiten zu experimentieren und Filme auch kurzfristig zu verlängern oder ihre Kinolaufzeit bei mangelnder Nachfrage zu verkürzen.[22] Digitale Kopien versetzen Kinobetreiber also in die Lage, ihr Angebot den Konsumentenpräferenzen besser anzupassen. Es existiert also ein Wachstumspotenzial, wenn es gelingt, den gesteigerten Konsumentennutzen in eine Umsatzsteigerung zu transferieren.

> „There is, of course, on the distributor side, a massive logistical advantage, there are no longer copies and you do not now have to handle film rolls. This is a financial argument which is basically unbeatable. [...] But there are also massive advantages for the cinema operator, the most important of which is of course access to a wide and flexible repertoire from a content point of view." (Thomas Hart, Director Media Policy, Bertelsmann Stiftung in: The European Institute for the Media 2003, 109)

Digitales Kino erlaubt folglich eine größere Themenvielfalt und ermöglicht dem Kino als Erlebnisort, nachdem es ökonomisch an Bedeutung verloren hat[23], neue

---

21 Die Ausgaben für Kopien stellen Sunk-Costs dar, bilden also eine Marktzutrittsbarriere für viele Produktionen. Gaitanides nennt die Kopienzahl als wesentlichen Einflussfaktor auf den Erfolg eines Kinofilms, allerdings in Verbindung mit dem Marketingaufwand (2001, 73f.). Lange weist auf den positiven Einfluss von Kritiken hin (1999, 71). Pommer unterscheidet bei Filmen zwischen solchen mit einem hohen/niedrigen Want-to-see-Faktor und guten/schlechten Kritiken. Filme mit einem hohen Want-to-see-Faktor und schlechten Kritiken sollten ihrer Empfehlung nach mit vielen Kopien starten, damit ein möglichst großer Teil des Zielpublikums abgeschöpft werden kann, bevor sich die Mundpropaganda, die sie als wesentlich erachtet, verbreitet. (Zur wachsenden Bedeutung von Mundpropaganda vgl. auch: http://www.latimes.com/entertainment/news/movies/la-et-sunshine25aug25,1,6967888.story?ctrack=1&cset =true; abgerufen am 25.08.06) Filme mit guten Kritiken und einem hohen Want-to-see-faktor dagegen kann man auch mit wenigen Kopien starten. Das Marketing ist hier wesentlich um einen hohen want-to-see-Faktor zu generieren (Pommer 2004, 237ff.). Independent-Filme allgemein benötigen allerdings auch nicht die gleichen Marketing-Budgets wie große Hollywood-Event-Filme, sodass dieser Nachteil teilweise ausgeglichen wird: *„Ein weiterer das Independent Kino unterstützender Aspekt ist, daß für diese Zielgruppe die Filmkritik wesentlich die Filmwahl beeinflußt. [...] Die großen Marketing-Budgets der Hollywood-Filme können so zumindest teilweise kompensiert werden."* (Gaitanides 2001, 137).

22 Bisher müssen genaue Zeitrahmen für den Kopienverbleib in einem Kino abgesprochen und eingehalten werden, da die Kopien sonst in einem anderen Kino physisch fehlen. Dies wird sich durch digitale Distribution ändern und den Kinos ermöglichen Filme flexibler zu buchen.

23 2003 übertraf der Video/DVD-Markt, den Kinomarkt mit einem Umsatz von € 1.555 Mio. zu € 850 Mio. (Vgl. Filmstatistisches Jahrbuch 2004, Tabelle D17, S. 53)

Zielgruppen zu akquirieren und somit neues Wachstum zu generieren. Auch wenn auf dieser Verwertungsstufe nicht mehr der Hauptumsatz erzielt wird, bleibt die Zugpferdfunktion des Kinos, als maßgeblich für den Erfolg auf den nachfolgenden Verwertungsstufen, erhalten. Daher ist es wichtig, dass sich das Kino durch neue Distributionstechnologien für eine größere Anzahl von Produktionen potenziell öffnet, da durch die gesteigerten Chancen auf ökonomische Verwertung auch häufig erst die Motivation zur Herstellung kleinerer Filme auf eigenes Risiko entsteht. Wie sich der Markt neu ordnen wird, ist aber noch offen.

4.2 Veränderungen auf den nachfolgenden Verwertungsstufen der „Ware Film"

Der DVD/Video-Markt steht Mikro-Budget-Filmen bereits als Verwertungsstufe offen, da die Master zu Hause produziert werden können. Weiterhin hat diese Verwertungsstufe zumindest ökonomisch an Bedeutung gewonnen.

> „In Zeiten reißenden Absatzes von Silberlingen bekommt das früher mit einem Makel belegte ‚directed for video' einen neuen Sinn: Dafür müsste sich heute niemand mehr schämen." (epd/film 9/2004, 10)

Die Bedeutungszunahme dieser Stufe stellt ebenfalls einen Vorteil dar, insbesondere durch die Zunahme von Direktvertriebsmöglichkeiten, die den Break-Even-Punkt schon bei geringeren Verkaufszahlen erreichen lassen, sowie durch die Aggregation von Märkten durch die globale Verfügbarkeit über einen internetbasierten Direktvertrieb.

Für digitales Fernsehen kann man feststellen, dass allgemein ein verbesserter Zugang durch erhöhten Content-Bedarf besteht, wobei Mikro-Budget-Produktionen, die weniger dem Mainstream-, sondern eher dem Independent-Bereich zuzurechnen sind, als „Special-Interest-Content" zusätzlich von der zu erwartenden Nischensegmentierung durch digitales Fernsehen profitieren.[24]

> „There is plenty of talk of the 500-channel television universe, and it is certainly easy to start up new low-cost services. [...] Niche channels directed at narrow audience segments would become more viable, by aggregating demand across space (international markets) and time." (Hoskins/McFadyen/Finn 1997, 133)

---

24   Zum Thema „Digitales Fernsehen" vgl. Franz 2003, 465ff. sowie Hardy 2005, 85ff..

4.3 Zwischenfazit Distribution

Insgesamt lässt sich zum Thema Distribution festhalten, dass sich die Situation
für Mikro-Budget-Produktionen verbessert hat und weiter verbessern wird. Für
digitales Fernsehen ist festzustellen, dass allgemein ein verbesserter Zugang
durch erhöhten Content-Bedarf besteht. Bei allen bisherigen Verwertungsstufen
lässt sich neben einer generellen Verbesserung ein relativer Vorteil im Vergleich
zu großen Produktionen feststellen: bei digitalem Kino der Kostenvorteil durch
wegfallende Kopiekosten sowie die größere Flexibilisierung des Angebots; bei
DVD die Aggregation kleiner Nischenmärkte zu einem globalen Markt; bei Di-
gital-TV die Tendenz zu Spartensendern und zielgruppenspezifischem narrow-
casting. Dieser relative Vorteil nimmt im Verlauf der Verwertungsstufen zu. [25]
Seinen Höhepunkt erreicht er in der neuen Verwertungsstufe Internet, da es hier
noch kein Content-Anbieter geschafft hat, sich (und sein System) zu etablieren.
Mikro-Budget-Produktionen erhalten durch wegfallende Markteintrittsbarrieren
Zugang zum Markt. Dadurch bietet sich ihnen die Möglichkeit der kommerziellen Auswertung und somit eine verbesserte Rentabilitätschance. Die für die Produktion festgestellte Verbesserung der Kostensituation wird in der Distribution
durch eine Erhöhung der Einnahmepotenziale ergänzt.[26]

5   Wachstum durch Vielseitigkeit: Neue ästhetische Strategien und neue Themen

In diesem Kapitel sollen die Auswirkungen der Veränderungen in Produktion
und Distribution auf die Filme selbst hinsichtlich der beiden Bereiche ästhetische
Umsetzung und erweiterte Themen dargestellt werden.

---

25   Weiterhin lässt sich ein Trend zur Desintermediation feststellen: Direkter Vertrieb vom Produ-
      zenten zum Kunden ohne Zwischenhändler wird durch technische Innovationen möglich. Die
      bereits erwähnten veränderten Finanzierungsformen, die dem Produzenten eine größere Kont-
      rolle über die Verwertungsrechte ermöglichen, erlauben es ihm auch seine Produkte direkt zu
      vertreiben, wobei zu bedenken ist, dass die wenigsten Produktionsfirmen über die notwendige
      Verleihkompetenz verfügen. Zu erwarten ist eher eine Schwerpunktverlagerung innerhalb der
      Verleiherdienstleistungen zum Marketing.
26   An dieser Stelle ist auch auf Web-2.0-Phänomene wie „User-generated-Content" (z.B. bei
      www.youtube.com) hinzuweisen. Der Harvard-Professor Lawrence Lessig sieht hier eine Ent-
      wicklung von einer Rezeptionskultur hin zu einer Produktionskultur. Hier findet eventuell eine
      gesellschaftliche Entwicklung statt, die Parallelen zur technischen Entwicklung hat. Jeder hat
      nicht nur die Chance Inhalte herzustellen, sondern auch sie zu verbreiten. Siehe dazu auch den
      Videostream von Lessig auf der Wizards-of-Oz 4 unter http://www.wizards-of-os.org/; abgeru-
      fen am 12.10.06.

5.1 Neue Ästhetiken

Die neuen Produktionsmittel sowie die vielfältigen Möglichkeiten der Bildbearbeitung in der Postproduktion wirken sich natürlich auch auf die angewendeten ästhetischen Strategien und die Arbeitsweise aus. Dies resultiert in einer größeren Varianz der erzählerischen Möglichkeiten.[27] Als Beispiel seien hier nur kurz DOGME95-Filme, wie beispielsweise „Idioterne" (Idioten) von Lars von Trier, angeführt. Von Trier nutzte mehrere Videokameras[28] parallel und schnitt seine Szenen dann aus nur einem Take, der mit allen Kameras gleichzeitig gefilmt worden war. Klassischerweise wird eine Kamera verwendet und die Szene aus vielen wiederholten Takes zusammengeschnitten. Von Triers Arbeitsweise, die sonst eher beim Dokumentarfilm üblich ist, verhalf seinem Film zur gleichen Ästhetik und suggerierte dem Betrachter so eine hohe Authentizität. Unterstützt wurde dies dadurch, dass die Schauspieler größere Freiheiten hatten und natürlicher spielen konnten, da nicht immer auf den „Anschluss" geachtet werden musste.[29]

5.2 Neue Themenbereiche

Ebenfalls zu erwarten ist, neben Veränderungen in den ästhetischen Umsetzungen, eine Veränderung in der Bandbreite der Thematiken hin zu subjektivistischeren Erzählweisen persönlicher Themenkomplexe:

> „Light, easy to transport camera equipment, with small lenses, is intended to make shooting cheaper, and more flexible. However this type of equipment, together with many other elements, is helping to democratise film making and in doing so, helping personal stories to be told, and personal views to be shown. The soon expected radical transformation of distribution, which I hope for, will speed up this process." (Ildikó Enyedi (Regisseur), in: The European Institute for the Media 2003, 116)

Als Beispiel hierfür lassen sich z.B. der Film „Die Salzmänner von Tibet" (Regie: Ulrike Koch) oder „Status Yo" (Regie: Till Hastreiter) erwähnen. Ulrike

---

27   Ähnlich wie z.B. in der Nouvelle Vague, deren Ästhetik massiv von den damals neuen, leichten 16-mm-Synchronton-Reportagekameras geprägt wurde.

28   Bei genauer Betrachtung des Films sieht man einige Male Kameramänner im Bild. Sie benutzen Prosumer-Kameras vom Typ CANON XL-1. Zur Hypermediacy- und Immediacy-Wirkung der Kameramänner innerhalb der Bildkadrierung vgl. Bolter/Grusin 2001.

29   Ein weiteres Beispiel ist „Russian Ark" (Regie: Aleksandr Sokurov), der nur aus einer einzigen subjektiven Steadicam-Einstellung besteht. Er knüpft so ästhetisch an ein Experiment Hitchcocks an, der sich 1948 bei „Rope" allerdings noch einiger Tricks bedienen musste, um die gewünschte Ästhetik zu erreichen.

Koch gibt für ihren Film an, dass die eigentlich unfreiwillige Entscheidung, auf Mini-DV statt auf 35-mm zu drehen, den Film einerseits erst ermöglicht und andererseits maßgeblich zu seinem Inhalt beigetragen habe, da die Produktionsabläufe erheblichen Einfluss auf die Ergebnisse ausgeübt hätten.[30]

   „Status Yo" dagegen ist ein semidokumentarischer Spielfilm, der in der Subkultur der Berliner Hip-Hop-Szene spielt. Interessant an diesem Film ist, dass der Rohschnitt mehrfach in Jugendzentren mit der Zielgruppe diskutiert und dann umgeschnitten wurde, sodass der Film in seiner Kinofassung als „Remix" der Originalfassung bezeichnet werden kann. Durch die Involvierung der Subkultur selbst konnte Hastreiter somit auch ihren eigenen Blick auf sich selbst und ihre Erlebniswelt zeigen und die hohe Glaubwürdigkeit des Films erreichen.

   Die Veränderungen in Produktion und Postproduktion wirken sich, wie gezeigt, auf die Art und Weise der Herstellung aus und führen auch zu formalästhetischen Veränderungen als adäquater Ausdruck einer veränderten Inhaltsästhetik. Es kommt nicht nur zu einer Veränderung in der Darstellung der Inhalte, sondern allgemein zu einer größeren Themenvielfalt.

6   Strukturvorteile Hollywoods

Die strukturellen Vorteile Hollywoods lassen sich als Resultat der voneinander abhängigen und sich wechselseitig verstärkenden Ursachen Binnenmarktgröße[31], geringer cultural discount[32], vertikal integriertes Vertriebsnetz[33], Portfoliodiversifikation[34], Kapitaleinsatz[35] und Star-System einordnen. Diese Vorteile führen

---

30   Koch zufolge hat sich der unfreiwillige Formatwechsel insbesondere bei Interviews ausgewirkt. Da das Equipment sehr reduziert gewesen sei, sei es auch im Bewusstsein der Interviewten in den Hintergrund getreten und habe Interviewsituationen, die mit 35-mm-Equipment undenkbar gewesen wären, erst ermöglicht. (Vgl. http://www.bellenuit.com/dv/dvdprod.html, abgerufen am 12.01.05)

31   Der USA-Binnenmarkt für Filme ist größer als der kumulierte restliche Weltmarkt. (Vgl. Hoskins/McFadyen/Finn 1997, 38f.)

32   Bedingt durch den heterogenern Binnenmarkt, der sich aus der Geschichte der USA als Einwanderungsland ableitet. Zum Begriff des cultural discounts vgl. Hoskins/McFadyen/Finn 1997, 32.

33   Die Hollywood Majors fungieren als financiers/distributors, verleihen also ihre Eigenproduktionen an sich selbst. Dazu sind sie auch auf den Exhibitionsstufen beteiligt, wobei diese Beteiligungen bereits gerichtlich abgemindert wurden (Paramount Decree des US Supreme Court). Dadurch erlangen sie eine enorme Marktmacht, die es ihnen erlaubt, den eigenen Absatz durch Praktiken wie Blind-Buying und Block-Booking zu garantieren. (Vgl. Lange 1999, 31ff., Gaitanides 2001 sowie Hoskins/McFadyen/Finn 1997, 51f.).

34   Dies resultiert direkt aus ihrer eigenen Absatzgarantie. Auf die Bedeutung der Risikoreduzierung wurde in dieser Arbeit bereits eingegangen. (Vgl. dazu Lange 1999, 43.)

wiederum dazu, dass Hollywood als Magnet für Filmschaffende aus aller Welt fungiert, was eine weitere Schwächung der anderen Filmwirtschaften bedeutet. Das Primat Hollywoods wird sich erst ändern, wenn die einzelnen Vorteile aufgehoben werden. Da die Vorteile sich gegenseitig verstärken, ist es schwierig, diese aufzuholen. Durch die wechselseitige Abhängigkeit der Faktoren kann es aber auch reichen, einen Vorteil aufzuholen, um das ganze Netz aus dem Gleichgewicht zu bringen.

Hoskins/McFadyen/Finn prognostizieren eine Schwächung der Vormachtsstellung Hollywoods. Dies begründen sie wie folgt[36]:

Zum einen resultiert die enorme Senkung der Below-the-line-Kosten in einer Bedeutungsreduktion zentralisierter Produktionsstätten und der Studiostrukturen. Weiterhin reduzieren sich die Transaktionskosten zwischen Käufern und Anbietern auf allen Stufen der Verwertungskette, ob b2b (business-to-business), also in Produktion und Distribution, oder b2c (business-to-consumer), also auf den Verwertungsstufen Kino, Video/DVD, TV und Internet, was den oben genannten Effekt verstärkt. Gerade die Endkunden (Zuschauer) haben durch neue digitale Technologien potenziell die Möglichkeit, ein Programm außerhalb der Distributionsstrukturen der Majors auszuwählen. Damit haben auch alternative Anbieter Zugänge zu neuen Märkten, wobei für diese die Zugangsbarrieren auch im Bereich der Filmherstellung durch digitale (Post-)Produktionstechnologien wegfallen. Dem stellen Hoskins/McFadyen/Finn allerdings gegenüber, dass neue Verwertungsfenster auch gerade die Majors mit ihrem enormen Content-Katalog begünstigen, da diese die zu erwartende Nachfrage schnell und planbar erfüllen können. Weiterhin wird die Vielfalt an Sendern und Inhalten dazu führen, dass bereits global etablierte „Marken", wie „Disney" oder „Arnold Schwarzenegger", Vorteile haben werden, Aufmerksamkeit für Sender/Programm zu schaffen.

Insgesamt rechnen die Autoren mit einer Schwächung Hollywoods, allerdings sehen sie Hollywood immer noch im Vorteil gegenüber europäischen Produktionen.[37]

---

35 Bis zu einem Punkt des optimalen Kapitaleinsatzes gilt, dass dieser positiv mit dem Einspielergebnis korreliert. (Vgl. Gaitanides 2001, 152, sowie Lange 1999, 219).

36 Vgl. Hoskins/McFadyen/Finn 1997, 140ff.).

37 Hierbei ist auf das Erscheinungsjahr ihres Buches hinzuweisen. Die Rasanz der qualitativen Steigerung des Equipments und des Preisverfalls in der Produktion sowie die sich verändernden Distributionsstrukturen waren in dem heutigen Ausmaß noch nicht abzusehen. Eine heutige Beurteilung würde wahrscheinlich entsprechend ihrer argumentativen Struktur sogar positiver für die europäische Medienindustrie ausfallen. Ebenfalls interessant sind in diesem Zusammenhang die Äußerungen von Steven Spielberg und George Lucas, sich aus dem Kinofilmgeschäft eher zurückzuziehen und für TV und Onlinemedien produzieren zu wollen. (Vgl. dazu filmecho/filmwoche 41/2006, 53)

7 Fazit

Das Medium Film steht unter erhöhtem Druck durch andere mediale Freizeitangebote, wie Computerspiele oder Klingeltöne, die zunehmend die knappen Ressourcen Zeit und Geld verbrauchen. Kleinere Nischenproduktionen, die dichter an der Erlebniswelt des Zielpublikums sind, können dieses ebenso wieder ins Kino bringen wie große Event-Movies. Mikro-Budget-Produktionen haben hier durch ihre Zielgruppenspezifität und geringe Vorabkosten ein geringeres Risiko und bieten sich für größere Produktionsfirmen als Möglichkeit der Risikodiversifikation innerhalb eines Produktionsportfolios an. Kleineren Filmen bieten sie die Chance, einen Film überhaupt herstellen zu können. Mikro-Budget-Produktionen stellen keinen Ersatz für große Filmproduktionen dar, sondern vielmehr eine an moderne Produktions- und Arbeitsbedingungen angepasste Alternative, um spannende, kleine, persönliche Filme herzustellen und so der Filmbranche zu neuem Wachstum in einem stagnierenden Markt zu verhelfen. Sie stellen einen möglichen Inhalt der sich verändernden Kinodistribution von Filmen, die sich, bedingt durch die wegfallenden Kopiekosten, einer bisher unbekannten Vielzahl von Filmen und alternativen Inhalten öffnet. Insbesondere die Arthauskinos werden sich in unterschiedliche Richtungen spezialisieren, um ihr Nischenpublikum zu finden und zu bedienen. Insgesamt ist eine Verstärkung der Dichotomie Arthausfilm und Event-Movie zu erwarten

Für die Produktion ist festzuhalten, dass die Aufnahmequalität bei konstanten Preisen auf niedrigem Niveau steigt. Prosumer-Kameras bieten, kompetente Bedienung vorausgesetzt, eine kinotaugliche Bildqualität. Die Entwicklungen in der Postproduktion laufen parallel. Dies bedeutet, dass Zugangsschranken durch technische Standards und daraus resultierende monetäre Schranken wegfallen. Die Produktion kinotauglicher Filme wird für immer mehr Menschen möglich, da sich die Markteintrittsbarrieren gesenkt haben. Hierbei kann es, gerade bei Mikro-Budget-Produktionen, zu neuen Finanzierungsmodellen kommen, die sich durch Kosteninternalisierung und einen daraus resultierenden gesunkenen Realkapitalbedarf auszeichnen. Produzenten bieten sich nun eventuell Finanzierungsmodelle abseits der herkömmlichen Wege zur Filmfinanzierung, was zu organisatorischen Innovationen führt.

Bei der Distribution lässt sich ebenfalls feststellen, dass Zugangsschranken wegfallen. Dazu kommt ein Trend zur Desintermediation. Für das Kino ist festzuhalten, dass der digitale Ausbau wesentlich ist und von seiner konkreten Ausgestaltung und dem Zeitpunkt der flächendeckenden Einführung vieles abhängen wird.

Mit diesen Entwicklungen geht die Chance einher, Themen und Ästhetiken in die Kinos zu bringen, die bislang als unrentabel eingestuft wurden und daher oftmals gar nicht produziert wurden. Hier lässt sich von einem quantitativen Wachstum sprechen, da die Zahl der hergestellten Filme steigen wird. Ob dieses Wachstum auch qualitativ ist, lässt sich an dieser Stelle nicht beantworten, sondern ist Ziel einer eigenen Fragestellung. Auf jeden Fall bietet e-cinema die Möglichkeit, das Filmangebot an die wirklichen Konsumentenpräferenzen anzupassen, und somit dem Kinogänger ein besseres Angebot.

Aus ökonomischer Perspektive bieten Mikro-Budget-Filme der deutschen Filmwirtschaft zwei große Chancen: Zum einen lässt sich über sie eine Talentschmiede aufbauen und so die Qualität der hergestellten Filme dauerhaft steigern. Dies würde einer absoluten Stärkung der deutschen Filmbranche entsprechen. Als Zweites könnten Fördermittel dazu verwendet werden, einerseits Mikro-Budget-Filme und andererseits einige wenige „Event-Movies", die dann aber mit Hollywood-Produktionen mithalten können müssten, zu kofinanzieren. Welche Modelle hier am sinnvollsten sind und sowohl den Anforderungen der Produzenten, der Zuschauer und der einzelnen Förderaufträge gerecht werden, ist aber ebenfalls in einer weitergehenden Arbeit zu untersuchen.

Literatur (Auswahl)

Ballhaus, Michael (2005): „Das kalte Auge. Mit teuren Digitaleffekten betreibt Hollywood systematisch die Verdummung des Publikums", in: ZeitFeuilleton, Februar 2005. Sonderbeilage Nr. 7 zur Berlinale, S. 22f.

Bolter, Jay David/Grusin, Richard (2001): „Remediation. Understanding New Media. Fourth Printing", MIT Press, Boston, MA

Christmann, Mike/Richter, Hans-Peter (2004): „Wer soll das bezahlen? Und warum? Geschäftsmodelle für ein digitales Kino", in: Slansky, Peter C. (Hrsg.) (2004): „Digitaler Film – digitales Kino", UVK Verlagsgesellschaft, Konstanz, S. 287-298

Department for Culture, Media and Sport, UK Creative Industries Division (Hrsg.) (2002): „Screen Digest Report on the Implications of Digital Technology for the Film Industry. September 2002", als .pdf im Internet unter: www.culture.gov.uk/ PDF/Screen_Digest_Report.pdf; abgerufen am 11.10.04; *im Text zitiert als: Screen Digest Report*

Eggers, Dirk (1997): „Filmfinanzierung. Grundlagen – Beispiele. Zweite, aktualisierte Auflage", S + W Verlag, Hamburg

The European Institute for the Media (Hrsg.) (2003): „14th European Television and Film Forum. World Trade Center, Barcelona, 10-12 October 2002. Proceedings", The European Institute for the Media, Düsseldorf

Fisher, William W. III (2004): „Promises to Keep. Technology, Law, and the Future of Entertainment", Stanford University Press, Stanford, CA

Frank, Björn (1993): „Zur Ökonomie der Filmindustrie", S + W Steuer- und Wirtschaft-Verlag, Hamburg

Gaitanides, Michael (2001): „Ökonomie des Spielfilms", Verlag R. Fischer, München

Gehrke, Nick (2003): „Peer-to-Peer-Applikationen für elektronische Märkte. Perspektiven für eine hochgradig dezentralisierte Wirtschaft" (Dissertation Uni Göttingen), Deutscher Universitäts Verlag, Wiesbaden

Gomery, Douglas (2003): „The Economics of Hollywood: Money and Media", in: Alexander, Allison (2004): „Media economics: theory and practice. 3rd edition", Lawrence Erlbaum Associates Inc., New Jersey, S. 193-206

Guillou, Bernhard (2004): „Online Distribution Of Films. A Study Carried Out For The European Audiovisual Council", als .pdf im Internet unter www.obs.coe.int/online_publication/reports/filmsonline_guillou.pdf, abgerufen am 14.11.04

Hahn, Anke/Schierse, Anna (2004): „Filmverleih. Zwischen Filmproduktion und Kinoerlebnis", UVK Verlagsgesellschaft mbH, Konstanz

Hofer, Michael (1999): „Medienshopping im Internet. Die Veränderung der Wertschöpfungsketten bei Medienprodukten", in: Knoche, Manfred, Siegert, Gabriele (Hrsg.) (1999): „Strukturwandel der Medienwirtschaft im Zeitalter digitaler Kommunikation", Fischer Verlag, München, S. 27-46

Hoskins, Colin/McFadyen, Stuart, Finn, Adam (1997): „GLOBAL TELEVISION AND FILM. An Introduction to the Economics of the Business", Oxford University Press, New York

Hundsdörfer, Beate/v. Staden, Inga (2004): „Die digitale Zukunft der Kinobranche", in: Slansky, Peter C. (Hrsg.) (2004): „Digitaler Film – digitales Kino", UVK Verlagsgesellschaft, Konstanz, S. 225-254

Huske, Gibboney/Vallières, Rick (2002): „Digital Cinema: Episode II", Suisse Equity Research, als .pdf im Internet unter: www.sabucat.com/digital.pdf; abgerufen am 30.06.04

Iljine, Diana (2000): „Der Produzent: das Berufsbild des Film- und Fernsehproduzenten in Deutschland" 2., überarbeitete und aktualisierte Auflage, TR-Verlags-Union, München

Institut für Strategieentwicklung in Kooperation mit der Universität Witten/Herdecke (2004): „Digitale Mentalität", als .pdf im Internet unter: download.microsoft.com/download/D/2/B/D2B7FE98-CA93-4E18-ACD6-94A915B4CAFF/Digitale_Mentalitaet.pdf, abgerufen am 17.12.04

Jaylalath, Helen Davis/Lyall, Zoe: (2004): „European Video: market assessment and forecast to 2007", als .pdf im Internet unter: http://www.screendigest.com/publications/reports/video_and_dvd/european_video_2004/readmore/view, abgerufen am 10.09.04

Kallas, Christina (1991): „Europäische Film- und Fernsehkoproduktionen: Wirtschaftliche, rechtliche und politische Aspekte" (Diss.), Nomos Verlag, Baden-Baden

Kawamoto, Kevin (2003): „Media and Society in the Digital Age", Allyn and Bacon, Boston, MA

Kiefer, Marie-Louise (2001): „Medienökonomik. Einführung in eine ökonomische Theorie der Medien", Oldenbourg Verlag, München

Landesmedienanstalten, Die (Hrsg.) (2002): „Film- und Fernsehwirtschaft in Deutschland 2000/2001", Vistas Verlag, Berlin

Lange, Constantin (1999): „Erfolgspotentiale für Spielfilme", Verlag für Wissenschaft und Forschung, Berlin

Lessig, Lawrence (2004): „Free Culture. How Big Media Uses Technology And The Law To Lock Down Culture And Control Creativity", Penguin Press, New York, als .pdf im Internet unter: http://www.free-culture.cc/freeculture.pdf, abgerufen am 14.11.2004

McCombs, Maxwell E./Eyal, Chaim H. (1980): „Spending on Mass Media", in: Journal of Communication. Vol. 30 No. 1, S. 153-158

Messerschmid, Ulrich (2004): „HDTV und digitaler Film – ein gemeinsamer Weg in die Zukunft?", in: Slansky, Peter C. (Hrsg.) (2004): „Digitaler Film – digitales Kino", UVK Verlagsgesellschaft, Konstanz, S. 59-72

Merschmann, Helmut (2004): „Delikatessen aus der Eurozone. Digitale Projektion: European DocuZone", in epd/film 11/2004, S. 12f.

Neckermann, Gerhard (2002): „Außergewöhnliches Filmjahr bringt Rekordbesuch. Filmbesuch, Filmangebot und Kinobesucherstruktur in Deutschland 1991 bis 2001", in: Media Perspektiven 11/2002, S. 557-567

Peiser, Wolfram (1999): „Folgen der Digitalisierung aus kommunikationswissenschaftlicher Sicht", in: Schumann, Matthias/Hess, Thomas (1999): „Medienunternehmen im digitalen Zeitalter: neue Technologien – neue Märkte – neue Geschäftsansätze", Dr. Th. Gabler Verlag, Wiesbaden, S. 123-136

Prommer, Elizabeth (2004): „Filmtests: Mit Medienforschung zum Kassenerfolg", in: Friedrichsen, Mike/Göttlich, Udo (Hrsg.) (2004): „Diversifikation in der Unterhaltungsproduktion", Herbert von Halem Verlag, Köln S. 223-243

Renner, Tim (2004): „Kinder, der Tod ist gar nicht so schlimm! Ueber die Zukunft der Musik- und Medienindustrie", Campus Verlag, Frankfurt a. M.

Rügheimer, Hannes (2004): „Der Angriff aus dem Wohnzimmer – Home-Cinema als Konkurrent und Wegbereiter des digitalen Kinos", in: Slansky, Peter C. (Hrsg.) (2004): „Digitaler Film – digitales Kino", UVK Verlagsgesellschaft, Konstanz, S. 305-324

Schenk, Michael/Stark, Birgit/Döbler, Thomas/Mühlenfeld, Hans-Ulrich (2001): „Nutzung und Akzeptanz des digitalen Pay-TV in Deutschland. Ergebnisse einer bundesweiten Umfrage", in: Media Perspektiven 4/2001 S. 220-234

Seufert, Wolfgang (1999): „Auswirkungen der Digitalisierung auf die Entwicklung der Medienmärkte", in: Schumann, Matthias/Hess, Thomas (1999): „Medienunternehmen im digitalen Zeitalter: neue Technologien – neue Märkte – neue Geschäftsansätze", Dr. Th. Gabler Verlag, Wiesbaden, S. 109- 122

Spitzenorganisation der Filmwirtschaft e. V. (Hrsg.) (2005): „Filmstatistisches Jahrbuch 2004. Zusammengestellt und bearbeitet von Wilfried Berauer", Nomos verlagsgesellschaft, Baden-Baden, *im Text zitiert als Filmstatistisches Jahrbuch 2004*

Staden, Inga von/Hundsdörfer, Beate (2003): „‚Majors planen digital roll-out' Auswirkungen der digitalen Zukunft auf die Kinobranche", Studie im Auftrag der FFA, als .pdf im Internet unter: http://www.ffa.de/start/index.phtml?page=digikino_start, abgerufen am 30.06.2004, *im Text zitiert als von Staden/Hundsdörfer*

Thiermeyer, Michael (1994): „Internationalisierung von Film und Filmwirtschaft", Böhlau Verlag, Köln

Turecek, Oliver/Grajczyk, Andreas/Roters, Gunnar (2004): „Videobranche boomt dank DVD. Videonutzung und Videomarkt 2003", in: MEDIA PERSPEKTIVEN 5/2004, S. 226-232

Tushman, Michael L./Anderson, Philip C. (1997): „Managing Strategic Innovation and Change. A Collection of Readings", Oxford University Press, Oxford

Tushman, Michael L./O'Reilly, Charles A. (1997): „Winnig through innovation: a practical guide to leading organizational change and renewal", Harvard Business School Press, Boston

Die Autorinnen und Autoren

Lic. phil. *Marius Christen* (Jahrgang 1980) studierte Philosophie, Mensch-Gesellschaft-Umwelt und Neuere Allgemeine Geschichte an der Universität Basel. Im Rahmen des Erasmus-Programms verbrachte er ein Jahr an der Humboldt-Universität sowie an der Freien Universität in Berlin.

Pieter De Vos (Jahrgang 1980) studierte in sieben Semestern Volkswirtschaftslehre an der Ludwig-Maximilians-Universität in München und der University of Southampton/Großbritannien. Darauf aufbauend studiert er seit Oktober 2004 Statistik an der LMU in München. Bereits im Vorjahr gehörte er zu den Preisträgern des Deutschen Studienpreises.

Stefanie Ebbers (Jahrgang 1981), studierte an der Fachhochschule Gelsenkirchen, Abteilung Bocholt, Wirtschaft mit dem Schwerpunkt Rechnungswesen/Control-ling, vorher Ausbildung zur Industriekauffrau.

Uta Hanft (Jahrgang 1974) studierte an der Fachhochschule Bielefeld Architektur. Schon zu Studienzeiten nahm sie erfolgreich an zahlreichen Wettbewerben teil, die sie für diverse Büros und in eigener Regie bearbeitete. Die Feststellung, dass Fragestellungen des architektonischen Marktgeschehens nicht nur gestalterischer Natur sind, brachte ihr Themen der Volkswirtschaftslehre nahe. Derzeit arbeitet sie ihre zum Studienpreis eingereichte Idee der Freie-Zeit-Versicherung aus. Zudem wirkt sie für das Ingenieurbüro Marko Augustat & Partner (Berlin) als architektonischer wie unternehmerischer Impulsgeber, der vom Alltagsgeschäft unabhängige Initiativen entwickelt und umsetzt.

Till Hardy (Jahrgang 1977) hat Angewandte Kulturwissenschaften und BWL an der Universität Lüneburg studiert und mit Magister und Diplom abgeschlossen. Seine Studienschwerpunkte lagen auf verschiedenen ökonomischen und ästhetischen Aspekten des Mediums Film und anderer audiovisueller Medien. Während seines Studiums stellte er eigene Kurzfilme her, unterstützte andere Studentenfilme als wissenschaftliche Hilfskraft im Medienzentrum der Universität und arbeitete nebenbei bei verschiedenen Produktionsfirmen, für die er auch nach dem Studium tätig blieb. Seit Mitte 2006 ist er im Rahmen eines „Alfred Toepfer

Fellowship für Innovation in der Kultur" bei der Filmförderung Hamburg zuständig für den Bereich „Digitaler Film".

Johannes Heskamp (Jahrgang 1981) studierte an der Fachhochschule Gelsenkirchen, Abteilung Bocholt, Wirtschaft mit dem Schwerpunkt Marketing, vorher Ausbildung zum Groß- und Außenhandelskaufmann.

Tobias Keil (Jahrgang 1979) absolvierte in Hamburg eine Ausbildung zum Bankkaufmann. Anschließend studierte er Betriebswirtschaftslehre an der Universität Passau mit den Schwerpunkten Unternehmensrechnung, Steuerlehre sowie Wirtschafts- und Sozialpolitik. Ab Juli 2007 Unternehmensberater bei Mercer Management Consulting in München.

Elena Kikina (Jahrgang 1976) studierte von 1999 bis 2005 Modedesign mit Diplomabschluss an der Kunsthochschule Berlin-Weißensee. Die gebürtige Moskauerin ist bereits seit 2003 als freiberufliche Modedesignerin tätig und arbeitet zurzeit parallel an ihrem Meisterschülerprojekt.

Philipp Krohn (Jahrgang 1977) ist seit 2007 Politik-Redakteur beim Deutschlandfunk in Köln. Zuvor absolvierte er ein Hörfunk-Volontariat in beiden Funkhäusern des Deutschlandradios und arbeitete anschließend in der Wirtschafts-redaktion des Senders. Seine Studienzeit verbrachte er in Heidelberg, Montpellier/Frankreich und Paris, wo er seine Magisterarbeit in germanistischer Linguistik über den Sprachgebrauch im Wachstumsdiskurs in der bundesdeutschen Politik schrieb. Die wirtschaftstheoretische Grundlage dafür bildete seine volkswirtschaftliche Diplomarbeit über Konzeptionen natürlicher Wachstumsgrenzen in der ökonomischen Theoriegeschichte.

Markus Kuppe (Jahrgang 1980) studierte an der Fachhochschule Gelsenkirchen, Abteilung Bocholt, Wirtschaft mit dem Schwerpunkt Rechnungswesen/Controlling, vorher Ausbildung zum Industriekaufmann.

Tobias Lorenz (Jahrgang 1981) studiert Philosophie, Betriebswirtschaftslehre und Linguistik an der Universität Stuttgart. Das akademische Jahr 2004/05 verbrachte er in Bergen/Norwegen, um sich dort mit der Computersimulationsmethode System Dynamics auseinanderzusetzen. Allgemeiner Schwerpunkt seiner Forschungstätigkeit sind insbesondere Wirtschafts- und Unternehmensethik. In diesem Bereich ist er tätig für die „Stiftung Wertvolle Zukunft" und Mitglied des „Student Network for Ethics and Economics in Practice" (sneep).

Emilio Marti (Jahrgang 1982) studiert Philosophie, Volkswirtschaftslehre und Neuere Allgemeine Geschichte in Basel und war im Rahmen des Erasmus-Programms an der Universität Leipzig.

Oliver Nikutowski (Jahrgang 1976) studierte von 1998 bis 2002 Volkswirtschaftslehre in Bonn und München. Danach nahm der gebürtige Bochumer ein Promotionsstudium in VWL auf und arbeitet derzeit als wissenschaftlicher Mitarbeiter am Seminar für Theorie und Politik der Einkommensverteilung an der Ludwig-Maximilians-Universität München unter Professor Schlicht.

Ortwin Renn studierte Volkswirtschaftslehre, Soziologie und Sozialpsychologie und promovierte an der Universität Köln. Anschließend arbeitete er als Wissenschaftler und Hochschullehrer in Deutschland, den USA und der Schweiz. Von 1998 bis 2002 leitete er die Akademie für Technikfolgenabschätzung in Baden-Württemberg. Zurzeit ist er Lehrstuhlinhaber für Technik und Umweltsoziologie an der Universität Stuttgart und leitet das der Universität angeschlossene Zentrum für interdisziplinäre Risikoforschung und nachhaltige Technikgestaltung (ZIRN). Er ist Kuratoriumsmitglied des Deutschen Studienpreises.

Hendrik Schulze Nünning (Jahrgang 1981) studierte an der Fachhochschule Gelsenkirchen, Abteilung Bocholt, Wirtschaft mit dem Schwerpunkt Marketing, vorher Ausbildung zum Industriekaufmann.

Peter Schwarz (Jahrgang 1977) studierte an der Universität Mainz von 1998 bis 2003 Politikwissenschaft und VWL. Danach war er Stipendiat am Graduiertenkolleg „Die Zukunft des Europäischen Sozialmodells" in Göttingen, wo er sich mit einer finanzwissenschaftlichen Arbeit zum Thema „Steuerwettbewerb in Europa unter besonderer Berücksichtigung Deutschlands" im Dezember 2006 promovierte.

Von Lust und Nutzen des Forschens

Längst sind Universitäten keine Orte reiner Wahrheitssuche mehr. Der Druck auf Hochschulen, Forschungseinrichtungen und Wissenschaftler ist in den letzten Jahren enorm gestiegen: Forschung soll gesellschaftlich relevant, ökonomisch verwertbar und international konkurrenzfähig sein. Und schließlich soll sie sich auch im Kampf um mediale Aufmerkeit bewähren.

Junge Forscher und ausgewiesene Fachleute reflektieren in diesem Essayband, warum die Lust an der zweckfreien Forschung und der Anspruch gesellschaftlicher Nützlichkeit keine Gegensätze sein müssen. Sie loten aus, wo die Grenzen ökonomischer Zumutbarkeit liegen, wo aber auch das »Betriebssystem« Wissenschaft an seiner Effizienz und öffentlichen Sichtbarkeit arbeiten muss.

Die Bandbreite der Beiträge reicht von grundsätzlichen Positionsbestimmungen bis hin zu konkreten Fragen der Hochschulpolitik.

Julian Nida-Rümelin (Hrsg.)
Wunschmaschine Wissenschaft
Von der Lust und dem Nutzen des Forschens
288 Seiten mit 21 s/w-Abb. | Softcover
ISBN 978-3-89684-123-0 | Euro 14,– (D)

www.edition-koerber-stiftung.de

MIX
Papier aus verantwortungsvollen Quellen
Paper from responsible sources
FSC® C105338

If you have any concerns about our products,
you can contact us on
ProductSafety@springernature.com

In case Publisher is established outside the EU,
the EU authorized representative is:
Springer Nature Customer Service Center GmbH
Europaplatz 3, 69115 Heidelberg, Germany

Printed by Libri Plureos GmbH
in Hamburg, Germany